变局中的证券机构

数字化转型与创新

本书编写组◎编著

中国经济出版社
CHINA ECONOMIC PUBLISHING HOUSE
北京

图书在版编目（CIP）数据

变局中的证券机构：数字化转型与创新/《变局中的证券机构》编写组编著. --北京：中国经济出版社，2022.7

ISBN 978-7-5136-6973-3

Ⅰ.①变… Ⅱ.①变… Ⅲ.①数字技术-应用-证券机构-研究-中国 Ⅳ.①F832.39-39

中国版本图书馆 CIP 数据核字（2022）第 108303 号

策划编辑 杨 莹
责任编辑 赵嘉敏
责任印制 马小宾
封面设计 久品轩

出版发行 中国经济出版社
印 刷 者 北京富泰印刷有限责任公司
经 销 者 各地新华书店
开 本 710mm×1000mm 1/16
印 张 16.5
字 数 220 千字
版 次 2022 年 7 月第 1 版
印 次 2022 年 7 月第 1 次
定 价 88.00 元
广告经营许可证 京西工商广字第 8179 号

中国经济出版社 **网址** www.economyph.com **社址** 北京市东城区安定门外大街 58 号 **邮编** 100011
本版图书如存在印装质量问题，请与本社销售中心联系调换（联系电话：010-57512564）

编写组成员

曹永强　李亦博　梁　昱　尹炯宇
贺竞成　齐　迪　郑齐翔　殷秋莹

序言

数字化转型是近年来我国证券机构面临的重要课题之一。一方面，证券机构纷纷探索多元化发展道路，财富管理转型趋势明显，由以经纪业务为主向提供综合型金融服务转变。另一方面，随着人工智能、大数据、云计算、区块链等技术与证券行业的融合程度不断加深，金融科技已成为证券机构提升行业竞争力、提高业务质量与效率的重要抓手。

数字化转型是我国证券机构开展技术实践与创新业务模式的必经之路。证券机构的数字化转型可以分为三个部分：一是流程线上化。证券公司将硬件与软件技术相结合，使其业务与运营平台以线上的方式高效运行，为其实现数字化转型奠定基础。二是数据辅助决策。证券机构在业务运作的过程中，会产生不同类型的业务数据。数字化转型需要以数据为核心，利用数据管理系统辅助业务的执行。三是智能化分析与决策。这是证券机构数字化转型的主要目标之一，可以帮助证券机构降低人工成本、提高业务运营效率、增强分析决策本领、实现金融科技与业务的融合。

证券机构在数字化转型过程中，需要思考以下三点：一是证券机构自身的体量与复杂程度。数字化转型并非一朝一夕可以完成，需要花费的成本与证券机构的业务模式、组织架构息息相关。证券机构需要明确数字化转型的方向和路径，将人力、技术与财务资源用在刀刃上，尽量少走弯路。二是证券机构的技术水平。证券机构要对自身的技术团队、技术架构进行评估，根据业务需求来决定数字化转型过程中的技术研发路径，以解决哪些业务优先实现转型、是否进行自主研发、转型成本是否合适等问题。三是技术实践场景。虽然证券机构的数字化转型进程在整体框架上具有相似性，但在具体实践场景中，每家证券机构都有鲜明的特点。这就要求证券机构充分了解自身业务特点，在技术研发、产品研发、客户运营、数据管理等环节持续积累转型经验。

2020年，中国证券业协会与清华大学金融科技研究院共同发起了“证券机构数字化转型与证券科技创新”征文活动，广泛征集证券机构数字化建设和证券科技服务传统金融的优秀观点和案例，旨在挖掘证券行业的新技术、新应用、新场景、新模式和新产品，共享行业发展经验，推动证券行业科技化进程。本次活动共收到来自30余家证券机构的100余篇征文，内容包括数字化转型思路、技术创新研究、场景探索实践等方面，均是证券行业一线工作者的思考与总结。

基于此次征文活动，本书遴选出22篇优秀征文，分三个部分展示了证券行业在数字化转型过程中的成果与经验。第一部分：“大象”转身。该部分从全局战略及局部业务出发，为证券机构开展数字化转型提供借鉴。第二部分：技术之矛。该部分讲述不同技术在证券行业不同领域的应用。第三部分：实践路径。该部分列举了9家证券公司数字化转型实践案例。三个部分的内容相辅相成，从宏观到微观、从理论到实践，为证券机构数字化转型提供了多元化的参考与指引。

本书编写组由清华大学金融科技研究院与中国证券业协会联合组成，希望将书中证券行业数字化转型的观点与经验分享给更多的读者，引发读者对证券行业数字化转型的思考，力求推动证券行业在金融科技赋能下稳定、健康地发展。

本书编写组

2022年6月

目录

“大象”转身

技术之矛

实践路径

“大象”转身

变　局　中　的　证　券　机　构

数字化浪潮改变了诸多行业的生存逻辑，证券行业也不例外。由于与数据紧密相关，证券行业天然具备进行数字化、智能化转型升级的“土壤”。近年来，证券机构在开放合作的同时纷纷加大对金融科技自主研发的投入力度。中国证券业协会公布的2019年证券公司经营业绩情况显示，3家证券公司2019年度信息技术投入超过10亿元，全行业信息技术投入金额达205.01亿元，同比增长10%。从证券机构的年报中可以看到，金融科技在战略层面已逐步成为券商重点布局的方向。

01

一个新方向：数字化转型引领证券行业高质量发展

毕玉国　张　勇　刘　迅　於勇成[①]

近年来，以大数据、云计算、区块链、人工智能等现代信息技术为代表的金融科技浪潮蓬勃兴起，以此为载体的数字经济已全面渗透到金融业各个领域。2017 年以来，习近平总书记多次在公开场合倡议推动全球数字化发展，党的十九大报告提出“推动互联网、大数据、人工智能和实体经济深度融合”。近年来，证券行业坚决贯彻落实党中央、国务院决策部署，主动适应数字经济的发展要求，持续深化金融供给侧结构性改革，深入推动证券行业高质量发展和数字化转型建设，不断提升资本市场服务实体经济的能力。

一、证券行业数字化转型发展概述

（一）加快数字化转型已成为证券行业发展共识

我国证券行业在贯彻落实国家关于建设网络强国、数字中国战略部署，推进资本市场数字化生态圈建设，促进资本市场高质量发展等方面发挥了举足轻重的作用。当前几乎所有的金融机构都在积极进行数字化转型，与银行业相比，证券业在总体规划、系统建设、研发投入等方面仍存在一定差距，各大券商通过引入高端领军人才、优化信息技术管理架构、

① 毕玉国，中泰证券股份有限公司总经理；张勇，中泰证券股份有限公司首席信息官；刘迅，就职于中泰证券股份有限公司金融科技委；於勇成，就职于中泰证券股份有限公司规划发展部。

加大技术咨询力度等方式提升金融科技水平，力图抓住数字化转型发展带来的红利，提升管理效率，培育核心竞争力。

随着资本市场供给侧结构性改革的推进和行业监管政策的持续收紧，我国证券行业数字化转型的价值链逐渐由重视前端应用向前、中、后端并重发展。在金融科技发展初期，证券公司往往更关注应用软件建设、客户引流等方面。随着证券行业对金融科技的理解不断加深，其对金融科技的应用正在向以提升中后台运营支撑能力为核心的数字化转型方向发展。以客户和业务为导向，全面梳理和重构流程，将业务、流程与 IT 在系统平台上有机结合在一起，实现对内部资源、数据的统一管理和有效利用，给证券行业客户画像、产品设计、经营模式、业务流程、风险管理、资金调配、数据归集分析等带来了深刻的影响。

（二）数字化转型助力证券公司高质量发展

随着推进产业数字化相关政策的加速出台，我国金融信息化建设不断推进。证券行业在新技术、新行情的驱动下，陆续开启数字化转型新征程，通过科技与金融的深度融合，进一步挖掘市场机会，提高服务能力和水平，全面提升客户体验。

1. 科技应用赋能证券行业数字化转型

在全面深化资本市场改革、加快资本市场双向开放的背景下，大数据、人工智能、云技术等科技手段的创新与应用正在颠覆证券行业，深入影响证券公司日常经营管理的各个方面。科技手段在证券行业的应用价值如表 1－1 所示。

表 1－1　科技手段在证券行业的应用价值

名称	应用价值
大数据	引入内部、外部数据进行精准营销，经营分析精细化，强化风险分析等
人工智能	身份识别、精准营销、智能投顾、智能审核、文档管理、量化交易、行业研究
区块链	利用区块链去中心化、可追溯的特点，可实现资产安全交易，同时可应用于智能合约，对合同中的违约客户采取强制执行的措施

续表

名称	应用价值
云技术	云计算与云平台的应用，能够实现对业务、风控、财务等系统的集约式管理以及基础资源共享，减少运营和管理成本
机器人流程自动化	机器人流程自动化技术用于企业对账、报表处理、数据审查等方面，可提高企业运作效率

2. 平台化管理快速响应证券业务需求

证券公司通过科技赋能，构建面向业务的统一基础支撑平台，对其经营过程中涉及的渠道、业务、数据、技术资源等进行统一管控，能够提升前、中、后台的联动与协同，实现对业务需求的快速响应和智慧化支撑。近年来，证券公司按照业务、风控、管理三条主线，加强对 IT 的统一建设与规划，实现了业务平台化、平台集中化，较好地支撑了业务和 IT 资源的全局配置与整合。

3. 智慧化运营体系提升证券公司服务质量

面对客户需求升级和激烈的市场竞争，构建智慧化运营体系成为证券公司形成差异化竞争优势的重要手段。各大券商纷纷以金融科技手段为核心，打造零售客户智能化服务平台，降低边际成本，扩大服务半径，全面推进智慧运营平台建设，解决了传统服务模式因成本问题导致服务覆盖率低的难题，充分展现了证券公司运营的主动化管理、标准化管理和精细化管理水平。

4. 流程再造提升证券公司运营效率

目前，面对存量、增量并存的市场竞争环境，如何有效运营现有业务和维护客户，不断培育发展新动能，实现质量与效益双提升，成为证券公司亟待解决的重大课题。为此，部分证券公司未雨绸缪、提前布局，以客户需求为起点，以为客户创造价值为导向，用数字化技术去洞察、满足和引领客户不断变化的需求，贯彻“端到端”的流程设计理念，全面梳理优化前、中、后台各流程，改进业务流程，更好、更快地回应客户痛点、难点和兴趣点，全面提升客户体验感和运营管理效率。

（三）证券公司数字化转型的痛点、难点仍待解决

受制于行业市场独特性、技术应用局限性等，中国证券行业数字化转型之路相比其他金融行业起步较晚，在转型过程中面临系统割裂、数据应用不足、理念落后、人才不足等问题。

1. 整体架构管理不足，系统孤岛林立

证券行业发展日新月异，业务发展到哪里，系统就要建设到哪里。由于公司级架构管控机制缺失，加之系统供应商纷杂、技术标准不统一、业务管理条块化等问题，业务条线自建系统和自管系统在功能、流程、数据标准以及技术体系上缺乏规范和标准，导致证券公司系统缺乏整合，出现重复建设现象。系统的分散阻隔了数据之间的互通，增加了数据需求方获取信息的难度，加大了统一操作、统一管理的难度。而数据的互通程度、系统的统筹能力都是开展数字化转型的重要因素，解决由系统分散隔离造成的业务分割、信息分割等问题是打破现有僵局的关键。

2. 数据基础薄弱，价值挖掘不充分

证券公司业务与数据紧密相关，数据已逐步成为券商最重要的无形资产。但是证券公司的交易数据、客户数据、风险数据、行为数据、产品数据等基础数据的准确性、完整性、真实性以及可靠性有待提高，市场数据、工商数据、舆情和舆论等外部数据仍有缺失。同时，多项数据长期沉淀在各个系统中，数据应用局限于数据采集阶段的初步使用，绝大部分用于描述型分析和诊断型分析，只有很少一部分数据可能用于预测型分析和规范型分析，数据资源存在一定的浪费，其更深层次的价值尚未被发掘。

3. 配套机制不健全，数字化引领作用不够

数字化转型不单单包括科技层面的应用，更需要配套的机制加以保障。虽然证券行业已经对加快数字化转型达成共识，但是部分证券公司数字化转型机制尚不健全，部分证券从业者对数字化赋能业务没有清晰的认

识，导致执行力不足，影响转型进度和效果。证券公司在实践中缺乏业务视角的沟通互动机制，有些证券从业人员认为，数字化转型只是IT的转型升级，业务条线与IT的沟通是以系统为单位、以项目为触点的。

4. 复合型人才不足，自主研发能力亟待提升

当前，金融科技发展迅猛，证券公司的规划设计能力、需求分析能力、数据管理能力、技术架构能力、核心软件开发能力、建设和营运能力以及管理协调能力亟待提升，掌握业务知识和IT技能、具备创新思维又兼备实践能力的复合型人才严重紧缺，这类人才已然成为各大券商的重点储备对象。在IT应用的初期阶段，证券公司可以依靠外包起步，但是要尽快提升自主研发能力，扩充复合型人才，探索运用数字化手段提升服务效率、创新业务模式。

二、抓住转型机遇，探索数字化发展新途径

新时代，证券公司应牢牢把握数字化转型这一重大发展机遇，通过金融科技赋能，推进前、中、后台数字化再造，将技术优势转化为业务胜势，打造场景生态丰富、线上线下协同、用户体验极致、产品创新灵活、运营管理高效、风险控制智能的数字化体系，推动证券行业高质量发展。

（一）数字化转型建设战略

证券公司数字化转型要围绕“提升科技核心能力、促进科技赋能业务、优化科技服务机制”三大目标，加强“数字化、平台化、网络化、智能化”战略部署，从长远视角做好顶层设计。

1. 数字化

数据是数字化的前提，而获取更详细的数据则是实现更精准数字化运营的必要条件。证券公司通过金融科技赋能，推动前、中、后台数字化再造，进而推动数字化获客、数字化营销、数字化产品销售、数字化运营等的发展，通过业务场景数字化实现全流程数字化，创新运营和经营模式，

实现“端到端”、全流程的数字化经营管理，全面提升客户体验感以及运营、管理效率。

2. 平台化

平台化模式能够对资源进行合理、全面的配置，同时能够有效地解决系统隔离、数据隔离、技术复用性不高等问题。平台化模式以体验为核心，与服务客户和内部管理理念相契合。证券公司秉承开放合作的理念，通过可重用、可组装的开放平台，统一技术架构，贯通系统数据，提升服务能力复用率，以快速响应客户需求。业务方面，证券公司要面向个人客户、机构客户、企业客户打造业务平台，形成跨部门、共享化、组件化的金融敏捷能力中心；技术方面，建立统一研发技术平台、统一基础设施云平台、统一运维监控自动化平台，以更好地支撑业务能力的拓展。

3. 网络化

连接客户、员工、合作方、产品、网点、设备等所有相关方，建立“移动数字化渠道”，以投资者、一线员工为核心重塑线上服务形态，进行“端到端”数字化客户旅程改造，是未来证券公司发展的关键点。证券公司应通过多种可能的渠道与客户建立连接，向客户传递服务，实现“以客户为中心”、全渠道的客户连接。

4. 智能化

证券公司应稳步应用人工智能技术，深入把握新一代人工智能发展特点，统筹优化数据资源、算法模型、算力支持等人工智能核心资产，推进人工智能与业务深度融合，利用人工智能、算法模型决策分析，实现智能化服务与经营。短期内，证券公司要在智能风控、智能客服、智能营销、智能投顾、智能推荐等领域持续突破，力求以智能化方式为线上客户服务平台和一线客户经理赋能，从根本上提升客户体验感和运营效率；中长期，在资产管理、授信融资、客户服务、精准营销、身份识别、风险防控等领域探索人工智能技术的应用路径与方法，构建全流程智能服务模式，推动运营和服务体系向主动化、个性化、智慧化方向发展。

（二）数字化转型实施路径

证券公司数字化转型要坚持技术驱动、模式牵引、价值导向的理念，探索承载零售、机构、投资、投行等业务模块，覆盖清算、运营、运维、合规、风控、办公等管理模块的转型路径，打造金融科技发展的“四梁八柱”，全面提升运营效率和服务水平。

1. 加强业务体系数字化建设，向客户传递卓越体验

第一，证券公司应整合零售资源，打造覆盖所有零售客户服务项目的零售体系，通过构建体系化的拓客机制，加强中后台与一线联动，佐以精准匹配的服务与产品，实现营销与服务一体化。同时，证券公司要加强客户分层分级管理，满足不同层次客户的多样化需求，优化资源配置，助力企业财富管理转型。

第二，证券公司要面向机构客户建立一站式综合金融服务体系，最大程度地挖掘客户价值，将标准化和差异化相结合，敏捷、高效地响应客户需求，提升机构客户服务能力；建设关注客户全生命周期服务的机构体系，提升机构板块的服务质量，提高机构业务交叉销售的可能性，提升证券公司品牌影响力。

第三，证券公司建设投资交易体系，可以提升自营板块的交易能力和风险管理能力，提高自营业务的交易效率和准确率，并逐渐向全币种、全品类、全市场的目标靠近，支撑自营板块在投研效率、投资管理基础设施以及投后管理等方向的优化需求以及行业内投资交易一体化趋势，形成投资交易的良性循环，保障自营板块高速、稳健发展。

第四，证券公司要打造投行业务平台，优化投行服务机制，全面加强投行数字化体系建设，提高业务执行效率，降本增效，实现业务管理标准化、规范化，提升客户服务能力，通过构建机构业务协同服务机制，实现交叉销售互利共赢，支撑投行板块在数字化建设上迈向更高层次。

2. 建立智能运营体系，为业务和管理的融合提供高效支撑

在确保安全的前提下，证券公司应有机融合办公流与业务流，实现

“端到端”串接，有效促进风控、合规、登记结算、财务、人力、审计等中后台组织的高效运转，保障业务健康运营，消除重复性高、附加值低的手工劳作，为业务和管理的融合提供高效支撑。具体来讲，一是结合监管科技，整合运营、交易、自营、信用等各个条线的风控资源，从事前、事中、事后，体内监控机制与体外监控机制，统一视角与分解视角，长期性与实时性等多个维度进行全面风险管理体系建设，实现风险可控、可测、可承受，助力证券公司稳健经营；二是整合现有清算、结算模式，结合行业发展方向，打造统一“清算中心”，做到 7×24 小时业务支持、模块化清算、差错调整实时化和影响最小化，实现清算、结算全流程的自动化、可视化、智能化；三是打破业务和财务的瓶颈，实现业财一体化融合，达到对财务、业务闭环追踪检视的目的，从财务视角提供决策依据，提升趋势预测及业务指导能力。

3. 重视流程再造，全面提升业务数字化水平

流程梳理与优化是企业经营的“法宝”，尤其是业务流程的梳理与优化，一直是各类企业的“要旨”。在经营管理和流程管控的实践中，流程梳理与优化既是一项事关公司业务发展的基础性工作，也是一项需要全公司协作参与的持续性、长期性工作，对证券公司的内部控制和风险管理都起着积极的作用。流程优化应做好顶层设计，坚持“以客户为中心”的原则，从流程细节出发，挖掘流程所含问题点，并基于流程对象、流程类型、合规风险，设计“端到端”的流程优化方案，最终实现流程效率提升、客户体验感最佳、员工手工操作减少、流程链条最优的优化目标。

4. 挖掘数据价值，寻找业务全新驱动力

证券公司结合大数据、人工智能等先进技术的应用，通过对数据进行分析和挖掘，提升企业洞察客户、洞察市场、洞察行业的能力，进而赋能业务创新、促进稳健经营，最终形成核心竞争力。具体来讲，一是提升将海量数据转化为高质量数据资产的能力，为客户提供更个性化、智能化的产品和服务；二是提升筛选符合公司战略发展方向的高质量数据资产的能

力，为自营、机构、财富管理等经营决策提供数据支撑；三是提升在海量数据中发现规律、甄别风险、洞察趋势的能力，通过对客户、员工、产品、行为、过程、业务、价值、效率的分析，为管理决策、风险控制、业务拓展、服务优化提供数据支撑。

5. 加大技术投入，加强 IT 支撑能力建设

数字化转型促进了证券业市场的变化，企业应当着眼于 IT 基础能力建设，通过制定一系列规范和机制保障敏捷 IT 工作的顺利开展，为适应不断变化的市场及强化核心竞争力打下坚实的技术基础。从整体角度出发，证券公司应逐步将传统垂直、封闭式的 IT 架构转变为云化、服务化的开放架构，设计思路从关注“内部流程运作”向关注“用户体验”转变，系统建设从“内部作业系统”向“与用户连接的实时智能系统”转变。在顶层设计的指引下，证券公司拟建设以客户体验为驱动的应用前台，以服务为导向的业务中台，以安全、高效、快速、灵活为目标的弹性 IT 架构后台，以智慧化、资产化为标准的数据智慧平台，打造引领业务发展的数字化、智能化 IT 支撑体系。

三、打造支撑保障体系，确保数字化转型成果落地

为确保数字化转型顺利开展，证券公司需要提供坚实的支撑保障基础。在未来实施数字化转型期间，证券公司需要从转型推进组织、数字化人才、高效运转机制以及文化建设四大角度推动转型落地。

（一）建立数字化转型推进组织

证券公司应实施数字化转型的专项管理，建立推进组织，负责管理、协调、指导、评估和推进整个数字化转型进程，以及阶段总结和汇报等工作，确保转型工作顺利推进。数字化转型推进组织的建立需要核心管理人和其他干系人能够清晰定义小组内各成员的职能，在执行层面上充分考虑企业管理文化，在组织执行力和成本等方面寻找平衡点，保证制度切实可

行，不流于形式。

（二）打造多元数字化人才

人才是企业数字化转型的关键要素。数字化转型加剧了企业对人才的争夺，尤其是能够在垂直行业内深度应用数字化技术、理解互联网运作方式的跨界人才。该类人才既需要具备强大的数字化思维和综合能力，又要熟悉证券行业的业务模式及流程。一方面，证券公司应注重对内部人才的挖掘和培养，将数字化转型推进组织作为内部数字化人才的资源池和摇篮；另一方面，证券公司可引入外部专家和专项人才，在专业领域发挥较大价值。同时，推进数字化转型需要有强大的研发能力支撑，应加大研发人才引进力度，尤其是对领军型人才、复合型人才的引进，以开放的心态和生态营造良好的工程师文化氛围，提升技术队伍整体能力，激发创造力，为企业数字化转型和长远发展提供源源不断的动力。

（三）健全高效的运转机制

数字化转型是一个持续的过程，证券公司需要在管理、沟通协作、跟踪、优化和决策等方面建立稳定的机制，保障数字化转型工作有序、可控。具体来看，为保障数字化转型的顺利实施，证券公司应健全管理协作、议事决策、跟踪推进以及评估优化机制。管理与协作机制的建立主要是为了保障数字化转型过程中各项工作的协调承接，以及各项资源的管理调用；议事和决策机制的建立主要是为了规范数字化转型过程中遇到各类问题时的决策方式，最大程度地进行高质量、高效率的决策；跟踪和推进机制的建立主要是为了保障数字化转型的实施进度，衡量转型实际与计划之间的差距，从整体层面对数字化转型进度进行跟踪和推进；评估和优化机制的建立主要是为了对整体数字化建设水平进行合理评估，以此反映转型效果，便于进行优化调整。

（四）营造浓厚的数字化文化氛围

管理学大师彼得·德鲁克曾言：“转型之挑战，不在战略，而在于文化之不达。”数字化转型离不开数字化文化土壤，良好、适配的文化土壤能够帮助企业更顺利地实现转型。在未来转型过程中，培育浓厚的数字化文化是数字化转型成功的重要依托。数字化文化的培育主要通过数字化转型推进组织进行宣导和推行，营造浓厚的数字化文化氛围，为数字化转型提供巨大的价值点。

四、总结与展望

数字化转型目标的实现不是一蹴而就的，在这个过程中，证券行业会面对历史遗留问题带来的挑战，会面对政策环境变化带来的挑战，会面对技术创新带来的挑战。行业上下要直面问题、坚定信心，积极应对困难和挑战，持续培育创新的土壤，营造变革的氛围，加强文化宣导和业务培训，引领广大证券从业者积极发现转型优化的突破口；加快树立数字化理念，在思想观念上，从经验思维、权威主义向用数据说话转变，塑造开放、平等的数字文化，以强烈的自我革新精神，汇聚数字化转型的强大力量。

2019 年 11 月 25 日，证监会副主席李超在深交所技术大会上提出，判断数字化转型能否成功的关键在于有没有打造一个生机勃勃的数字化生态。未来，证券公司要加强与国内外领先供应商、金融机构、科技公司、开源社区的合作交流，通过数据、场景、人才、技术的连接，以“不为我有、为我所用”的新型理念，集聚内外部合力共同打造证券行业数字化发展生态圈。当前，我国已经步入经济高质量发展的重要战略机遇期和资本市场深化改革的新时代，证券公司更应该把握数字化转型的机遇，积极采取行动，推动行业的发展和多层次资本市场的建设。

参考文献

[1]韩维蜜. 科技引领　迈向数字化新时代——深交所2018 年技术大会召开[J]. 金融电子化，2018(12):72－73.

02

数字化转型发展思路[①]

罗荣亚　邵　宇[②]

近年来，在信息技术不断进步和行业全面转型的大背景下，证券业的发展进入了新的阶段。以人工智能、大数据、云计算及区块链为代表的新一代信息技术逐渐向金融业渗透，推动证券业朝着移动化、智能化方向发展。同时，《证券基金经营机构信息技术管理办法》《关于规范金融机构资产管理业务的指导意见》《商业银行理财业务监督管理办法》等政策相继出台，大型互联网公司利用技术优势不断向金融业拓展业务边界，商业银行理财子公司开始实际运作，这都使得证券业发展面临新的机遇和挑战，需要采用金融科技时代的新思路加以应对。

一、证券业金融科技的发展现状及趋势

在互联网金融高速发展的时代，金融机构利用互联网手段打通移动终端、汇集海量数据，推动了金融业务在线化运营。在人工智能时代，金融科技的发展也进入了智能化时代。证券业将利用人工智能技术大幅降低成本，提高运营效率。

---

① 本文受中国博士后科学基金(2019M650977)资助项目支持。

② 罗荣亚，小鹏汽车深圳研发中心自动驾驶系统开发资深工程师；邵宇，中证金融研究院研究员。

（一）证券业金融科技发展的两个重要层次

第一个层次，从基础设施上看，一方面是目前大部分券商都在部署云计算平台，主要包括办公系统、灾备系统、研发测试平台的建设，以及生产环境上云；另一方面是大数据系统的建设，如图像处理、语音处理等模块。第二个层次是金融科技场景的应用。这些通用的场景包括营销（客服、网点、产品）、风控（反欺诈、反洗钱、信用风险）、运营（知识库、智能机器人）等。还有一些证券行业特殊应用场景，如文档分析（包括交易所智能文档分析），以及券商和基金公司的智能投研、智能投顾、智能交易等。

（二）证券业的移动化、智能化发展现状

证券业对信息技术发展越来越重视，人才队伍建设不断加快。根据证券业协会的统计，2018 年券商总部信息技术人员数量同比增长 7.5%，且近年来持续增长。金融科技已经对证券行业底层架构和前、中、后台业务产生了深刻影响 。券商网上开户总数中，移动端占比超过九成；月活跃用户中，客户端占比超过七成。金融科技在给证券公司带来新的长尾客户的同时，使证券公司的运行成本大大降低、服务效率大幅提升，各类应用场景中的创新为证券行业探索金融科技发展模式提供了新的途径。智能投顾业务在国内发展两年多来，已有约 30% ~40% 的券商开始利用此类工具为客户提供服务，提高了中小客户群的交易水平。券商的移动化、智能化转型发展已经在线上渠道、市场行情分析、交易账户体系等方面快速铺开。

（三）证券公司业务的定制化、多元化发展趋势

证券业对人工智能高度重视，基于大数据、云计算及深度学习等技术及方法，各项业务将向精准营销、智能客服、智能投研等领域不断发展。金融科技将对重构业务流程与行业生态、推动证券行业服务模式的创新发挥积极作用，进而大幅提升机构内部的运营管理水平，全面提升机构服务客户定制化、专业化水平，提高客户体验满意度。金融与科技的结合正从

低频率、浅层次的简单叠加向高频率、全方位的方向融合发展。未来，金融科技能力的建设将成为券商发展的关键所在，从投资交易、投行承销、风险管理、机构业务以及业务创新等各层面全面展开，实现从传统券商向科技型金融机构的转型升级，同时也为客户提供更优质的服务。

二、面临的发展困难

当前证券行业还面临很多困难，包括金融科技发展路径选择问题、行业竞争加剧业务转型压力、资金投入与人才建设不足、数据治理与隐私保护问题、风险意识不够强等。

一是金融业务与科技手段的融合发展路径与模式还未明确。证券业务前、中、后台种类较多，各层业务之间相互嵌套勾连，业务创新“牵一发而动全身”。券商加大金融科技平台建设力度，重塑业务条线和商业模式，加速金融科技领域布局，已经成为业界共识和行业方向。然而，金融科技涉及的技术种类繁多，在不同的业务场景其应用方式也不相同。券商要想利用金融科技手段全面赋能证券行业，需要进行全面的发展路径规划，将业务变革与技术创新逐步融合在一起。目前的金融科技规划中，能够真正尝试科技与业务相结合并落地的券商少，能够制定长期规划并实实在在赋能提升的更少。行业内金融与科技融合发展的路径与模式仍未明确。

二是证券业处于业务转型期，同时面临银行理财子公司的竞争。在科技不断发展的当下，证券行业的平均佣金率大幅下降，券商传统的靠经纪业务实现盈利的模式受到了显著冲击，业务转型是券商的必然选择。2018年股票市场波动较大，市场低迷导致券商各业务收入大幅下滑；而2019年市场回暖后，上市券商净利润迎来强劲增长。“靠天吃饭”的模式使得券商的业绩难以预测。与此同时，券商资管类业务中有相当一部分资金来源于银行体系，特别是定向资管计划中的通道类业务，在《关于规范金融机构资产管理业务的指导意见》去通道的要求下将逐步受限。而该类业务的增量资金将流向依据《商业银行理财业务监督管理办法》设立的银行理财子公司；《关于规范金融机构资产管理业务的指导意见》规定，2020 年底前存量部分逐步到期退出①，因此证券公司资管业务面临的转型压力较大。

三是证券行业实力不如银行业，资金投入不足，人才队伍建设落后。根据各上市银行披露的年报数据，2019 年六大国有行科技投入合计 716.76 亿元，其中建行以 176.33 亿元居首位，科技投入占营业收入的 2.50%；股份制银行中，招商银行和中信银行信息技术投入分别为 93.61 亿元和 48.94 亿元，分别占营业收入的 3.72% 和 2.61%。相对而言，我国证券公司在信息技术投入方面仍显不足。证券业协会发布的《2018 年度证券公司经营业绩排名情况》显示，国内证券公司 2018 年对信息系统的投入总计超 130 亿元，增幅超 16%。根据 2019 年年报，华泰证券、国泰君安信息技术投入金额分别为 14.25 亿元和 11.17 亿元，分别占营业收入的 10.06% 和 5.57%；2019 年信息技术投入排名前十的上市券商合计投入金额为 74.88 亿元，仅为六大行投入金额的 10.45%。不过，多数券商依然在加大信息技术投入力度，其中东方证券、华泰证券、海通证券的信息技术投入增幅都超过了 30%，信息技术投入占营业收入的比例均超过 5%。人才队伍方面，证券业协会数据显示，2018 年证券公司信息技术人员总数为 11713 人，而高盛几年前信息技术员工数量已经过万，且 2019 年其信息技术人员数量还在以 5% 的速度增长。与国际顶尖投行相比，国内券商信息技术人才队伍建设仍有较大差距。

四是难以对金融科技衍生风险形成全面而充分的认识。金融科技时代的风险不仅来自金融业务，如操作风险、市场风险等，也来自技术方面，如数据安全风险、网络安全风险等。在金融与科技融合之后，原有的金融风险更加内化，不易察觉；不同种类的风险交叉叠加、层层累积，被不断

---

① 本文于 2020 年 6 月定稿。2020 年 7 月 31 日，中国人民银行宣布延长《关于规范金融机构资产管理业务的指导意见》(以下简称资管新规)过渡期至 2021 年底。

放大。而内部合规管理和外部监管要求日益增多，使得证券公司合规成本增加。证券公司原有合规管理框架日益臃肿、低效，新技术的采用和演进却较为缓慢且有一定的局限性。因此，证券公司要想全面提高应对风险的能力，前提是充分而全面地认识潜在风险。

五是数据治理能力有待提升。数据是金融科技发展的核心要素。证券业数据治理能力的不足体现在以下几个方面：第一，数据获取来源不全面、数据完整性欠缺。如一些细分业务未完全实现数字化运转，使得公司相关统计指标信息缺失；投行 ABS 业务存在数据缺少产品结构信息、相关方信息无法纳入统计等问题。第二，数据保存不善造成数据丢失或损坏，或者各种数据管理工具共存，导致数据冗余、使用不便。第三，数据时效性不强，如各类报表的生成时间、更新速度慢，无法为公司的管理和运营提供及时反馈。第四，数据口径不统一、数值不一致，如同一主体在不同口径下产生的数据内容不一致，使得数据无法被有效利用。由于证券行业的业务存在多个归口管理部门，过往券商的各业务部门自下而上建立业务系统，部门之间、子公司间数据共享不足，导致数据一致性较差。

三、证券业金融科技发展的新思路

《证券基金经营机构信息技术管理办法》（以下简称《办法》）发布后，对系统平台建设提出了新的要求。未来证券、基金机构将成立金融科技子公司，为证券经营机构利用外部科技团队打造金融科技产品提供有效途径。《办法》同时明确要“确保合规与风险管理覆盖信息技术运用的各个环节”，对证券业发展金融科技提出了新的要求。面对发展困境，证券业需要从战略高度看待发展问题，笔者在此提出以下几种发展思路：

（一）理性看待科技建设的时代瓶颈

金融行业科技人才匮乏，尤其是缺乏既懂金融又懂技术的复合型人才，且金融机构整体数字化建设投入不足。尽管金融科技涉及的相关技术尚不成熟、不完善，在当前发展金融科技需要很多专业技术人员（如从事算法模型设计、数据处理、场景设计相关工作的技术人员）完成许多定制化应用的落地工作，但这只是金融科技发展过程中的小插曲。20 多年前证券行业系统大集中，行业缺乏计算机网络、服务器运维等方面的专业技术人员，但随着技术的不断完善，证券行业对技术人员的依赖越来越小。证券公司应合理加大信息技术投入力度，加快科技能力建设，使之与业务相匹配。同时，金融机构可借助云服务快速上线部署和更新升级系统，这将成为未来金融机构发展金融科技的关键。

（二）突破大数据的束缚

要想发展金融科技，关键是要突破数据瓶颈。证券公司应优先考虑整合机构内部数据、子公司数据，形成标准化、高质量的数据库和统一的数据管理规范要求；在此基础上，打通内外部数据，结合证券行业丰富的应用场景，利用人工智能等大数据处理方法，充分发挥大数据的优势。

（三）谨慎推进智能投资

在数字化转型的过程中，证券行业发展金融科技首先要满足金融机构内部的需求，如开发智能风控、智能运营等应用；其次要紧跟监管科技的发展趋势；最后要满足客户的需求。以智能风控为例，证券行业合规管理的需求日益增加，一些交易结构复杂、定价难度大，涉及跨市场或跨境交易的业务风险防范难度大，这就需要相关机构利用人工智能等技术提高风控管理水平。而从投资者的角度来看，他们关心的不是投资的过程是否智能，而是绝对收益，如果智能化的产品不能为其带来收益，那么就算再智能也没有用，所以证券行业应谨慎推进智能投资业务。影响金融市场运行的因素较多，目前的智能化投资产品还做不到真正的智能，但是金融机构可以利用智能化手段优化交易流程、降低投资成本等，这是值得鼓励的创新方向。

（四）培育金融科技生态

目前金融科技基础设施处于探索阶段。在数字化时代，对海量数据的实时分析对计算能力提出了很高的要求。各机构的创新总体比较散、乱、杂，没有形成协同创新的金融科技体系，追求短期利益和快速创新，很少站在行业生态角度思考。证券行业要从生态角度出发，处理好金融机构、基础设施公司、金融科技公司、科技公司之间的关系，不要只顾短期快速增长而忽视了行业的长期利益。

（五）全面防范金融科技风险

金融科技既要满足金融严格的监管标准，又要符合科技的监管要求。这种跨界合作、跨数据源应用，增加了机构之间的关联性和金融体系的复杂性。部分科技公司在信息科技风险管理方面的局限性，有可能导致相关风险的传递，增加系统性风险。证券公司应充分发挥自身优势，利用科技手段寻找合适的投资标的，规避产品与投资者不匹配带来的风险。

四、结语

当下，全球经济和产业格局加速调整，我国资本市场正全力推进金融供给侧结构性改革，着力建设高质量中介服务体系。证券行业应当顺应金融科技时代的潮流，加快转型升级，从理性看待科技建设的时代瓶颈、突破大数据的束缚、谨慎推进智能投资、培育金融科技生态、全面防范金融科技风险等方面加强金融科技能力建设，提高应对风险的能力，提升服务水平。

参考文献

[1] 刘铁斌. 数字时代的资本市场发展和监管变革[J]. 金融电子化，2019(2):14－16.

[2] 郭锋. 数字科技对证券市场及其监管的影响:基于大数据、人工智能、区块链的视角[J]. 证券法律评论，2019(1):1－25.

[3] 袁康，邓阳立. 道德风险视域下的金融科技应用及其规制:以证券市场

为例[J]. 证券市场导报, 2019(7):13－19.

[4] 曹永强. 金融科技对券商运营模式影响逐渐凸显[N]. 证券时报, 2019－07－15(A06).

[5] 黄炎勋. 证券公司应回归业务本源推进高质量发展[N]. 中国证券报, 2019－09－03(A03).

[6] 侯巍. 探索新时代证券公司差异化高质量发展路径[N]. 中国证券报, 2019－08－02(A03).

[7] 李慧,苏宝茵. 华福证券总经理陈键:金融科技能为证券业带来什么?[J]. 科技与金融, 2019(8):34－36.

[8] 杨龙. 证券公司如何跨入智能化时代[J]. 清华金融评论, 2019(5):47－49.

[9] 何如. 发挥金融科技价值　打造证券业高质量发展核心动力[N]. 中国证券报, 2019－06－04(A02).

[10] 梁丽雯,张磊磊. 拥抱金融科技:证券未来之路——访东亚前海证券总裁田洪[J]. 金融科技时代, 2019(9):8－11.

[11] 赵阳. 金融科技在资本市场的应用发展研究[A]// 创新与发展:中国证券业2017年论文集[C]. 北京:中国财经出版传媒集团,中国财政经济出版社, 2018.

[12] 李超. 深化资本市场改革　服务数字经济发展[EB/OL]. (2019－10－20)[2020－06－08]. http://www.csrc.gov.cn/pub/newsite/zjhxwfb/xwdd/201910/t20191020_364700.html.

[13] 李文红,蒋则沈. 金融科技(FinTech)发展与监管:一个监管者的视角[J]. 金融监管研究, 2017(3):1－13.

03

数字化转型的三大驱动力与四大能力[①]

殷振兴　姚子骏[②]

受行业竞争加剧、客户投资理财需求快速上涨等多重因素影响，证券机构数字化转型成为不可逆转的趋势。一方面，国内证券机构超过 90% 的经纪业务通过线上渠道开展，然而国内证券行业竞争日趋激烈，牌照红利弱化，通道业务收入模式单一、同质化严重、佣金率持续下滑。另一方面，我国居民可投资资产不断上升，招商银行与贝恩公司发布的《2019 中国私人财富报告》显示，2018 年中国个人可投资资产已超 190 万亿元，且以 6% 的增速持续增长，而受限于人力成本因素，证券机构所需的传统投顾缺口高达 14 万人。

证券机构数字化转型是指依托数字化技术，在金融产品设计、运营、营销、服务和管理等多个环节实现全面数字化，重塑证券服务模式与员工工作方式，帮助证券机构发挥跨牌照优势，精准经营长尾客群，实现降本增效，实现商业模式创新与核心能力提升。

数字财富管理是证券机构数字化转型过程中的重要应用与革新。如图 3－1所示，数字财富管理以多维数据为基础，以客户运营为核心，通过技术驱动赋能，降低传统财富管理的门槛，将客户群体拓展至规模较大、

---

① 本文经删改后刊发于《金融纵横》2020 年 10 月刊。

② 殷振兴，就职于国泰君安证券股份有限公司；姚子骏，曾就职于国泰君安证券股份有限公司。

对价格相对敏感的大众客户。同时突破时间和空间的限制，提供 7×24 小时高效、便捷、精准的服务。

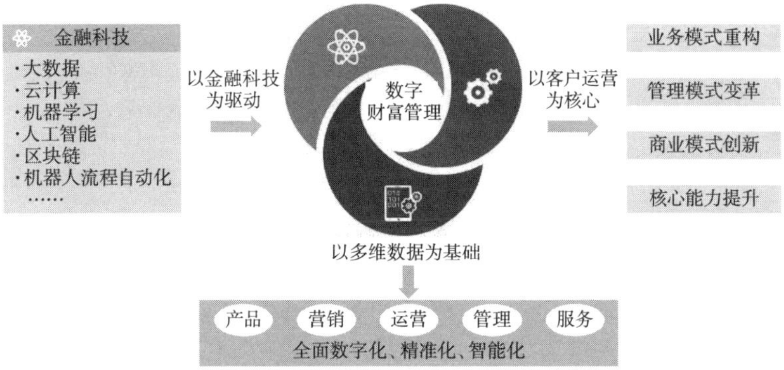

图 3-1 证券机构数字财富管理

一、证券机构数字化转型三大驱动力：数据连接、技术驱动、开放协作

伴随金融科技的日趋成熟与客户需求的逐渐碎片化、个性化，证券机构的数字化转型一定程度上将改变过往单纯以人的经验和线下网点为核心的模式，转向拥抱环境、拥抱客户、拥抱技术。证券机构可通过数据连接、技术驱动和开放协作三大要素，实现客户需求的精准把握，以及产品与服务的个性化触达。

（一）数据连接：有数、用数、治数

数据连接是指证券机构从“有数、用数、治数”三方面推进覆盖客户全生命周期的数据连接，实现线上集约化、智能化运营和线下渠道的综合化、特色化经营。有数包括建立数据集市，规整用户行为数据，数字化串联客户标签（KYC）、服务标签（KYS）、渠道标签（KYM）、投顾标签（KYE）四大要素，打通各业务经营环节的资源，通过数字化连接实现共建和共享；用数包含建立多维度报表分析系统，实时监控业务指标变化，并通过同一 API 数据服务方式输出客户标签，通过手动、自动、智能三类

方式精准服务客户，提供量化策略；治数是指打造“管理驾驶舱”，以数据的形式为管理层提供一站式的决策支持，“管理驾驶舱”涵盖核心数据的历史及实时情况、关键业务健康度变化和主要业务风险的预警情况，建立数据管理制度，实现数据同源、指标同口径、内部数据资源的有效整合和高效共享。

具体来说，证券机构应当对内实现各单位数据采集、传输、共享的一体化，打通全流程，消除部门乃至行业间的信息孤岛，以数据打通各类场景，释放公共资源；对外以数据连接不同形式的产品与资源，改善客户体验，提高满意度，重构业务与技术生态。

为实现数据全连接，证券机构在数字化转型中应当建立稳固、安全的数据中台与共享中台，为运营与服务夯实底层数据和技术基础，在具体应用时进行信息更新和资源调用。

（1）数据中台。证券机构构建数据中台时，应当基于业务数据化与数据场景化的理念，以为业务中台提供数据分析和应用为目标，围绕客户标签分析、产品分析、流量运营和资产配置等方面，实现对业务数据的全域挖掘、开发和资产化，最终实现数据加工、连接和应用的完整闭环。

数据中台应当具备以下能力：一是统一化的数据整合能力，采集、融合各业务系统数据，拔掉“数据烟囱”；二是标准化的数据治理能力，建设规范化数据集市，形成条线数据资产；三是强大的数据开发计算能力，支持离线、实时计算、个性化推荐、精准营销等算法模型；四是高效的数据服务能力，封装标准化数据 API 接口，统一对外进行数据服务。

数据中台的具体功能体现在以下七个方面。数据集市：数据采集、融合、计算、存储；数据研发组件：数据提取、指标开发、分类聚合、数据调度；标签管理组件：客户标签（KYC）、渠道标签（KYM）、服务标签（KYS）、投顾标签（KYE）；智能推荐组件：资讯推荐、多品类产品推荐；用户行为分析组件：路径跟踪、漏斗分析；算法建模组件：数据接入、特征工程、机器学习、效果评估；数据资产管理组件：元数据管理、数据生命周期管理、资产地图、数据标准管理。

（2）共享中台。共享中台是包括客户、产品、素材等数据信息的资源枢纽，分为客户中心、产品中心两个模块。

客户中心应该有包含身份识别、资料维护在内的基础信息，以及包含用户画像、账户分析、行为分析在内的用户分析。客户中心通过对接数据平台，在对用户基础信息、交易行为、页面访问数据、外部征信和消费等数据进行采集、过滤、处理、分析的基础上，结合证券机构内部不同部门的业务需求，输出多维度的客户人群画像与行为分析报告，供营销展业、资产配置、精细化运营时使用。

产品中心应当有包含市场观点、投资策略管理、行业研究数据库的产品研究系统，包含产品绩效分析、产品标签管理、产品画像分析、产品综合评价的产品评价系统，包含产品生命周期管理、产品资讯服务、基础信息维护的产品信息管理系统。产品中心通过构建全流程体系，能够实现对产品的全生命周期动态管理，赋能展业员工随时调取应用。

（二）技术驱动：科技赋能，重塑金融服务业务模式

技术驱动是指以金融科技创新催生新金融业态，在证券机构数字化转型中用各类新兴工具替代及赋能传统人工，创新证券业的产品、业务及服务模式，打造数字服务形态，提供数字服务体验，重塑金融服务业务模式。

目前技术驱动下的证券机构在数字化转型中提供的新型服务模式主要分为依托数字工具在线上开展的智能服务、在线伴随服务与线上财富管理服务。

（1）智能服务。智能服务是指证券机构应用大数据、机器学习、语义分析等金融科技技术，实现“人、货、场”的结合，按照客户需求分析、智能服务分析、智能服务推荐、智能服务反馈、智能服务和推荐引擎调优五个步骤，基于数字化、智能化平台为海量客群提供线上智能客服、智能

投资、智能理财、智能资讯等服务。

智能客服凭借语音语义识别、自然语言处理等技术迅速识别问题，成为人工客服的补充；智能投资依靠投资策略工具化、信息分析模型化、数据挖掘智能化为客户提供投资分析的新维度与分析方法；智能理财通过运用金融模型，提高理财投资效率；智能资讯通过提炼资讯标签和内容格式，提升信息阅读和获取的效率。

相较传统服务，智能服务强调场景的协同，囊括投前、投中、投后等场景，根据客户需求提供自动唤醒服务，提升了服务效率。

（2）在线伴随服务。在线伴随服务指证券机构依托线上平台，提高服务人员的服务效能，通过图文直播及视频直播的方式与客户实时交互，提供在线投教、业务咨询、行情解读等服务。图文直播服务是证券机构投资顾问在数字化图文直播间以文字回答、图片展示等方式响应客户需求。对客户来说，这种服务方式可以让自己第一时间获取服务；对服务人员来说，扩大了服务覆盖面，通过标准化服务工具进行服务可避免合规性、适当性等问题，提高了服务专业度，还有助于获得更多营销机会。

（3）线上财富管理服务。线上财富管理服务即数字财富管理服务，随着2018年《关于规范金融机构资产管理业务的指导意见》（以下简称资管新规）的发布，大量理财产品转向标准化、净值化，标准化资产理财时代将要来临。数字财富管理借助简单、标准、透明的公募基金、ETF等产品，新增机器人、投顾直播等数字化交互模式，拓展以大众富裕客户为代表的普惠财富管理市场。证券机构依靠数字化转型对客户风险承受能力、风险偏好、可投资资产等关键KYC指标进行智能分析，提供智能投顾与产品定制两类服务。智能投顾是指运用云计算、大数据、机器学习、智能算法等技术搭建数据模型和后台算法，为客户提供个性化的资产配置建议与交易执行方案；产品定制则是依托证券机构数字化转型中精准营销、风险定价等技术驱动的优势，根据不同资产规模、人生阶段、风险偏好等要求，提供数字化、精细化的产品定制服务。

（三）开放协作：共建、共享场景生态

开放协作是指证券机构基于合作伙伴的核心能力，一方面以能力输出获取外部资源，另一方面与合作伙伴共建场景生态，打造互联互通的数字化生态。

构建平台生态圈是证券机构数字化转型的重要一环。它帮助证券机构在开放协作中突破金融产品、数据获取、流量运营、客户权益等多方面的限制，实现深度合作共享，整合内外部服务资源，为共同客户提供多元化、个性化、专业化的服务。比如国泰君安在其平台君弘 App 中构建基金公司君弘号“自营店铺”开放平台，为基金公司提供专业运营能力支持，提升入驻基金公司的产品销量。

证券机构可从产品、运营、数据、客户权益等方面来打造全面的开放生态，丰富服务资源、整合服务能力。第一，搭建开放的产品合作平台，引入外部市场研究能力，扩大研究能力的覆盖范围和深度，提供周到的投研服务和丰富的产品；第二，构建开放的运营合作平台，在数字化技术赋能下，合作伙伴依靠高质量活动、精细化内容，提供基于全生命周期的个性化、专业化伴随服务及活动，共同参与业务转化；第三，建立科技实验室，与科技公司、科研院所、互联网公司、电信运营商等机构共建科技实验室，利用合作渠道数据进行全方位的客户画像分析，实现大数据合作；第四，打造开放的客户权益合作体系，引入合作机构特色权益内容与服务，满足客户多元化的财富管理需求。

二、证券机构数字化转型四大关键能力

证券机构数字化转型主要围绕客户、服务、渠道、投顾四大核心关键生产要素展开，以数字化串联的方式围绕四大要素建设关键能力，实现客户全生命周期管理、服务全价值链管理、渠道差异化管理与员工工作模式管理等目标。

（一）客户洞察能力

客户洞察能力要求证券机构在数字化转型中结合自身禀赋，建立客户全景视图与客户旅程地图。客户全景视图是将客户的内外部业务数据与行为数据结合，在大数据、人工智能、机器学习等技术的驱动下，输出客户画像、客户标签等信息，从而识别客户生命周期，进而立体化、多维度地洞察客户。客户旅程地图从客户的视角出发，将其在证券机构投资理财中经历的关键节点、情绪变动、营销资源、运营资源的交互以场景化、可视化、图形化的方式展现出来，便于证券机构捕捉客户在不同阶段、不同场景下的情绪变化、需求变化，进而解决痛点。

客户全景视图是证券机构拥有客户洞察能力的核心与基础，也是开展流量运营的前提。在客户全景视图的基础上，证券机构可以按照客群的分类分级进行运营，根据不同生命周期、不同切分维度的客户特点，智能匹配全景、多维的运营资源，实现高效、精准的获客和转化。

客户旅程地图是证券机构优化客户洞察能力的重要参考依据。证券机构通过数字化的方式梳理客户的关键行为路径，理解其需求变动的背后原因，从而提出改善功能、服务的建议，获得竞争优势。同时，客户旅程地图使证券机构在数字化转型中能覆盖客户从获取到转化留下的每一个关键节点，便于后续追踪。

客户全景视图与客户旅程地图相互融合，能够帮助证券机构在数字化转型中全面、立体地洞察客户需求，从而实现千人千面场景化的精准服务。证券机构通过客户全景视图细分客户群体，建立客户画像，了解客户生命周期；通过客户旅程地图了解客户接受各类服务的关键阶段，及时关注客户心态变化及真实诉求。这两者结合能够矩阵化定位某一人群在某一时点的真实诉求。举例来说，国泰君安基于客户旅程地图与客户全景视图，依托3A3R运营指标体系，聚合基础数据，对运营效果进行跟踪和监控，配以智能化规则引擎，营销素材标签、匹配产品标签和资讯标签，实现对不同人群在不同的投资阶段进行千人千面的精准匹配，使业务人员能在客群寻找、内容迭代、场景挖掘、算法调整上不断优化，最终提升转化效率和运营效果（见图3-2）。

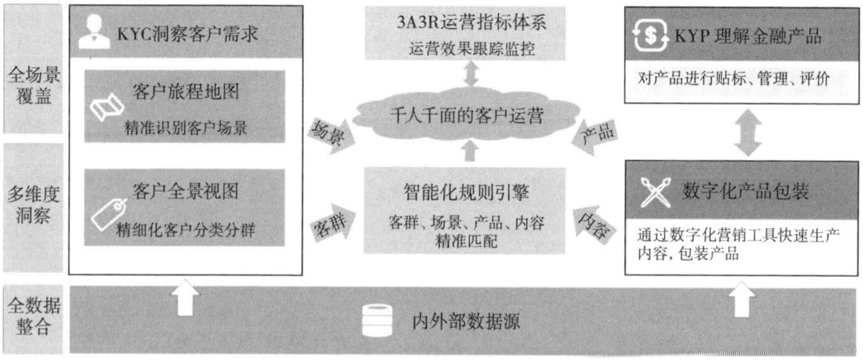

图3-2　客户全景视图与客户旅程地图

（二）服务供给能力

面对海量客户，证券机构提供的投资服务主要分为交易类服务、委托管理类服务、借贷类服务，这也是证券机构在数字化转型中需要依靠数字化工具提升的服务供给能力。交易类服务供给能力的提升主要依靠智能交易、智能理财等数字化工具，提高客户的交易类服务体验；委托管理类服务供给能力的提升则需要依托证券机构建立360°数字化的产品评价体系，构建精选产品矩阵（见图3-3），同时运用金融科技提升资产配置流程中的管理能力；借贷类服务的核心是融资融券，考验的是频率的缩短与久期率，这就要求证券机构在数字化转型中运用大数据技术，提升对细分行业以及企业的认知能力，进而提升产品的竞争力。

委托管理类服务的核心是产品优选与普惠资产配置服务。证券机构在数字化转型中，一方面，应当建立数字化的KYP系统，运用数字金融模型对产品背后的标的、基金经理、管理人进行穿透式跟踪，形成固化标签，从而建立360°数字化产品评价体系与优选产品矩阵；另一方面，要降低资

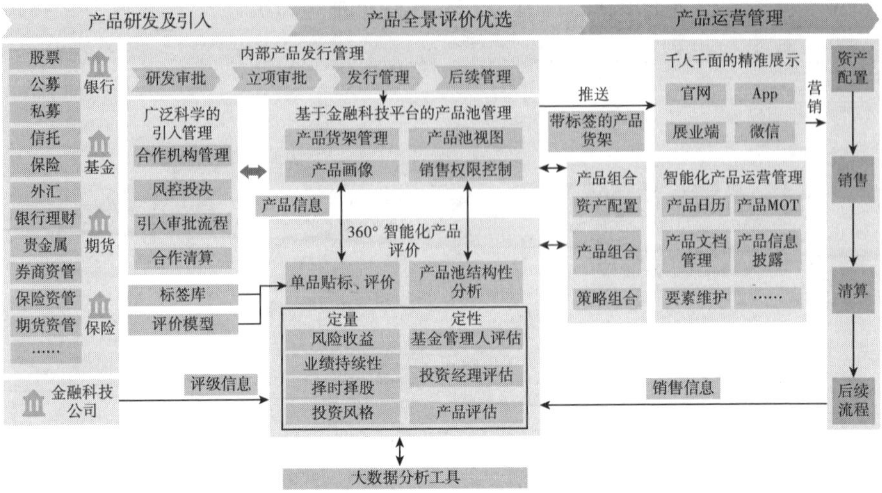

图 3-3　360°数字化产品评价体系与优选产品矩阵

产配置的门槛、费用，避免情绪化影响，在投资组合建立、实施、管理三个方面提高效率。机器学习、大数据分析可以优化投资组合策略的算法模型，提升建立投资组合的效率；模型算法与智能合约的交易方式，能够提升投资组合的安全性；数字技术的应用还能提高机构对投资组合的动态管理能力，如自动跟踪大类资产轮动机会，实时调整资产配置方案。

（三）渠道管理能力

在数字化转型中，证券机构应当具备强大的渠道管理能力。线上基于数字化营销工具和推荐引擎实现智能运营，采取服务办理集中化的方式防范风险、降低成本；线下基于数据对分支机构实行差异化管理。

线上渠道管理上，一方面，证券机构利用数字化营销工具整合可配置、有梯度、模板化的内容资源，实现营销素材的快速生产与包装，提高运营素材的制作效率；运用规则引擎内涵的智能算法，实现产品、客户、素材内容、触达方式、场景的数字化高效匹配，预判客户的兴趣及潜在的风险，提高线上渠道服务能力。另一方面，证券机构可以采用服务办理集中化的方式，依托数字技术在业务架构、技术架构、基础设施三个维度设计服务办理集中数字平台，将业务受理和办理分离，实现线下受理、线上处理。服务办理集中数字平台不仅可以提高业务办理效率，压缩证券机构的管理半径，也能够进一步加强对营运人员的管控，使得独立于营业网点的业务办理人员可以减少营运人员和网点之间的利益捆绑，防范操作风险和道德风险。

线下渠道管理上，证券机构以数据驱动，全面评判各区域分支机构的业务健康度、业务风险和自身特色，推进线下渠道实现综合化与特色化相结合的错位发展。证券机构结合自身优势，将线下渠道分为综合型旗舰网点、交易型网点与智慧网点三类。其中，综合型旗舰网点聚焦高净值人群的财富管理服务，以提高资产管理规模为目的，搭建区域性的财富中心；智慧网点涵盖互动大屏、机器人、近场感知、VTM 等多种数字化方式，同时加入人脸识别、语音识别、OCR 等多种人工智能技术应用，以降低成本。

（四）投顾胜任能力

证券机构提高投顾胜任能力能够进一步聚集客户和资产，加快业务发展。证券机构应当建立投顾管理及展业管理系统。投顾管理系统使投资顾问可基于客户的投资属性进行精确分析，提供精准服务；展业管理系统能够辅助投资顾问跟踪每日作业流程与绩效，包含到期提示、待办工作、客户服务及营销事件等。

上述系统将投顾各类指标及业务动态聚合，使员工可以以数字化的方式处理客户关系、价格管理、业务资质管理、绩效管理、任务管理等工作，并实现服务留痕和客户满意度评价，提高投顾的工作效率。

就投顾类别来说，证券机构应将投顾人员分为销售型投顾和管理型投顾两类，树立不同的目标导向。销售型投顾基于内外部合作渠道客户的基本信息数据、行为数据、投资数据、消费数据、征信数据，明确客户需求，进而借助数字化技术在极短时间内计算当前精选产品池中满足客户需求的建议型组合产品。管理型投顾则从实时组合监控、自动目标检视、智能风险管理三个方面为客户主动管理资产配置方案，注重客户长期利益。实时组合监控是指运用数字化工具对资产配置方案进行穿透式监控，通过对海量信息的自动抓取、分类聚类与投资标的相关联，分析是否改变现有持仓；自动目标检视是指利用数字技术对投资组合目标进行监测，辅助管理型投顾判断策略目标是否可以达到预期；智能风险管理则是借助大数据、人工智能等数字技术提升对客户账户资产的管理分析能力，帮助管理型投顾实现对客户账户资产的智能风控管理，防范系统性风险与非系统性风险。

三、证券业数字化转型的潜在风险与监管建议

数字化转型中新技术的应用与创新本身具有风险，其应用的范围越大，承载的数据越多，产生的影响就会越大。风险主要包括数据安全风险与数字模型黑箱风险。

证券机构在建立客户画像过程中会涉及信息的搜集，包含客户基本信息、投资风险偏好信息、App 行为信息、历史交易记录、资产信息等，如果没有取得客户授权或未使用稳定可控的技术导致信息泄露可能会侵犯客户隐私，甚至构成违法违规行为。

数字模型黑箱风险是指证券机构提供的数字模型本身可能存在因编程错误、算法同质化而加剧投资行为顺周期性等风险点，造成实际应用中偏离原有模型及算法，产生无法提供正常数字服务的内生风险，进而削弱客户对证券机构的信任。

证券机构数字化转型在国内正处于快速成长期，业内缺乏统一的行业标准。监管机构应明确发展应用数字工具、智能投顾、智能交易等业务边界和合规底线，结合试点情况出台配套制度，进一步细化、完善相关要求，给予证券机构更多操作层面的指导；同时借鉴监管沙盒方式，帮助证券机构实现更深层次、更宽领域、更大力度的数字化转型。

参考文献

[1] 孙姝鑫. 浅析人工智能对金融行业的影响探析[J]. 中国战略新兴产业, 2019(10): 62.

[2] 于蓉. 金融机构财富管理业务发展面临的矛盾与对策[J]. 南方金融, 2016(7): 52-56.

[3] 波士顿咨询公司, 陆金所. 全球数字财富管理报告2019—2020[R/OL]. (2020-03-25)[2020-06-07]. https://media-publications.bcg.com/Global-Digital-Wealth-Management-Report-2019-2020-CHN.pdf.

04

证券机构财富管理业务的数字化转型

唐月生[①]

随着证券公司经纪业务佣金率的不断下滑，传统通道收费模式已经难以为继，基于买方市场和服务收费的财富管理成为证券公司重要的战略选择。如何充分利用数字化手段构建以用户为中心的数字化财富管理模式，如何端到端、高效地服务中高价值财富人群，如何有机协调投顾、产品、用户、渠道四者的关系，如何重塑敏捷的组织文化保障数字化财富管理成功转型，成为证券公司目前面临的重要课题。

一、数字化财富管理转型发展现状

国外证券公司数字化财富管理成效显著。自1970年以来，美国证券公司逐渐分化为四大类型：大型全能投行、精品投行、财富管理机构和线上经纪商。在财富管理领域，瑞银、美银美林、摩根士丹利经过多年努力，在管理的客户资产规模上已与其他机构拉开了明显差距。其中，2017年瑞银营业收入和利润中财富管理占比分别高达54.21%和51.3%，摩根士丹利这两个数据也分别高达44.7%和41.3%。大型全能投行和财富管理机构均明确将数字化财富管理作为未来的核心发展战略，充分利用金融科技等数字化手段，围绕数字化财富管理构建强大的护城河，成效显著。截至

① 唐月生，长城证券信息技术与金融科技部副总经理。

2018 年，美国财富管理市场规模达 71.5 万亿美元，其中私募基金公司市场规模达 13 万亿美元，银行控股集团及银行达 15 万亿美元，保险达 10 万亿美元，而以注册投资顾问（RIA）形式存在的财富管理规模高达 33 万亿美元左右。以买方投顾模式为重点的 RIA 具有强大的市场空间，为国内证券公司财富管理转型路径提供了重要参考。

国内证券公司数字化财富管理尚在起步阶段。近年来，在证券行业利润空间逐渐缩窄、经纪业务佣金收入持续下降、行业集中度持续提升、客户机构化趋势日益明显等背景下，国内部分证券公司开始尝试经纪业务转型，告别传统通道收费模式，利用其资产配置、投资研究等优势，力图从传统交易通道提供商转变为全面财富管理机构。其中，中信证券、银河证券、华泰证券等头部券商在 2018 年已完成财富管理组织架构转型，纷纷开始厉兵秣马，“征战”财富管理。以华泰证券为例，2018 年底，华泰证券将经纪及财富管理部的相关职能和团队并入网络金融部，从机构设置上强化线上线下融合发展，部门下设四条主线——零售及财富管理业务、数字化中台、科技金融策略、机构业务，以“App + 投顾”为触点，打造“A-ORTA · 聊 TA”投顾工作云平台，通过对前、中、后台的全面整合，打造集洞察客户、严选方案、精准服务和过程管理于一身的一站式工作台，减少线上线下利益差异，秉持“以用户为中心”的理念，力图从营销端、服务端到运营机制体系均实现数字化转型。

二、证券公司财富管理转型面临的挑战

随着基金投顾业务试点工作的逐步开展，证券公司经纪业务的财富管理转型势在必行。而在数字化时代，以经纪业务为主的证券公司构建数字化财富管理业务模式依然面临较大挑战。

第一，以往以佣金收费为导向的商业模式决定了券商投顾的目标，即向客户提供股票交易建议或者推荐其代销的金融产品，对于维护客户利益

缺乏机制驱动，导致客户无法信任投顾，财富管理也就无从谈起，“以用户为中心”的理念更是无从谈起。

第二，作为从业人员，证券公司投顾人员无法炒股，在股票交易方面缺乏有说服力的自我证明，交易能力甚至不如其服务的对象，导致客户很难信任投顾的专业能力。

第三，目前绝大部分证券公司投顾人员资产管理能力欠缺，无法提供资产配置方面的专业指导。证券公司要想实现财富管理转型，急需补足资产配置能力短板。

第四，证券公司内部系统多数以投顾管理、客户关系管理为主，严重缺乏赋能一线投顾人员，能够实现远程在线、多方协同、合规留痕的综合性财富管理平台。

第五，大部分证券公司投顾人员依然采用微信、QQ、通信等传统的社交手段与客户交流，缺乏真正在线的社交手段。证券公司往往只能提供一些孤岛式、碎片式的线上财富管理服务，无法从用户视角重塑整个客户财富管理旅程。

三、数字化财富管理转型重点举措

财富管理的核心是处理好投顾、客户、产品和渠道四者之间的关系。在投顾端，投顾人员要从提供股票建议向提供综合性资产配置服务转型；证券公司要充分利用数字化手段，结合数据分析、智能投顾、知识图谱等技术，打造一支“人机结合”的数字化投顾团队，构建综合性财富管理平台。在客户端，证券公司要充分利用大数据等手段，基于交易特征和行为数据进行客户分群和客户画像，充分了解客户投资特征，提供差异化财富管理服务。在产品端，证券公司要打造拳头金融产品，充分利用投研优势提升产品核心竞争力。在渠道端，证券公司要对线上和线下进行差异化定位，持续完善线上线下一体化服务。为此，证券公司应从以下几个方面重点发力，推进数字化财富管理转型。

（一）打造综合性数字化财富管理平台

综合性数字化财富管理平台是金融机构开展财富管理业务、全面提升投顾能力的关键。综观国外财富管理机构，它们都不惜重金打造开放式、综合性的财富管理平台。摩根士丹利花费6年时间研发了名为NBA（Next Best Action）的核心平台，充分利用分析预测、大数据、人工智能等技术，辅助投顾提供投资建议，为客户提供操作预警，并且能够辅助解决客户日常事务；该系统还提供了足够多的开放API，为其他系统集成提供服务。瑞银集团从2012年开始构建财富管理大平台One WMP（One Wealth Management Platform），One WMP使得瑞银集团能够真正在全球范围满足客户的财富管理需求；瑞银集团之后开发的所有技术都可以像App一样加载到One WMP平台，瑞银集团称之为“一个类苹果App Store的平台”。由此可见，国内证券公司要想实现数字化财富管理转型，打造综合性数字化财富管理平台势在必行。

要想打造综合性数字化财富管理平台，证券公司仅在目前主流的投顾平台、客户关系管理平台上修修补补是远远不够的，要从公司战略层面进行重新定位。数字化财富管理需要一个能够“撮合”客户、投资顾问、金融产品生产方、资产管理专家、财富管理关键意见领袖（KOL），以及后台支持的多方协同、合规留痕的平台；投顾服务不再是线下面对面，而是远程在线，客户随时利用其碎片化时间获得投顾的专业建议，或者基于当前金融产品、交易场景“就地”发起关联的咨询请求。平台要帮助投顾和客户方便、快捷地产生数字化连接，建立远程信任关系，实现服务与关系的一体化，并且连接过程全数字化合规留痕，实现从客户到买方投顾，再到卖方投顾、代销机构，最后到资产管理公司、基金公司、保险公司、银行等合作伙伴的全链路数字化，快速组建虚拟团队，全流程合规、可监控。

同时，从技术角度来讲，数字化财富管理平台要不断增加新的功能插件，不断促进第三方开发商开发、测试并发布科技工具（包括但不限于电子合同签署工具、投顾机器人、算法模型、策略市场、智能合规等），从而实现对从业者的赋能，更好地服务客户。

（二）构建统一的数字化财富管理渠道

在数字化时代，渠道正在发生重大变化。首先，客户入口发生了重大变化。未来客户与公司发生关系的渠道入口不再局限于物理网点和官方移动应用，微信、抖音、支付宝都有可能成为客户入口。其次，客户关系也发生了重大变化，不再有传统的专属投顾、专属客户经理，客户与员工的关系更多地延伸为社会化数字关系，一对多、多对一、粉丝群体逐渐成为客户与投顾的关系常态。最后，考核激励机制发生了重大变化。地域不再是影响投顾服务的因素，以往的中心化激励考核体系也正在面临投顾网店、投顾自媒体等模式的冲击。因此，为了顺应财富管理渠道变化的趋势，证券公司应积极构建统一的数字化财富管理渠道，笔者建议从以下几个方面入手：

一是利用小程序技术打造财富管理渠道生态。小程序具备即用即走、跨平台、场景丰富等特性，非常适合用来打造证券公司财富管理渠道生态。证券公司可以利用小程序技术积极构建、参与生态圈，在合法、合规的基础上与大型金融机构、“衣食住行”相关的互联网生态平台进行合作，共同打造财富管理应用场景，不断扩大财富管理范围。

二是构建社交协同网络，建立财富管理数字关系。证券公司构建自身的社交协同网络，可以重塑社会化客户数字关系，在投顾与客户之间建立信任连接，提高投顾协同工作效率，降低沟通成本，改善人机交互体验，打通客户与员工、员工与员工、公司与生态之间的边界，实现多对多的数字化协同，全面提升财富管理的渠道服务效率。

三是倡导投顾自运营，重塑财富管理激励机制。证券公司应改变传统任务式、运动式投顾营销激励机制，积极倡导投顾自运营模式，打造投顾空间、投顾名片、明星投顾等自运营产品体系，理顺数字化自运营的激励机制，在很大程度上可以激发投顾运营自身品牌的积极性，提升公司财富管理的品牌影响力和市场份额。

（三）形成以用户为中心的品牌体系

数字化时代，用户财富管理的个性化需求日益突出。站在用户视角重塑用户旅程、优化用户体验，成为证券公司财富管理转型的重要举措。实践证明，将用户体验做到业内顶尖的企业往往有更出色的客户洞察力和客户黏性，员工满意度也更高，在 2 ~ 3 年的时间里，企业营收将提高 5% ~10%，成本却减少 15% ~25%。证券公司要想做到以用户为中心，构建具有核心竞争力的品牌体系，应从以下几点着手：

第一，合理规划渠道产品，形成品牌效应。证券公司渠道类产品（包括网站、PC、移动、网点等渠道）往往存在定位不清、系统异构、功能重叠、体验不一等问题，严重影响公司品牌形象和客户体验。证券公司应着重整合渠道产品体系，形成品牌效应。

第二，重塑用户旅程，重新定义服务逻辑。传统证券公司的财富管理往往都从功能或产品出发，很难做到以用户为中心。重塑用户旅程是指从用户视角出发，充分利用数字化手段重新梳理用户财富管理全生命周期的每个触点，重新设计用户旅程。证券公司应先识别最影响用户体验的关键财富管理流程，秉承零基旅程设计理念，引入快速迭代方法，设计最小可运行产品（MVP）并投入市场运行，让用户获得可感知的体验，并积极观察市场反应，动态收集用户反馈，快速迭代更新产品，从而打造真正以用户为中心的用户体验。

第三，提高产品设计和运营能力，引入战略考核指标。无论是用户旅程的重塑，还是业务场景的体验优化，均离不开强大的产品设计能力和产品运营能力的支持。此外，证券公司还应减少传统财务考核指标，结合

OKR（目标关键结果法）战略考核，引入以MAU（月活跃用户）、NAS（净推荐值）等为核心的数字化战略考核指标。

四、数字化财富管理转型实施保障

（一）战略保障

数字化财富管理转型是证券公司数字化转型在财富管理领域的战略聚焦，离不开业务、市场、技术、人力、合规等多方面的配套改革，更离不开公司多个部门整体资源的统筹和协调，是一套复杂的系统性工程。证券公司应将数字化财富管理转型作为其近期的核心战略目标，集中力量办大事，制定分阶段、分步骤的战略框架和实施路径，并辅以市场化的战略考核机制，保障数字化财富管理转型顺利推进。

（二）组织保障

高效的组织架构是实施转型战略的基础，数字化财富管理转型更是离不开敏捷组织架构。这就要求组织内部充分利用现代化工具如社交网络、DevOps工具链、敏捷项目管理方法论、WIKI知识协同工具等实现自动化，使一切工作可以量化，充分解决团队信息不对称问题，构建真正以数字化为导向的敏捷组织。

（三）文化保障

数字化财富管理转型是一个不断利用新兴技术进行创新的过程，离不开良好企业文化的熏陶。首先，证券公司应允许快速试错，鼓励实验创新，形成鼓励创新、包容试错的创新文化；其次，要在企业内积极消除部门壁垒，鼓励横向合作，形成非正式对话机制；最后，要形成敏捷迭代的项目管理文化，不断培育以用户为中心的企业基因。

（四）资源保障

数字化财富管理转型离不开资金和人才。首先，证券公司应该加大金融科技资金投入，加强关键技术研究，实现全面自主研发面向用户的关键系统；其次，要花大力气引入相关人才，如战略研究型人才、财富管理领域的数字化人才、金融科技高端人才、数字化管理人才等；最后，要设置合理的晋升路径，不断提升自身数字化吸引力，采用更丰富的激励手段不断增强员工归属感和使命感，以吸引和留住更多的数字化人才。

参考文献

[1] 曹雷. 瑞银 VS 摩根士丹利,国际投行财富管理业务数字化转型对国内券商的启示[EB/OL]. (2018-12-22)[2020-06-05]. https://mp.weixin.qq.com/s/TekQC2e6jU_VaaZW1Qi6Ng.

[2] 曹雷. 国际财富管理巨头的数字化转型启示[J]. 中国外汇,2019(24):65-67.

05

场外市场基础设施数字化建设研究

——面向柜台市场私募基金交易流动性的解决方案

奚胜田　张意敏　王俊婷[①]

证券公司柜台市场作为我国多层次资本市场结构的重要组成部分，近年来业务规模稳步扩大，但转让业务增长乏力。目前转让业务操作烦琐，无法快速实现资金和证券的过户，增加了投资者的交易成本，直接制约了我国柜台市场流动性的提高和进一步发展，其背后更隐藏着我国柜台市场没有实现真正意义上的互联互通、基础设施建设薄弱等问题。为进一步加强场外市场基础设施数字化平台建设，促进我国柜台市场欣欣向荣，本文以柜台市场私募基金转让业务为例，借鉴境外柜台市场制度设计及转让业务的发展经验，结合我国实际情况，提出通过落实名义持有人制度，建立统一的柜台权益账户规范和接口，构建一体化中央数据平台和电子化资金结算平台，提高国内柜台市场私募基金的流动性，为柜台市场的发展提供新思路。

① 奚胜田，第一创业证券股份有限公司副总裁；张意敏、王俊婷，就职于第一创业证券股份有限公司运营管理部。

一、我国柜台市场的发展现状

（一）我国柜台市场的发展历程

柜台市场即 OTC 市场、场外交易市场，是与场内交易市场相对应的一个概念，是我国多层次资本市场结构的重要组成部分。证券公司柜台市场是指证券公司为与特定交易对手方在集中交易场所之外进行交易，或者为投资者在集中交易场所之外进行交易提供服务的场所或平台。我国证券公司柜台市场的发展始于 2012 年 12 月 10 日，中国证监会同意中国证券业协会（以下简称中证协）在遵循“限定私募、先行起步”的基本原则下开展柜台试点工作。同月，中证协发布《证券公司柜台交易业务规范》，正式启动了相关工作。2014 年 8 月 15 日，中证协发布《证券公司柜台市场管理办法（试行）》，为柜台市场在发行销售、登记托管、信息披露等方面提供了行业自律准则。

（二）我国柜台市场的业务开展情况

1. 业务规模稳步扩大

2012 年，证券公司柜台市场试点工作启动。这些试点柜台业务的证券公司业务种类繁多、产品丰富，包括资管计划、收益凭证、基金专户、私募基金、银行理财、信托计划、场外金融衍生品等，基本覆盖了证监会和中证协许可的相关产品。根据中证协发布的统计数据，柜台市场新发产品总量逐年递增，新发产品募集资金规模在 2015—2018 年均保持稳定上升，在 2019 年出现明显下降，主要是资管计划、银行理财及收益凭证三类产品的资金规模下滑严重，而信托计划与私募基金则保持上升态势（见表 5－1、表 5－2）。以私募基金为例，其存量产品数量和存量资金规模始终保持稳定增长，截至 2019 年 12 月底，私募基金存量规模达到 13.74 万亿元（见图 5－1）。

表5-1　2015—2019年我国柜台市场各类产品新发资金规模　单位：亿元

年份	资管计划	收益凭证	基金专户	私募基金	银行理财	信托计划	合计
2015	1090.05	4042.34	140.18	110.27	144.55	8.04	5535.43
2016	4371.19	2318.93	73.01	183.37	278.20	22.59	7247.29
2017	3003.73	4739.44	22.56	182.84	893.17	48.00	8889.74
2018	3709.21	4647.19	22.50	139.57	1106.40	120.45	9745.32
2019	1444.96	3841.78	20.15	241.08	141.03	252.98	5941.98

资料来源：Wind经济数据库，中国证券业协会《场外证券业务开展情况报告》。

表5-2　2015—2019年我国柜台市场各类产品新增数量　单位：只

年份	资管计划	收益凭证	基金专户	私募基金	银行理财	信托计划	合计
2015	2202	6592	202	124	155	9	9284
2016	1201	7693	97	451	1274	15	10731
2017	1875	15045	48	391	3923	128	21410
2018	2070	24987	34	341	3928	216	31576
2019	1956	29425	38	553	222	560	32754

资料来源：Wind经济数据库，中国证券业协会《场外证券业务开展情况报告》。

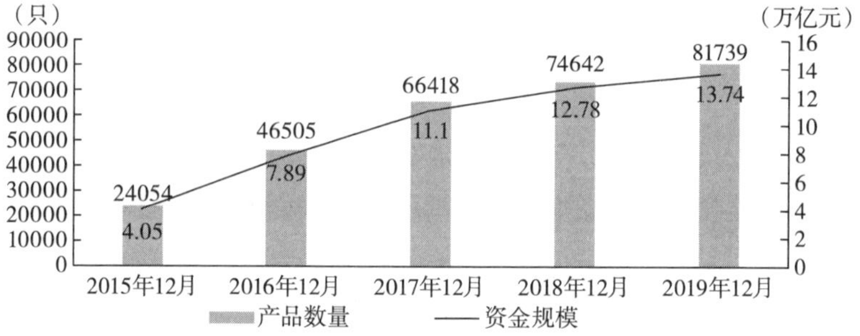

图5-1　私募基金存量数量及规模

资料来源：中国证券投资基金业协会《中国私募基金行业数据报告》。

2. 转让业务增长乏力

在柜台市场规模不断增长的背后，转让业务增长乏力反映了柜台市场活跃度不足。如表5-3、表5-4所示，根据中证协统计，2019年转让比例最高的资管计划产品，转让金额仅为167.73亿元，占2019年发行规模1444.96亿元的11.61%，而基金专户、收益凭证及私募基金等转让金额与其发行规模相比，几乎可以忽略不计，更不必与存量规模相比。同时，转让业务呈现高度集中化的趋势，以2019年12月的数据为例，参与转让交易规模排名前五的证券公司，其转让金额占据了柜台市场转让业务的98.93%。相较于发行规模整体上升的趋势，转让业务的资金规模变化趋势呈倒“U”形，在最近两三年不断降低。

表5-3　2015—2019年我国柜台市场各类产品转让金额　单位：亿元

年份	资管计划	收益凭证	基金专户	私募基金
2015	151.70	29.13	1.24	1.64
2016	324.28	11.07	0.35	1.81
2017	227.81	18.58	0.03	3.04
2018	150.60	16.83	1.90	7.14
2019	167.73	7.07	0.00	3.94

资料来源：Wind经济数据库，中国证券业协会《场外证券业务开展情况报告》。

表5-4　2015—2019年我国柜台市场各类产品转让比例　单位：%

年份	资管计划	收益凭证	基金专户	私募基金
2015	13.92	0.72	0.88	1.49
2016	7.42	0.48	0.48	0.99
2017	7.58	0.39	0.13	1.66
2018	4.06	0.36	8.44	5.12
2019	11.61	0.18	0.00	1.63

资料来源：Wind经济数据库，中国证券业协会《场外证券业务开展情况报告》。

（三）转让业务对柜台市场流动性的影响

1. 增加交易成本

柜台市场的一级业务（认购、申购、赎回）的交易相比二级市场较为便利，但是，对于持有产品的投资者而言，客观上也存在转让需求，尤其是当产品存在封闭期、自身又产生临时性资金需求的时候。在实际柜台市场的运作中，大部分柜台市场的产品通过证券公司的自建系统进行份额登记，同一证券公司内部客户的转让业务相对来说操作便捷。但是，当涉及不同证券公司不同客户的转让业务时，受让者需要到相应券商开立相应的柜台业务账户，才能完成资金交收及证券的转让和登记，增加了投资者的交易成本。

2. 制约柜台市场流动性的提高

转让业务实施过程中的烦琐流程也不利于鼓励柜台市场创新，尤其是对于中小券商而言。头部券商通过其他业务的溢出效应及客户黏性在柜台市场积累了较多客户，而现有转让业务的不便利性将促使越来越多的客户集中到头部券商，头部券商账户规模及产品规模将越来越大，中小券商的发展空间进一步被压缩。同时，柜台业务规模的缩小也将进一步导致一些券商在产品创新、配套服务等方面的投入缩减，进一步降低投资者的投资体验，如部分证券公司的柜台业务仍采用客户到营业部临柜办理的方式。可以说，转让业务的不便利性直接制约柜台市场流动性的提高，阻碍了柜台市场的进一步发展。

因此，证券公司有必要学习和了解境外柜台市场的发展状况，借鉴其中的有用经验，尤其是转让业务方面的经验，进而促进国内柜台市场的发展，使其真正发挥对场内市场的补充和完善作用，使各个证券公司发挥比较优势，满足不同投资者的定制化需求。

二、境外柜台转让市场发展模式

（一）境外柜台市场证券持有方式的演变

证券持有方式经历了从直接持有到间接持有、从透明持有到非透明持有的演变，其根源在于各国对市场的监管要求不同，以及对财产持有与财产权益间的法律关系界定的需求不同。直接与间接持有、透明与非透明持有，是从不同维度对证券持有方式进行的划分。

1. 从直接持有到间接持有

直接持有与间接持有的划分标准更强调投资者与发行人之间有无直接联系。直接持有是指投资者直接在证券发行人的股东名册上登记持有的实物证券；间接持有是指投资者通过在证券集中保管机构（或中央存管机构）开立证券账户来记录持有的电子化证券及其变动情况。直接持有到间接持有的演变，根源在于证券无纸化，实物证券被证券账户记载的簿记证券所取代。

2. 从透明持有到非透明持有

透明持有与非透明持有的划分标准更强调对证券的持有链条有无穿透。间接持有应运而生后，中央存管机构一方面以自己的名义在发行人的持有名册上登记；另一方面为中介机构开立总证券账户，并为实际投资者开立明细证券账户，使得发行人与最终投资者之间出现多个主体，从而形成了持有链条。

在透明持有的模式下，从持有链条的顶端向下追踪，无论链条多长，都可以找到最终的投资者及其证券持有情况，即所谓的“链条透明”；相反，通过持有链条不能追踪到最后投资者或不能满足链条透明要求的，都归为非透明持有。

3. 非透明持有在美国成为主流

根据非透明持有的定义，相对于传统持有方式而言，非透明持有更能满足日益活跃的交易市场的需要。它不仅能提升交易效率，缩短登记结算链条，也能降低证券交易的复杂程度，给投资者带来更好的交易体验。因此，它在柜台交易和跨柜交易中的应用极为普遍，其中最为普遍的，当属美国的非透明持有模式（又称多层中介名义持有）。

（二）名义持有在美国柜台市场普及的背景

名义持有方式之所以能在美国柜台市场中兴起，久经市场考验，最终成为市场主力，除了自身固有的特点带来的交易优势之外，还与美国较为成熟的顶层设计、较为完善的交易基础设施、较高的市场化程度等因素密不可分。

1. 顶层设计较为成熟

名义持有制度与有价证券等财产托管的初衷息息相关，涉及受托人、名义持有人、权益拥有人等法律对象，各方之间的法律关系复杂。在进行柜台市场交易时，如何保护名义持有制度下各方的合法利益，尤其是投资者的合法利益，至关重要。

美国资本市场发展历史较为悠久，在长期的发展过程中积累了丰富的案例基础，与之配套的法律制度也不断地优化和完善，逐渐形成了较为成熟的顶层设计，为名义持有制度在柜台市场的普及提供了基础。

2. 交易基础设施相对完善

美国柜台市场包含全国性、区域性和证券公司柜台市场，其柜台交易总量约占全美证券交易量的3/4，日益庞大的交易量对交易基础设施的要求较高。

美国拥有最丰富的交易品种和最发达的资本市场层次体系，其交易基础设施的建设也一直走在世界前列，为名义持有制度在柜台市场的普及提供了交易便利。

3. 市场化程度较高

美国资本市场的市场化程度较高，行业自律性较强，投资者专业性较强，建立了良好的市场秩序和竞争机制，有利于名义持有制度在柜台市场的普及。

（三）名义持有在美国柜台转让业务中的应用

柜台转让业务是柜台市场的二级业务，是柜台市场交易的重要组成部分。在美国柜台二级市场，各类转让业务几乎都是在名义持有制度下进行的。笔者将以私募股权基金的份额转让业务为代表，浅述名义持有在美国柜台转让业务中的应用。

1. 美国私募股权基金份额转让市场

私募股权投资起源于美国，是场外市场业务的中坚力量。美国私募股权投资基金规模居世界首位，其退出机制也最为完备，尤其是通过柜台二级市场进行二次出售（份额转让）退出，成为近年来的发展重点。

相比我国私募股权基金份额转让交易量较少、多在一级市场退出的情况，美国柜台市场上有20%左右的私募股权基金是通过份额转让这种方式实现投资者退出的，并且这一数据呈逐年增长的趋势。转让退出带来的投资回报逐步攀升，使柜台市场转让需求持续旺盛，保持较高的流动性。

2. 美国私募股权基金份额转让模式

当某个私募股权基金Q暂时无法在一级市场对其投资的标的企业股权进行协议转出，或标的企业股权暂时无法通过IPO上市，致使基金Q无法竞价交易卖出标的企业股票，暂时没有流动性时，投资者A若想退出基金Q，可以采用以下方式：

（1）投资者A将其持有的Q基金份额转托管至市场上有托管交易资格的金融机构Y，签订名义持有协议，由金融机构Y名义持有投资者A的份额。

（2）意向受让人B与金融机构Y签订名义持有协议，并与投资者A签订转让协议。

（3）金融机构Y维护二级持有人名册，并进行A、B之间的转让价款划转。

在整个份额转让交易中，签订名义持有协议是完成转让业务的核心环节。

（四）名义持有制度对美国柜台转让市场的意义

1. 打破跨柜交易壁垒

在美国名义持有制度下的私募产品柜台转让业务中，受让人无须去注册登记机构开立账户，只需签订名义持有协议和转让协议，即可享有私募产品的份额权益。因此，不同柜台市场间存在的交易障碍难题迎刃而解。

2. 缩短柜台转让业务链条

在美国名义持有制度下的私募产品柜台转让业务中，受让人和转让人无须去登记结算机构进行份额登记过户，转让流程和业务链条简短清晰，有利于交易效率的提升。

3. 提高柜台二级市场流动性

美国名义持有制度下的私募产品柜台转让业务是柜台市场在二级交易市场寻求资金流动性的创新途径，转让人无须顾虑产品流动性问题，只要找到意向受让人，达成转让协议，便能从受让人处获得资金，有利于柜台二级市场和整个柜台市场流动性的提升。

三、我国柜台市场转让业务发展探讨

从美国柜台市场的发展历程可以发现，柜台二级市场转让业务的活跃度对推动柜台市场整体发展起到举足轻重的作用，而我国柜台私募产品转让业务成交量仍有较大的提升空间，促进转让业务的发展日益成为我国柜台市场发展的重中之重。

（一）现有私募产品份额转让模式

1. 现有私募产品份额转让业务流程

（1）交易系统、交易场所与登记机构。我国柜台市场的私募产品转让交易主要在机构间私募产品报价与服务系统（以下简称中证报价系统）中开展。中证报价系统可以为私募产品提供发行、报价、转让、交易、做市、登记结算、信息服务等相关服务。

我国柜台私募产品份额转让以各券商的 OTC 柜台为交易场所，目前各券商 OTC 柜台已经可以与中证报价系统实现互联。

我国柜台私募产品的份额登记既可以由中证报价系统提供服务，也可以由中国结算或市场上各个注册登记机构提供服务。由于目前中证报价系统尚未与市场各注册登记机构系统实现互联，当转让的私募产品的份额登记不在中证报价系统时，转让业务的份额过户和资金结算将变得较为复杂。

（2）以 Q 私募基金转让业务为例，转让交易与结算流程如图 5－2 所示。

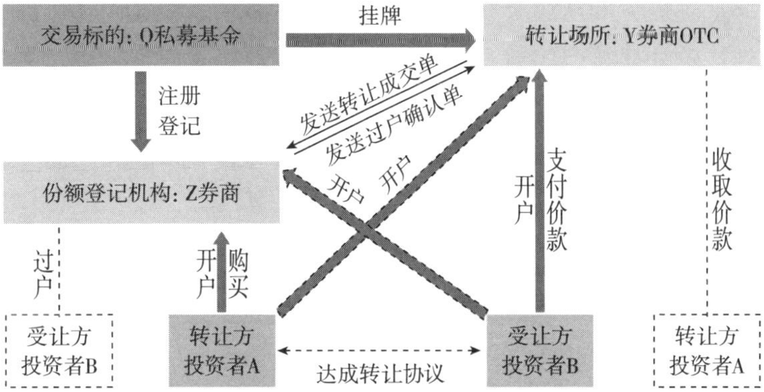

图5－2　现有私募产品份额转让案例

第一步，Q 私募基金需在 Y 券商 OTC 服务平台上挂牌，投资者 A 和投资者 B 需在 Y 券商 OTC 服务平台上开立交易账户。

第二步，投资者 A 与投资者 B 在 Y 券商 OTC 服务平台上达成关于 Q 私募基金的转让协议。

第三步，投资者 B 将转让价款划到 Y 券商 OTC 客户账号。

第四步，Z 券商根据转让成交单手工进行份额过户，如果投资者 B 未在 Z 券商开立基金账户，Z 券商先录入投资者 B 的账户信息，为其开立基金账户。

第五步，Y 券商 OTC 将转让价款划付至投资者 A 的账户。

2. 现有私募产品份额转让模式缺陷

（1）账号无法通用。不同 OTC 柜台的交易账户、不同注册登记机构的基金账户目前无法通用，投资者分别在转让交易场所和转让标的登记机构开立账户后，才能开展转让业务，完成份额过户。

（2）与注册登记机构无法实现互联。中证报价系统、各 OTC 柜台与各注册登记机构之间目前无法实现互联，因而无法将转让成交信息通过电子化数据传递给注册登记机构，需要注册登记机构根据 OTC 转让成交单手工在注册登记系统发起份额非交易过户。

（3）缺少统一的电子化资金结算中间平台。在不同 OTC 柜台进行转让交易，受让方价款的支付需要先经过各 OTC 柜台的客户账户，再由各 OTC 柜台将转让价款从自己的柜台客户账户划付给转让方银行账户。在转让业务成交后、份额过户尚未完成之前，转让价款的中间存放由各 OTC 柜台自行管理，并且转让价款均通过线下非自动化的方式支付，缺少统一的电子化资金结算中间平台。

（二）场外市场互联互通的创新尝试

私募产品份额转让模式目前存在缺陷的根源是柜台转让二级市场尚未形成全方位的互联互通，这也是整个柜台市场其他业务在转让中存在的通病。近年来，中国结算也在场外基金一级市场上进行了互联互通创新尝试，建立了金融机构服务平台（FISP 平台）。

1. 中国结算 FISP 平台架构设计

FISP 平台通过设计接口直连，由中国结算作为中介，将投资管理人、销售机构、托管人联结起来，针对当前场外基金一级市场的认购、申购、赎回等投资交易和登记结算模式中存在的痛点，建立起电子化、标准化、自动化的业务流程（见图 5－3）。

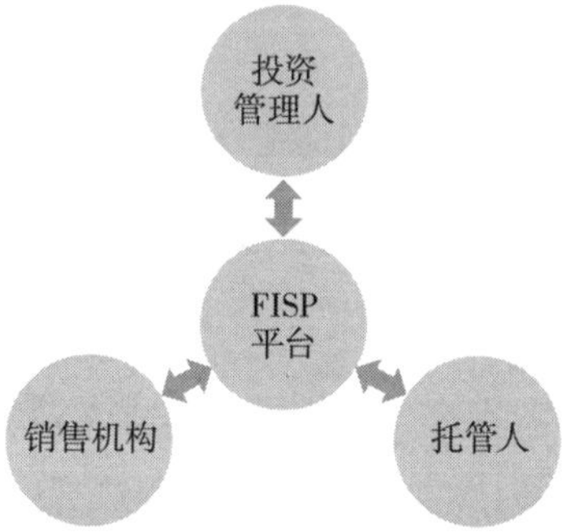

图 5－3　中国结算 FISP 平台架构

2. 中国结算 FISP 平台运行缺陷

FISP 平台是中国结算基于场外基金一级市场发展的创新尝试，主要目的是为各市场参与人提供连接渠道，提升场外一级市场基金业务效率，但其在实际推广和运行过程中存在一定的缺陷。

（1）各机构交易账号无法通用。在 FISP 平台运行模式下，投资管理人向 FISP 平台提交各销售机构的开户资料，由 FISP 平台将资料发送给销售机构，但是不同销售机构的交易账号仍需分别开立，一个投资管理人可能拥有多个交易账号，缺少一个通用的账号体系。

（2）资金交收尚未实现完全电子化。投资管理人、销售机构、托管人之间的资金结算未完全实现电子化直连，基金认购、申购、赎回等业务需要各参与方自行线下划款。

（3）投资管理系统对接成本较高，限制了投资管理人的参与度和 FISP 平台的使用推广。

（三）私募产品转让业务交易设计新思路

借鉴境外柜台市场发展经验，结合我国市场特点和已有尝试，促进我国柜台市场尤其是转让市场的发展，可以从以下六个方面着手：

1. 建立具有中国特色的证券账户名义持有人制度

名义持有人制度能从根源上解决柜台市场转让业务在传统模式的交易和结算环节中柜台账号无法全市场通用的问题。同时，考虑到我国金融市场监管及其他方面的要求，在名义持有制度的运用上，不能完全照搬美国模式，需要结合现有的体制，搭建具有中国特色的证券账户名义持有人制度，具体见图 5－4。其主要着力点在以下两方面：

（1）各券商柜台需要在中证报价系统开立名义持有人总账户，实时监控总账户使用及持仓情况，实现账户统一化、数字化管理。

（2）各券商柜台需要对名义持有人总账户下的投资者进行明细登记，记录各投资者的份额变化情况。

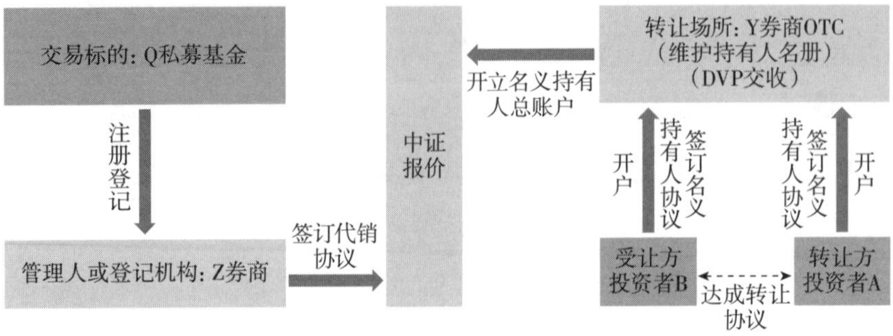

图5－4　中国特色的证券账户名义持有人制度

以Q私募基金为例，中国特色名义持有人制度下的私募产品转让业务流程见图5－5。

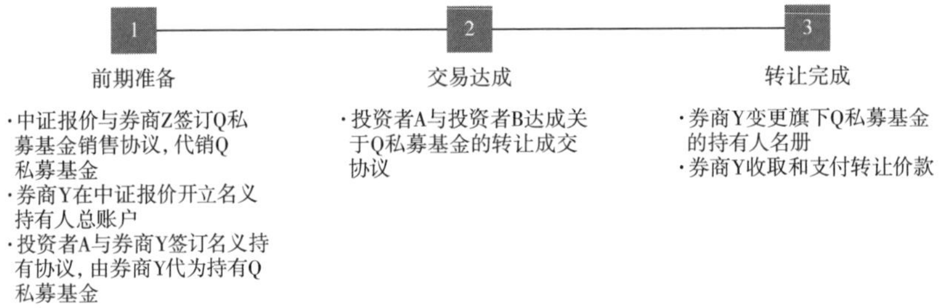

图5－5　中国特色名义持有人制度下的私募产品转让业务流程

2. 促进柜台交易市场和登记结算市场数字化联网

目前，名义持有人制度在我国柜台私募产品转让业务中尚未普及，在现有的转让业务模式下，柜台转让业务虽然已经实现了各券商OTC柜台与中证报价系统之间的互联，但是登记结算在不同的注册登记机构完成，交易市场与登记结算市场之间的壁垒仍然存在，而造成这一现象的根本原因是注册登记机构还没有参与到柜台转让市场的互联互通中。

为了突破这一障碍，实现柜台转让业务交易与登记结算之间的电子化直联，需要中证报价系统和券商柜台建立与注册登记机构之间的规范和接口，制定一个类似场内一码通的场外交易和结算的柜台权益账户，方便各市场参与者接入执行，以支持私募产品跨柜台份额转让交易和结算，并设立统一的交易结算对接平台，促进交易结算的一体化、自动化、数字化。中证报价交易结算平台交易和结算的方式如图 5 -6、图 5 -7 所示。

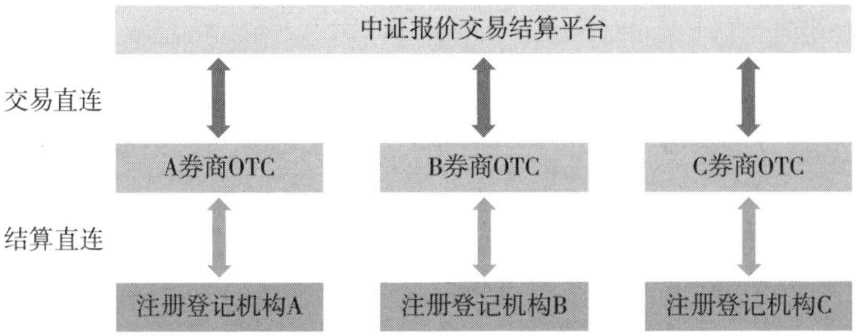

图 5 -6　中证报价交易结算平台（方式一）

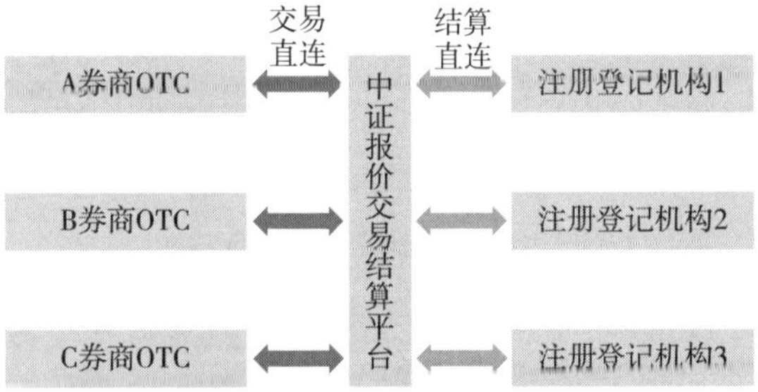

图 5 -7　中证报价交易结算平台（方式二）

3. 打造柜台市场中央电子数据平台

互联互通的柜台转让市场必然存在庞大的结构化和非结构化数据，数据使用者众多，数据交互频繁，这对数据管理和治理工作提出了更高的要求。

要保障私募产品柜台转让业务中开户、交易、清算、交收等各个业务环节数据的安全性、及时性、准确性，就必须打造一个柜台市场中央电子数据平台来进行集中管理与备份，从而为柜台市场的发展保驾护航。中证报价中央数据平台流程如图 5 -8 所示。

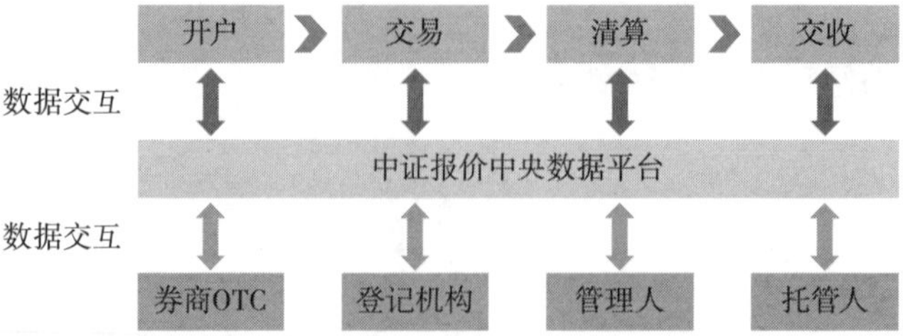

图5－8　中证报价中央数据平台流程

4. 构建统一的数字化资金清算平台

在柜台市场转让业务中，资金的安全和效率不容忽视。现有的转让交易模式下，转让价款采用线下划款的方式支付，且在份额过户完成前，资金的中间存放地点为各个券商 OTC 柜台，没有一个统一的资金中转平台。

为了规范私募产品柜台转让业务，提升柜台资金结算标准化程度，一方面，亟须建立一个统一的资金清算中间平台，用于集中管理柜台转让市场的过路资金；另一方面，需要优化转让价款支付方式，由投资者线下支付向资金清算平台自动扣付转变。中证报价资金清算平台流程如图 5－9 所示。

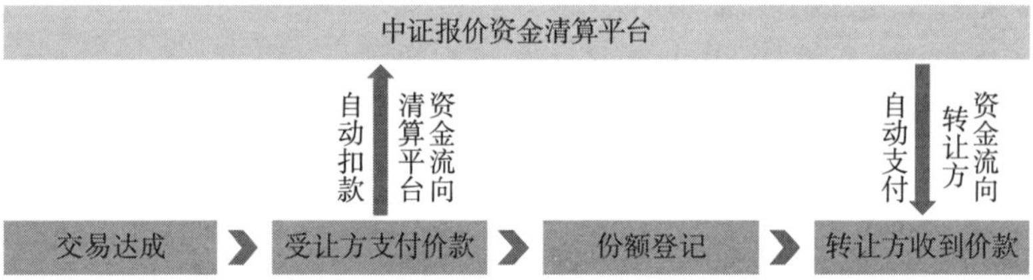

图5－9　中证报价资金清算平台流程

5. 建立以客户需求为导向的交易驱动机制

客户需求永远是交易的前提，我国柜台市场只有不断开发和挖掘客户潜在需求，提供个性化或定制化的服务方案，才能驱动后续交易开展。

在私募产品日益增多的柜台市场，迫切需要建立一个以客户需求为导向、涵盖全柜台市场私募品种的私募产品服务平台。该平台应根据投资者的偏好，利用数字化技术为投资者提供全市场中符合需求的私募产品，从而为后续认购、申购、赎回或转让等业务的开展创造条件。中证报价私募产品服务平台流程如图5－10所示。

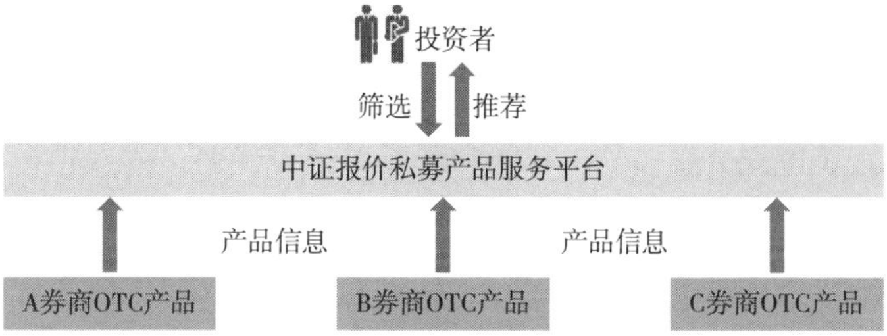

图5－10　中证报价私募产品服务平台流程

6. 发挥中证报价作为公信中介机构的作用

未来，在我国柜台市场转让业务的蓬勃发展中，中证报价将起到重要的作用。在私募产品柜台转让业务互联互通交易的新思路及已有的柜台市场基础上，中证报价作为目前柜台市场公信影响力最强的市场中介，应当扮演连接券商OTC柜台与注册登记机构、提供统一电子化数据交换平台与资金清算服务和以客户需求为导向不断优化私募产品服务的角色，加快柜台转让二级市场的标准化和数字化建设。中证报价公信中介职能如图5－11所示。

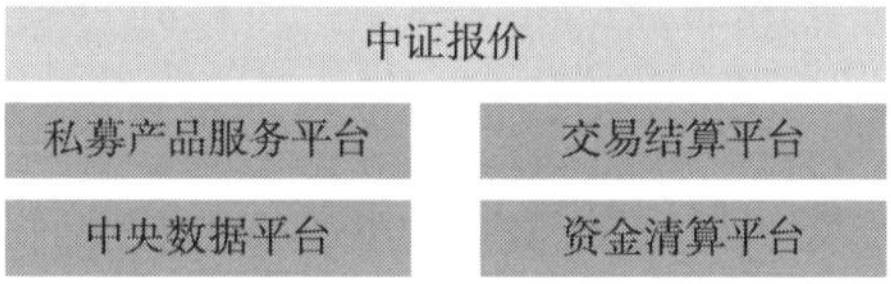

图5－11　中证报价公信中介职能

四、提高我国柜台市场流动性的建议

（一）推动柜台市场制度的落地

目前，柜台市场建设缺乏高阶位法律的支持，尤其是在推进中国特色名义持有制度的建设方面。因此，需要通过多层次的法律法规来规范柜台市场账户体系，明确柜台市场的互联互通方式以及中证报价在整个柜台市场的管理地位，支持中证报价在柜台市场的互联互通中发挥中介作用，授权其管理柜台市场交易数据，为后续监管或产品再开发提供可能性。

（二）推进柜台市场系统标准化和数字化建设

中证报价应充分发挥其现有的市场基础建设优势，并根据柜台市场中国特色名义持有制度的需要，编制柜台市场各类数据交互标准。同时，由中证报价牵头，搭建柜台市场互联互通平台，并对各类交易数据的交互提供标准性的接口规范，解决互联互通的技术障碍，从而实现中证报价与各证券公司柜台系统的对接。

（三）推动柜台市场私募产品评估体系的构建

中证报价牵头引进评级机构，对柜台市场的各类产品进行信用评级，为投资者提供参考，提高柜台市场资金的整体效率。同时，中证报价根据柜台市场的产品特点、种类划分、投资行业等，制定柜台市场各类产品，尤其是私募股权产品的估值指引和参考标准，使其更好地反映产品信息，为投资者投资决策提供更准确的参考。

（四）利用大数据搭建柜台市场金融超市

中证报价基于已掌握的柜台市场数据，可以充分发挥其作为柜台市场产品资讯平台的优势，真正成为柜台市场的金融超市，为柜台市场的交易方式带来革新。中证报价通过搭建柜台市场产品信息库，将产品选择权交给投资者，让投资者根据自身可承担的风险、预期的收益、可接受的封闭期等情况，从整个市场筛选出满意的产品或产品组合，实现交易端投资方式的转变。

（五）实施数字化动态监管，促进监管模式的转型

监管机构应改变原有数据报送的监管模式，直接通过中证报价抓取的柜台市场各类产品数据、各参与主体数据，实现对柜台市场的动态监管。同时，监管机构应结合参与主体向其他业务监管部门报送的数据，实现跨

监管部门的协同监管及对证券公司业务的全方位监管，杜绝重复监管，消除监管真空，更好地落实简政放权，将更多的行政资源转移到事中、事后监管上。

（六）拓展质押、回购等创新业务

名义持有制度的广泛使用以及不同券商之间的互联互通为柜台市场创新业务的发展提供了新思路。证券公司以中证报价发布的柜台市场产品估值指引为支撑，发展柜台市场质押、回购业务，满足客户的投资需求，进一步提升市场的流动性。

五、总结

本文以柜台市场私募基金为例，阐述了柜台市场转让业务的不便利性导致柜台市场流动性不足，制约了柜台市场的进一步发展。笔者认为，鉴于已有的柜台市场基础设施及监管要求，可以通过建立中国特色名义持有制度，实现证券公司柜台市场的互联互通；中证报价系统应在柜台市场互联互通的过程中发挥其独特作用，搭建统一的数字化平台，制定接口规范，编制估值指引，提供动态化监管数据等；通过实现柜台市场的互联互通减少投资者交易成本，拓展更多的创新业务，从而提高柜台市场的流动性。

参考文献

[1] 中证机构间报价系统课题组，张大威．场外机构间证券市场发展研究[J]．证券市场导报，2020(2)：11－20.

[2] 郑奋，陈云帆．大资管时代发展柜台跨市场交易的意义和方向[A]//创新与发展：中国证券业2017年论文集[C]．中国证券业协会，2018：813－821.

[3] 东方证券股份有限公司课题组．我国证券公司柜台市场发展问题与对策研究[A]//创新与发展：中国证券业2018年论文集(上册)[C]．北京：中国财

经出版传媒集团,中国财政经济出版社, 2019.

[4] 章早立. 我国证券经营机构参与场外市场的现状、问题及政策建议[A]//创新与发展:中国证券业2016年论文集[C]. 中国证券业协会,2017:115-133.

[5] 常明. 沪港通名义持有股票法律问题初探[J]. 公司法律评论,2015(0):109-120.

[6] 姚磊,马学俊,姚云飞. 美国证券公司柜台市场研究:基于多层次资本市场中的定位视角[J]. 阜阳师范学院学报(自然科学版),2016,33(1):99-105.

06

构建 IT 运营数字化工作空间

蒋　荣　李立峰　彭华盛[①]

一、数字化工作空间概述

当前，数据已成为核心生产要素。在 2019 年 10 月 28 日至 31 日召开的中共十九届四中全会审议通过了《中共中央关于坚持和完善中国特色社会主义制度、推进国家治理体系和治理能力现代化若干重大问题的决定》，提出“健全劳动、资本、土地、知识、技术、管理、数据等生产要素由市场评价贡献、按贡献决定报酬的机制”。这是国家首次公开提出将数据作为生产要素参与分配，意味着数据从技术中独立出来，作为一种单独的生产要素而存在。这个信息具有两层含义：一是数据已为国家经济增长做出突出贡献；二是数据将作为商品参与产出分配与收入分配，背后涉及经济结构的变化，将对行业发展起到颠覆性的作用。今天，企业已经不需要讨论是否要进行数字化转型，而是探索如何有效落地数字化转型的具体举措。

为统一思路，笔者对数字化与数字化转型进行定义。数字化是利用云计算、大数据、移动、社交、物联网等技术将现实世界重构为数字世界，

① 蒋荣，广发证券资产管理（广东）有限公司副总经理及首席信息官、信息技术部总经理；李立峰，广发证券信息技术部副总经理、董事总经理；彭华盛，广发证券信息技术部数字化运维研发经理。

并融合数字世界与现实世界。重构不仅是复制，还代表数字世界将以物理世界为基础，并进一步丰富现实世界，可以说数字世界的可塑性、想象空间远大于现实世界，数字世界具备更高效的协同、沟通、连接方式，可以获得更实时、准确的数据洞察与决策；融合不仅是数字世界与物理世界的关联，更重要的是要融为一体。数字化转型是指综合利用新一代数字技术，以数字化思维，采用数据原材料重塑企业管理、业务模式，构建协同网络，提高企业整体运作效率，提升企业竞争力。

数字化时代，科技已成为证券公司的核心竞争力，证券公司 IT 团队的角色定位悄然发生变化，由原来被动式的成本中心向主动式的服务中心、业务创新中心、价值中心转型。IT 团队如何加深科技与业务的融合程度，实现对业务的敏捷交付，以及提高科技应对环境不确定性的掌控能力、支撑并引领业务的创新能力等，是企业数字化转型的基础。在此背景下，笔者从 IT 团队角度启动了一项关于 IT 运营数字化工作空间的研究，意在利用数字化技术打造一个敏捷的 IT 组织，为公司及员工协同赋能，支撑并引领业务数字化转型。数字化工作空间是现有物理办公空间的一个数字化镜像，它不仅是对技术层面众多应用的整合打通，还包括对文化、组织、流程多个维度数字空间的塑造。

二、数字化时代 IT 组织架构在企业的定位

数字化时代，IT 组织面临转型。在现有证券经营机构中，IT 组织架构通常包括以下职能：IT 规划管理，即根据公司战略及业务发展，设计 IT 体系架构和部署线路；IT 研发管理，即根据现有 IT 系统架构和系统，优化业务功能，支持业务开展；IT 运维管理，即提供基础设施环境支持，确保业务的连续性、可用性、安全性，同时提供 IT 运营服务支持；IT 信息安全管理，即制定信息安全制度、流程、技术管控措施，确保信息系统、数据安全运行；其他 IT 项目管理、人员管理、外包管理等。在 IT 组织架

构中，IT 部门主要扮演成本中心的角色，以技术提供者的身份被动支持业务需求与运行保障。随着业务与科技的快速发展，IT 系统环境发生了巨大变化：架构层逐渐从本地化转向云化、虚拟化，应用层的应用数量激增、迭代速度加快，业务与系统架构越来越复杂，系统间的关联度越来越高，数据量呈指数级增长，等等。而现有成本中心的工作模式将面临挑战。

基于此，IT 部门工作方式需由被动响应向主动运营转型，将 IT 价值从被动支撑中逐步分离出来。如图 6－1 所示，首先，IT 部门应向强调主动服务能力的服务中心转型，目标是打造敏捷型团队，提升 IT 交付效能，更好地支撑业务发展；其次，应主动利用数字化技术创造新的业务机会，从 IT 资源中寻求更多的业务突破，引领业务创新，由服务中心向业务创新中心转型；最后，在成为业务创新中心的同时，由商业银行成立 IT 子公司，向利润输出的价值中心转型，为企业外部市场提供 IT 服务，创造更多收入。

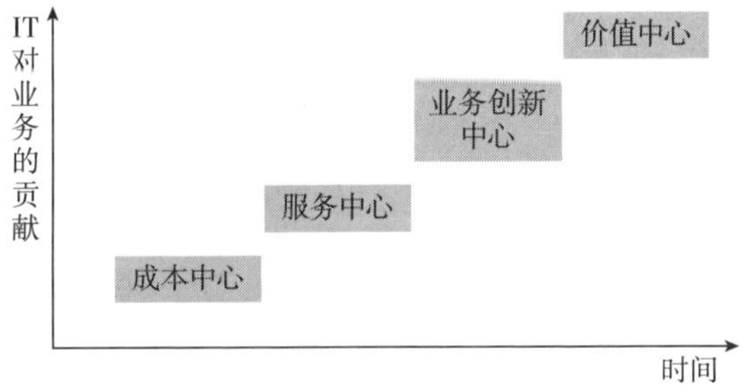

图 6－1　IT 部门转型路线

企业构建 IT 运营数字化工作空间，一是需要从 IT 组织协同上入手，优化资源配置，强化信息传导机制，提高协同效率；二是利用在线数据构建更加安全、透明的工作环境，形成员工数字镜像，挖掘优秀员工，辅助员工成长，持续提升 IT 运营管理水平；三是为员工提供全在线的工作装备，即综合运用线上、社交、移动、自动化、决策等工具实现组织连接、资源共享，减少低效率的工作，激发员工创新热情，提升团队的敏捷应对能力。

三、构建 IT 运营数字化工作空间的关键要素

IT 部门若想成为服务中心或业务创新中心，需要解决以下四个问题：

第一，如何基于 IT 部门核心价值链，促进 IT 团队各条线员工、业务、合作厂商等协同连接。

第二，如何在线获知系统运行状态、业务运营概况，知晓业务部门真实需求，提高 IT 团队协同效率，更快地做出决策并执行。

第三，如何将 IT 部门的能力标准化、服务化，并对外提供在线服务，同时得到客户在线反馈，提升 IT 部门服务质量。

第四，如何激发员工参与热情，让员工更快地获得信息、分享信息，重塑员工生产力，激发 IT 团队创新意识。

笔者将上述四个问题概括为协同网络、数据智能、一切皆服务（XAAS）、员工赋能四个关键词，IT 运营数字化工作空间应围绕这四个关键词进行持续建设。主要思路包括：

协同网络强调连接。IT 运营过程中的参与者既包括 IT 部门内部研发、运维、测试、产品、项目，以及各类横向的流程、架构管理等组织与员工，也包括外部业务部门、分支机构、厂商、外包合作方等，以及一切以软件形式存在的信息系统。协同网络将促进人与人、人与机器、机器与机器等节点间的互动在线化、透明化，有效地提高 IT 运营管理精细化水平，提升协同效率。

数据智能强调数据。数据智能可以实现协同网络的在线化，加强节点的有效连接。数据智能的实现主要分为三步：一是实现 IT 协同网络工作的全在线，落地 IT 运营数据资产，并利用公司数据平台强大的计算能力与平台扩展能力，实现数据采集、传输、存储、处理、治理、反馈、消费的闭环；二是变现数据资产，将数据融入 IT 运营的工作场景中，为 IT 运营提供数据驱动，包括实时感知系统运行状态、IT 团队协同效率、业务部门的

真实需求等信息，辅助决策，形成高效的执行力等；三是利用自动化技术，提供人机协同的模式，将可量化、可衡量、可程序化的工作交由机器辅助人处理。

一切皆服务强调在线体验。云的自助式，具有所见即所得、按需获取、量化服务成本等特点，已在 IAAS、PAAS、DAAS 上得到验证。一切皆服务是 IT 组织的一个转型方向，即在 IT 组织内部将 IT 能力标准化，形成服务目录，用户能够像进入电商系统一样，找到自己需要 IT 支持的服务，并申请服务，在线获得服务反馈，利用社交化的手段对服务水平进行评价，推动 IT 服务质量的持续提升。无论是以客户为中心的企业整体战略，还是一切皆服务的 IT 服务目录思路，都是以人为本理念的延伸，利用线上化、自动化的技术提升用户在线体验质量。

员工赋能强调赋能。IT 组织是一个纯知识性的创造性团队，IT 从业者是协同网络的核心节点，是推进数字化转型的关键因素。数字化时代，企业需要培养一支能够紧跟新时代、新国情，敏捷应对不断变化的环境，并具有前瞻性合规和风控意识的技术人才团队，因此企业需要为员工提供一个数字化的工作环境，持续做好发挥员工创造力的赋能工作。

总体来说，这四个关键词的关系是：利用实时在线的数字化空间搭建起一张实时互动的多角色协同网络；数据智能对协同网络中众多有效连接进行强化；采用一切皆服务的理念对外提供在线所见即所得的服务支持，建立 IT 供需双方的连接；员工不仅是有效连接的核心节点，也是协同网络的设计者与建设者，企业需要加强员工赋能，激发员工参与热情，重塑员工生产力，激发 IT 团队创新意识。

四、数字化工作空间的应用研究

当前，虽然企业构建了不少工作工具，但工具间缺乏互联，没有建立协同网络，完成一件工作往往需要依靠经验在多个系统之间切换，甚至有很多工作只能在线下完成，没有留痕记录。结合当前国内外先进的工作方式，无论是国外的Slack、Symphony，还是国内的钉钉、企业微信、华为的Welink，都在将员工的工作工具进行有效整合，形成一个在线的工作平台。笔者对数字化工作空间的工具链进行整合分析，形成了支撑管理决策、激活员工参与、打通协同壁垒、装备条线运营四个维度的数字化空间模型（见图6－2），并围绕这四个维度持续完善数字化工作空间。

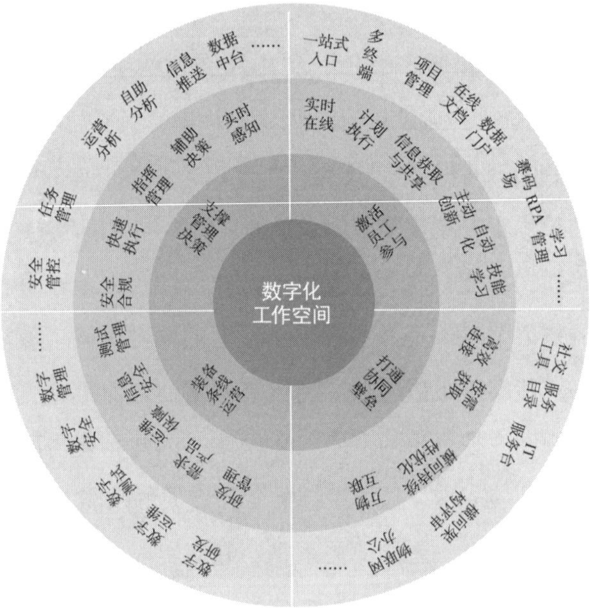

图6－2　数字化工作空间模型

支撑管理决策是企业从管理角度出发，让管理岗位具备基于数据驱动的感知、决策、执行能力。其中，感知能力是指察觉IT运营环境变化，知晓哪些环境情况对组织造成影响；决策能力是指运用算法对实时或离线感知信息进行分析，为管理者提供包括战略决策与日常决策在内的数据决策；执行能力是指确保传导机制顺畅，决策有序落地。

激活员工参与是企业基于员工视角，为员工提供实时在线的工作体验，便于员工获取知识与分享信息，为员工提供自动化的工具，将员工从操作性的工作中解放出来，激发员工创新意识。

打通协同壁垒是企业从协同角度促进IT资源整合，消除当前IT组织协同网络各参与方之间的连接障碍，用更加扁平、透明的方式重塑组织连接。

装备条线运营是企业从各专业线角度出发，为研发人员打造研发所需的代码管理等工具，为运维人员打造“监管控析”等工具，为测试人员打造测试、缺陷管理等工具，再将专业工具融入全在线的工作平台，为员工提供一站式的工作体验。实际应用中，由于涉及面较广，笔者围绕上述四个维度简单介绍几个有代表性的应用研究。

第一，构建IT运营数据平台，提升运营管理洞察力与决策能力。IT运营过程中涉及大量数据，具体可以分为两类：一类是面向生产环境的反映系统运行的机器数据与反映业务系统运营状况的数据；另一类是IT运营过程中产生的工作流程、代码、文档、协同等数据。这些数据具有数据结构标准化不够、数据量大、分散在多个工具系统等特点。以往，在IT运营管理过程中，企业缺乏在线洞察运营数据的能力，存在管理决策不够透明、准确的问题。为了提高管理决策能力，笔者推动工作标准化、线上化、自动化，不断加强IT运营过程中数据的沉淀，并利用大数据平台的数据采集、加工、消费能力将数据资产落地。其中，笔者在生产环境方面推动数据标准化，具体包括利用CMDB建立数据资产配置中心，围绕“监管控”工具链将生产机器实时运行的性能、日志、系统运营等过程数据落地；针对非生产环境，则建立了IT运营数据仓库，将项目管理、变更管理、故障管理、IT需求等数据进行整合加工。

在IT运营数据资产变现方面，笔者主要以数据洞察为切入点，通过数据可视化手段推动经验导向的工作模式向数据驱动的方式转变。在实现方式上，一方面利用可配置的数据报告与实时看板的工具，结合实际的工作场景进行数据洞察的设计，比如从人力资源、故障管理、变更管理、IT需求、重要系统运行情况、终端运营等维度辅助运营管理决策；另一方面积极探索利用数据实现预测与自动化，比如可以应用在生产运维领域的工作环境。

第二，利用时间管理工具，提高 IT 执行力与员工参与度。随着业务的发展，IT 部门成为证券公司工作任务最繁重的部门之一，员工日常面临微信群、QQ 群、邮件的“轰炸”，由于工作零散、非计划性工作多，很多计划性工作经常被打断，管理决策很难被跟进，员工执行力低。所以，IT 运营管理需要有一个扁平化、可留痕、可追溯的工具，一是让大家可以轻松管理工作任务，实时获知正在处理的工作，并设置优先级；二是将工作项的原子细化到工作任务等子项，有助于推动员工工作线上化，并以时间管理日报的方式管理个人时间。笔者将这类工具作为时间管理工具，主要包括任务、会议、行程、待办等子项，并结合工作日历、消息推送等形成工作看板，帮助员工更好地管理时间，培养员工良好的工作习惯，提高员工的执行力。笔者希望时间管理工具可以作为数字员工助手，持续帮助员工做好工作安排，完成具有操作性、重复性的工作。

第三，利用 IT 服务目录，打通 IT 服务供需双方，建立所见即所得的 IT 服务体系。IT 服务目录的思路来自“云”，即将 IT 组织的能力抽象化、标准化。服务供应方可以采用自组织的方式构建服务目录，用户可以在服务目录上查找自己需要的服务，并进行自助查询或申请。在服务目录的设计上，为了方便用户使用，笔者参考了电商的思路。以商户为例，当你知道自己需要哪些品牌、型号的商品时，你可以在商品目录中找到商品；当你大概知道自己想要哪些商品时，你可以利用统一搜索服务找到商品；当你不知道商品的具体名称时，你可以利用在线客户服务找到商品。所以，IT 服务目录需要包括服务内容、服务时效性、负责人、服务处理流程等基础信息。在功能上，用户既可以通过自助式检索申请服务，也可以通过联系 IT 服务台解决问题；在具体设计上，IT 组织可以通过完善服务打分、服务在线处理轨迹、与 IM 打通等，提升服务质量；在 IT 服务分类上，服务目录包括咨询类服务、研发需求类服务、资源类服务、实施类服务、运行管理类服务、其他综合类服务。未来，笔者希望对 IT 服务进行整合，集中到一站式的 IT 服务目录，推动 IT 组织向服务中心转型。

第四，构建 IT 赛码场，激发 IT 组织建立自组织形式。滴滴作为一个平台连接了乘客与司机，供需双方只需一部手机就能在任何地方实现最佳的匹配。在企业内部协同中，我们经常会遇到难题，但又不知道谁能够给予协同支持。IT 赛码场类似一个 IT 协同网络中的滴滴，员工可以在线举行各类竞赛，发布自己的问题，企业采用积分或奖金的方式奖励提供最优解决方案的员工。同时，基于积分制，IT 赛码场扩展了 IT 知识、问答等栏目，促进 IT 部门内部建立知识分享的模式。未来，笔者希望 IT 赛码场能作为技术创新的应用，激发员工参与热情，不断推动 IT 组织建立自组织的创新模式。

第五，激活专业条线的工具体系，利用应用工具市场整合工具。IT 部门涉及开发、测试、运维、产品、项目管理、外包等多种类型的工作，每个领域都需要专业化的工具。很多工具采用了商业化产品，且经过多年的使用沉淀，注入了大量与实际业务属性相关的元素，所以基于成本等因素，IT 部门重新打造一个能够覆盖多个专业领域的工作平台并非最佳选择。笔者的主要思路是激活专业条线的工具体系，围绕 IT 部门核心价值链实现工具间的互联互通，在工具管理上探索构建工具市场。在具体实施上，笔者通过软件交付、服务交付、项目管理等关键流程，整合职责重叠的工具，并推动工具间的互联互通。

总体来说，数字化工作空间将为企业提供一个在线协同网络，方便地连接员工与企业内部或外部的参与者。企业既可以按需获取数据信息，又能保证员工工作的信息安全，还能形成在线的员工工作数字镜像，持续提升 IT 运营水平，推进 IT 组织由成本中心向服务中心、业务创新中心、价值中心转型。

07

新冠肺炎疫情对证券机构监管的影响及对策[①]

王宏宇　刘　刊[②]

新冠肺炎疫情的暴发是检验行业监管体系有效与否的试金石。证券行业是金融行业中的重要一环，其稳定、健康、持续地发展对金融行业的发展具有重要意义。本文总结了新冠肺炎疫情暴发以来监管机构出台的监管对策，分析了新冠肺炎疫情对证券公司的短期影响和长期影响。基于疫情对证券公司的长期影响，本文提出后疫情时代监管机构对证券公司的监管重点应放在优化自身治理结构、推动金融科技化、大力发展投行业务、建立以数据为中心的监管思路等方面。

一、前言

新冠肺炎疫情的暴发对我国经济和金融的发展造成巨大影响，上证综指由 2020 年 1 月 14 日的 3127 点跌至 2020 年 2 月 4 日的 2685 点。危与机并存，疫情期间，证监会暂时搁置了以往贴身严格的监管方式，通过科技手段支持证券机构开展业务。疫情防控期间证券机构的运行情况和监管机构的应对措施对未来我国证券公司监管体制的完善具有重要意义。

① 本文刊发于《清华金融评论》2021 年 1 月刊。

② 王宏宇，中国证券监督管理委员会黑龙江监管局；刘刊，哈尔滨商业大学管理学院。本文仅代表作者个人观点，与就职单位无关。

习近平总书记多次指出，当今世界正处于百年未有之大变局。对资本市场的监管需要应对各种突发事件，而新冠肺炎疫情是对全球经济和金融产生重大影响的突发事件。监管机构需要认真分析新冠肺炎疫情期间监管方式的有效性，研究证券公司遇到的新问题，总结境内外资本市场联动的监管方式，不断深入探讨稳定我国资本市场的最优方式，从而完善自身治理结构，建立立足于服务我国实体经济发展、符合国家战略发展方向的证券公司监管体制，促进资本市场支持新经济模式的全面落实。

二、新冠肺炎疫情期间资本市场监管的应对举措

新冠肺炎疫情期间，我国在以习近平同志为核心的党中央坚强领导下，全党全军全国人民勠力同心、艰苦奋斗，疫情防控取得积极成效，经济发展加快恢复。证监会与人民银行、银保监会一道落实中共中央决策部署，采取多项举措稳定金融预期，联合各方形成联防联控合力，确保资本市场基础设施运行平稳有序、金融服务畅通便捷。在境外市场波动严重的情况下，上证综指运行情况平稳，保持了战略定力，稳定了全国人民信心。

（一）资本市场监管政策出台情况

2020 年 1 月 28 日，证监会发布了《关于做好新型冠状病毒感染的肺炎疫情防控工作的通知》（证监办发〔2020〕9 号），要求派出机构、各交易所、中国结算、全国股转公司、证券基金期货经营机构、各上市（挂牌）公司认真贯彻落实中共中央、国务院关于疫情防控工作的决策部署，把疫情防控作为当前最重要的工作来抓；对证券基金期货经营机构、上市（挂牌）公司提出应对节后开市的具体要求；要求交易所、中国结算、全国股转公司等单位制定工作预案，确保提供稳定的前后台支持。

2 月 1 日，人民银行、财政部、银保监会、证监会、外汇局联合发布《关于进一步强化金融支持防控新型冠状病毒感染肺炎疫情的通知》（银发

〔2020〕29号），提出四条共三十项具体金融支持政策，直接涉及资本市场的措施有九项。同日，证监会李超副主席就五部委联合发布《关于进一步强化金融支持防控新型冠状病毒感染肺炎疫情的通知》答记者问，介绍了证监会在疫情防控方面开展的主要工作及对受疫情影响机构的支持政策，特别强调了证监会在加强金融服务和维护市场平稳运行方面的举措，对稳定资本市场预期起到重要作用。

2月2日，证监会就A股市场2月3日开市接受记者采访，再次向市场传达其监管政策，进一步稳定资本市场预期。

2月18日，时任证监会副主席阎庆民出席国新办新闻发布会，介绍证监会在抗击疫情、支持经济、防范风险方面做出的工作。

其间，沪深交易所、中国上市公司协会、中国证券业协会、中国基金业协会、中国结算和全国股转公司等市场自律机构，根据证监会监管要求，结合自身职能向市场及会员单位提出具体管理要求。

（二）政策内容总结

具体而言，证监会对资本市场参与主体当前及未来的金融支持政策可归纳为以下几个方面：

第一，提出证券、基金、期货经营机构业务持续开展的要求。一是要求证券、基金、期货经营机构认真贯彻落实党中央、国务院关于疫情防控工作的决策部署，把疫情防控作为当前最重要的工作，落实落细防控措施，保障生产经营活动和资本市场各项服务正常进行。二是改进服务方式，维护业务稳定，合理调配人员稳妥开展金融市场相关交易、清算、结算、发行、承销等工作，加强流动性管理与提高风险应对能力，尽可能进行全流程、全链条线上操作；制定业务应急预案，对关键岗位实施双岗互备和替岗安排，加强与主管部门、市场机构、其他金融基础设施的沟通，保持业务系统联通顺畅；引导投资者通过互联网、手机App等非现场方式进行交易活动，确保交易结算系统安全稳定运行。三是做好疫情期间的风险防范工作，支持市场机构分类采取股票质押协议展期，对部分融资融券客户不主动强制平仓，适当延长客户补充担保品的时间等措施，暂停期货夜盘交易。

第二，推出资本市场的便利性政策。一是发行流程的支持政策，鼓励金融机构线上提交公司信用债的发行申报材料，远程办理备案、注册等。二是推出注册在湖北等疫情严重地区的相关企业以及募集资金主要用于疫情防控领域的企业募集资金的绿色通道。证监会为上述主体发行的金融债券、资产支持证券、公司信用类债券建立注册发行绿色通道，优化工作流程，实行“专人对接，专项审核”；为相关企业挂牌和股票发行设置绿色通道，即报即审、专人对接、优先审查、审完即挂（发）。三是减免疫情严重地区公司上市等部分费用，免收湖北地区企业上市和在新三板挂牌的年费，免除湖北地区期货公司年会费和席位使用费。

第三，妥善调整相关监管事项。一是调整信息披露支持政策，对受疫情影响、信息披露存在困难的相关发行人做出政策性安排。二是适度延长资本市场监管时限，适当延长上市公司并购重组行政许可财务资料有效期和重组预案披露后发布召开股东大会通知的时限。疫情期间对股票发行人的反馈意见回复时限、告知函回复时限、财务报告到期终止时限以及已核发的再融资批文有效期从 1 月 31 日起暂缓计算；取得债券发行许可未能在许可有效期内完成发行的，可申请延期发行。三是适度放宽对证券、基金、期货经营机构的监管标准。对于证券经营机构受疫情影响无法及时补充净资本，以及为了疏解客户的流动性困难而无法及时处置有关业务或者资产，导致相关流动性等风控指标不符合监管标准的，经住所地证监局评估后，研究给予豁免，并视情况给予充分调整期，指导其稳健运行。

证监会的上述政策，一方面稳定了资本市场预期，2020 年春节后上证综指仅出现一天急速回调，后续呈上升趋势，稳定了资本市场参与者的信心，坚定了全国人民对我国经济持续发展的信念，同时防范了金融市场的非理性波动，打击了全球恶意做空我国经济的相关势力；另一方面有力地支持了疫情防控，通过公司债、非公开发行等绿色通道为防疫用品公司提供复工复产的重点金融支持。

三、新冠肺炎疫情对我国证券机构发展的影响

截至2019年底，全国共有证券公司133家。证券公司总资产72635.43亿元，净资产20218.97亿元，净资本16206.18亿元。从收入结构看，证券公司的主要收入由证券经纪业务收入、投资银行业务收入、资产管理业务收入、自营业务收入、投资咨询业务收入、货币资金及结算备付金利息收入、融资融券业务利息收入、股票质押回购利息收入和投资收益组成。其中，投资收益、证券经纪业务收入、融资融券业务收入三项合计占营业收入的比例达到70.82%①。

（一）短期影响

2020年第一季度，证券公司营业收入同比下降3.49%。从各项业务条线看，代理买卖证券业务净收入（含席位租赁）同比增长33%。其中，由于疫情期间现金流投资受限等，证券公司代理销售金融产品爆发式增长了一倍有余；投行业务出于收入确认时点的原因尚未受到疫情影响，同比增长26%，但是细分的话，财务顾问由于现场工作较多受到较大影响，收入同比下降35%②。

（二）长期影响

第一，提升证券机构对金融科技③的重视程度。疫情期间，证券公司经纪、资管、投行、投资等各业务条线平稳运行的背后，是金融科技在开户、转账、交易、登记、结算、电子化底稿、风控、合规各环节提供的支持。证券公司通过将人工智能、数据挖掘、区块链、云计算、智能合约等

①② 数据来源：中国证券业协会。

③ 金融稳定理事会（FSB）于2016年提出“金融科技是技术驱动的金融创新”，目前已成为全球共识。

技术嵌入各项金融业务，简化供需双方交易环节，降低资金融通边际成本，拓展证券公司客户边界，推动证券公司在业务形态、信贷关系、合规风控管理等方面持续优化。金融科技不仅成为证券公司日常运营中最重要的一环，而且将逐渐成为监管机构最重要的监管依靠。面对市场中海量的金融数据，监管机构必须依靠大数据、人工智能和区块链等技术建立金融风控模型，及早甄别高风险和异常交易，确保对证券公司风险的早识别、早发现、早处理，及时制止金融机构的违规行为，推动对证券公司的监管模式由事后监管向事前、事中监管转变，提升金融监管效率。对于证券机构和监管机构来说，未来将是金融科技的舞台。

第二，实现非现场化交易。疫情期间，证券公司确保了投资者正常的证券交易，通过在线办公等方式保证投行、资管和债券交易的定价、沟通不受影响，同时上证综指的正常交易实证了证券公司业务链条的非现场交易系统成熟、可靠。自 2013 年 3 月 25 日中国结算颁布《证券账户非现场开户实施暂行办法》以来，证监会、证券业协会和中国结算一直推动证券交易的非现场开户工作，取得了良好的成效。经历了疫情的检验后，证券公司可能会减少设置区域营业部，转而通过非现场等技术手段发展经纪、代销金融产品等业务。随着 5G 技术的发展日趋成熟，点对点的接触可以通过非现场的方式解决，政府服务方式的转变使得信息更加公开、便捷、高效，由此将改变证券公司投行、资管、债券的业务模式。显而易见的是，需要见面沟通的业务频次降低，既能减少证券公司的运营成本，又将减少对业务人员的数量需求，转而会提升对业务人员能力的需求。

第三，头部效应更加显著。2019 年，在市场存量竞争格局、监管扶优限劣的政策导向下，头部券商的概念正式确立。《证券公司股权管理规定》提出给欲成为综合性券商的证券公司五年过渡时间。但是，本次突发的疫情将大大加速证券公司间的分化和发展，中小券商虽然在疫情期间未暴露重大风险，但是资本金薄弱、融资能力欠缺、风控能力有限、股东实力偏弱、金融科技投入有限等问题已经成为证券公司衡量风险的重要因素，中小券商一旦面临风险将捉襟见肘。实力雄厚的证券公司通过自身的融资、科技、风控、合规体系能获得市场主流机构和金融监管机构的认可，获得更多低成本资金用于发展资产负债表业务和券商本源的金融中介业务。在疫情可能带来的国际并购行情中，中小券商更是没有实力与早已在境外等地布局已久的证券公司竞争。证券行业将迎来新一轮的洗牌，头部券商的发展进程将因本次疫情而大大加快。

第四，加速业务回归本源。“金融要把为实体经济服务作为出发点和落脚点，回归本源，服从服务于经济社会发展”，这是习近平总书记明确提出的金融工作三项任务之首。“在疫情形势趋缓后，如何统筹好疫情防控和复工复产，这也是很大的挑战”，习近平总书记提出的要求就是监管机构努力的方向。要想帮助企业尽快复工复产，发挥证券公司的金融中介功能至关重要。短期看，帮助企业利用“一行两会①”出台的金融优惠政策尽快融入资金是证券公司发挥金融中介功能的重要体现；长期看，证券公司的中介功能将随着我国产业结构的加快升级、消费市场的反弹性恢复和世界范围内产业并购的增加得到有效发挥，回归业务本源、增强中介实力是证券公司发展的应有之义。

四、后疫情时代我国证券公司监管的建议

复工复产工作逐级推进的同时，我国经济和金融也在加速发展。我国证券机构应以战略性、前瞻性、世界性的视角看待新冠肺炎疫情对我国和世界经济金融的影响，潜下心来认真思考；用全面、辩证、长远的眼光看待我国经济发展，避免因受到境内外不当言论影响而一叶障目。证券机构应积极主动落实习近平总书记在统筹推进新冠肺炎疫情防控和经济社会发展工作部署会议上的要求，主动对接各省市颁布的促进经济发展的政策，利用金融中介优势切实满足企业融资需求，引导金融活水涌向需要支持的

① 一行是指中国人民银行，两会是指中国证券监督管理委员会、中国银行保险监督管理委员会。

企业。同时，疫情对世界经济的影响尚待评估，但是疫情如果长期存在，将对世界经济产生重大的负面影响，各国资本市场将产生剧烈震荡，国外优势企业的估值体系将发生重大变化，我国证券经营机构要做好准备，积极对接国外优势企业和投行，引导国内公司出海并购国外战略性资源和估值合理的企业，协助国内公司进一步做大做强。新冠肺炎疫情既是“危”也是“机”，证券公司在后疫情时代的发展前景值得监管机构认真思考并提出前瞻性的监管指导对策。

（一）优化监管机构推动金融科技发展的组织体系

监管机构在推动证券公司金融科技发展中的体制机制问题亟待解决。监管机构应理顺证券公司监管主体间的治理结构、管理模式和组织方式，建立以证监会机构部和科技局为规则制定单位、派出机构为督促执行单位、中国证券业协会为评价考核单位的体制。监管机构在管理模式上，应继续采用以往行之有效的“三位一体”模式；在组织方式上，应以证监会机构部为主要领导单位、科技局为技术指导单位，并行推动证券公司内部金融科技的发展和外部的技术合作，鼓励、引导证券公司与阿里巴巴、腾讯、华为等科技公司合作，督促证券公司加强与科技公司的对接，探索通过创新的证券公司牌照设立方式促进证券公司与科技公司技术成果转化落地、新服务模式迅速普及。

（二）加速推动证券公司的金融科技发展进程

监管机构引导证券行业金融科技发展要以行业重点金融科技突破带动全局。监管机构应广泛布局大数据，在目前 CISP 数据库的基础上建立证券行业的统一数据标准，从监管机构层面率先打通证券公司之间的数据通道，消除信息孤岛，形成统一的数据字典，建立行业级监管数据处理平台，充分发挥行业级的大数据优势；合理开发云计算，引导证券公司与互联网公司合作开发适合国内金融领域的云计算解决方案，逐步在证券行业通过云计算自动匹配业务、开发资源、快速部署，力争督促国内证券公司的云计算能力达到国际一流金融机构水平；加速推进人工智能，研究人工智能在证券公司经纪业务、投资顾问、资产管理中的应用路径和方法，逐步推动证券公司金融服务向智能化、主动化、个性化方向发展。此外，在《证券公司分类监管规定》征求意见时期，建议增加金融科技人员占比的加分项，健全与资本市场相适应、有利于吸引和留住技术人才的薪酬和考核制度，培养既懂资本市场又懂科技的专业人才，为金融科技发展提供智力支持。

（三）引导证券公司加快发展投行业务

随着创业板注册制改革大幕的拉开，投行业务将加快回归中介本源的进程，承担起投资者与企业的中间人，价值发现能力、价格发现能力、尽职调查能力、发行承销能力成为投行的核心竞争力。监管机构需要加强对证券公司投行业务的引导：一是通过分类监管评价体系引导证券公司加快对投行业务的体系性建设，以净资本和流动性为核心的证券公司分类监管评价体系是当前的监管核心。2020 年 5 月发布的《证券公司分类监管规定（征求意见稿）》中指出，投行业务是证券公司竞争力指标的组成部分，需要在评价指标中增加证券公司投行业务的加分项，引导证券公司加大对投行业务的信息系统、人工智能、大数据的科技投入和智力投入。二是实现更高水平的开放，既支持外资投行入境，也鼓励境内证券公司出海。高水平的开放是打造有活力、有韧性的资本市场的基础，支持外资投行在境内设立独资公司，有助于激发国内投行业务活力，通过“鲇鱼效应”督促国内投行业务尽快成长；鼓励证券公司在境外设立子公司，开拓证券公司国际视野，有利于其在全球产业链变革之际抢占国际市场先机。

（四）以数据监管为监管核心

数据是金融机构的核心，监管机构对证券公司运营数据的监管应作为证券公司监管体系最基础、最重要的一环。当前，监管机构主要通过 CISP 等数据填报系统掌握证券公司运营数据，无法实现数据的归纳、分析。在未来的监管体系中，监管机构需要在搜集证券公司数据的基础上，运用数据挖掘、机器学习等技术建立风险防控数据指标、分析模型，及时甄别证券公司高风险业务，提高证券公司识别和处置风险的准确性；构建动态风险计量评分体系评估证券公司风险，进一步完善证券公司风险预警机制，实现智能风控，及时防范风险。此外，监管机构应加大对证券公司数据的保护力度，在数据搜集上要通过通道加密、双向认证的技术手段确保数据的保密性，在数据使用上要通过身份认证等措施确保信息使用者授权登记的完整性，避免泄露证券公司数据。

（五）建立证券公司应对重大突发风险的应急管理机制

监管机构要做好准备长期应对新冠肺炎疫情给证券公司带来的影响，并督促证券公司重点防范类似的重大突发风险。美国金融机构在应对突发风险事件方面具有较为丰富的处理经验。2006 年 5 月，美国《国家流感战略实施方案》（*National Strategy for Pandemic Influenza Implementation Plan*）就金融机构应对流感疫情明确提出业务连续性要求，包括金融机构应对流感疫情需要采取的最基础措施。2017 年 12 月 12 日，美国联邦金融机构检查委员会（FFIEC）更新了《大流感疫情规划指引》，要求美国金融机构在业务连续性计划中必须增加对大流感的预防计划、不同疫情阶段的应对措施、应对组织结构、日常演练测试计划等内容。美国金融机构应对大流感的措施可以为我国证券公司的监管提供借鉴，具体结合公共卫生事件提出以下建议：一是建议证券公司增加重大公共卫生事件的应对计划，规定对卫生事件的监测、与关键服务商的合作及对员工提供的培训；二是针对公共卫生发展的不同阶段提出应对措施和业务恢复措施；三是建立应对公共卫生事件的组织框架，框架的设立要考虑最有效地保护员工、保障业务持续发展和支持国家政策，从而确保整体业务流程的连续性和稳定性；四是根据经济社会发展及时更新应对计划。

参考文献

[1] 中国人民银行. 金融科技(FinTech)发展规划(2019—2021 年)[Z]. 2019:8.

[2] Homeland Security Council. National strategy for pandemic influenza[R]. 2005:11.

[3] 昝秀丽. 证监会系统精准施策积极应对疫情[N]. 中国证券报,2020-02-03 (A02).

[4] 王宏宇. 证券公司非现场开户的实名制认定问题及监管建议[J]. 中国证券, 2017(12):65-69.

[5] 王宏伟. 美国《流感防控国家战略》[J]. 国际资料信息, 2007(4):20-23,34.

技术之矛

变　局　中　的　证　券　机　构

从某种意义上来说，证券行业的发展史就是一部科技的发展史。自1990年上海证券交易所成立以来，我国资本市场在30多年的发展历程中经历了电子化、网络化、数字化三个阶段。技术在这段历史中穿针引线，成为突破金融创新瓶颈的利器。

近年来，以大数据、人工智能、区块链为代表的科学技术飞速发展，为证券机构提供了强大的创新动力，不断催生出新的商业模式，推动金融产品更新迭代，显著提升了证券机构的服务效率。

08

大数据技术在证券行业的应用

金学禹　聂文婷①

2020年初，新冠肺炎疫情引发了全球范围内前所未有的“封城”举措，大中小企业均面临严峻的挑战，也深刻意识到数字化转型的重要性。不少企业开始通过加快企业信息化与数字应用进程，有效保障企业复产复工。而证券行业的数字化转型不仅是利用数字化手段来解决线上办公、视频会议、在线研发等内部管理问题，更是从业务本质出发，利用人工智能、大数据、区块链、云计算等技术手段推动金融创新，形成对金融市场、金融机构及金融服务产生重大影响的业务模式。

一、大数据技术在证券行业的发展情况

证券行业作为世界上数据最为密集的行业之一，拥有大量的证券交易数据、客户数据、监管数据、行情数据等结构化与非结构化数据，这些数据具有体量巨大、高速产生、类型多样、分布协同的特征。证券行业需要通过大数据技术推动业务转型升级。

近年来，国内的证券公司逐步意识到大数据在企业数字化转型中的作用和地位，在大数据应用领域快速布局。而实际应用过程中，大数据的应

① 金学禹，恒泰证券股份有限公司信息技术部大数据中心技术总监；聂文婷，恒泰证券股份有限公司金融科技研究院产品总监。

用并不是简单搭建一个大数据平台进行数据分析就算成功，技术升级与公司业务转型的契合、公司文化和心态的转变、组织架构的调整、相应制度的建立等，都需要一套完整的解决方案。全方位的数字化转型势必要通过“以客户为中心”来统筹数据管理、构建业务逻辑，但证券公司内部各个组织之间、不同业务板块之间发展不平衡，历史包袱、系统割裂、数据孤岛都客观存在，转型之路任重道远。

可以说，全方位数字化转型将重塑证券行业未来竞争格局。头部券商依靠雄厚的资本、先发的优势，势必吸引更多优秀的科技人才，积累的大量客户数据形成规模效应和大数据服务模型，同时在投研、资管、投行等方面的综合实力更强，有能力为客户提供更加专业的数字一体化服务；对于中小券商来说，金融科技的发展需要投入大量资金和人力，一定程度上提高了其转型的门槛，如何探索差异化发展的道路，借助大数据技术整合内部资源，或将成为中小型券商突破竞争瓶颈的关键。

二、大数据技术在证券行业的平台设计与实践

（一）数据采集

数据采集作为大数据系统的首个环节，对于平台来说尤为重要，因此需要建立一套标准的数据采集体系，便于规范、高覆盖率地采集海量数据，并传输到大数据平台。其中数据采集分为日志采集和数据同步采集。

恒泰证券大数据平台在数据采集规范方面统一了 Web 与 App 的埋点 SDK，方便不同技术栈开发者以同样的方式调用，在数据层面保证了日志格式的统一，有利于对用户行为模型进行定义与描述。

针对用户行为，数据规范对日志进行模型化处理，在日志中体现用户（Who）在什么时间（When）什么地点（Where）做了什么事情（What），我们称之为用户行为 4W 模型。用户行为数据按事件分类，又具体分为页面事件、点击事件、统计事件。

1. 日志数据采集

日志数据的采集主要是为了后续的数据分析。例如 App 端数据采集既可以帮助开发者分析各类设备信息，也能与产品端相配合，更好地了解用户，从宏观及微观角度洞察用户的各种行为，从而进行产品的优化迭代。

日志数据包括 Web 页面日志、客户端 App 日志、服务端日志等。Web 页面日志、客户端 App 日志更多的是采集用户行为数据，采用埋点的方式将数据实时传回大数据平台。

App 端日志的上传采用向服务器发送 post 请求的方式，服务器将数据追加到 log 文件中。其中 App 端上传并不是将事件日志逐一实时上传，而是先将数据缓存在客户端，当累积到一定数量（如 100 条）后批量上传；考虑到实时性，一定时间内（如 5 分钟）即使没有达到批量上传的数量，也会将日志上传。

服务端在收到数据后会采用实时采集的方式将数据传回大数据平台，并进行数据解析，之后输入到消息队列，进入流式计算环节供应用服务使用。

2. 数据同步

证券公司 IT 系统里除了日志数据外，还有很重要的业务数据。业务数据普遍存储于关系型数据库中，如 Oracle、MySQL、SQL Sever 等，还有来源于文件系统的结构化或非结构化数据。

大数据平台的功能之一是数据集成，将不同来源、不同形式的数据整合在一起，所以从不同业务系统将数据集成到数据平台是非常重要的工作。

业务数据有两个特点：一是数据来源多样，二是数据量大。所以需要针对这两种特性来设计数据同步服务。

（二）数据开发

大数据平台的采集系统收集了大量数据后，只有经过整合与计算，深入挖掘建立合适的模型，才能被应用于各类业务中，从而达到赋能业务和创造价值的目的。

对于海量数据与复杂的计算，大数据平台需要解决两大问题，即数据存储与计算平台。本文将针对数据开发过程中遇到的问题进行研究与介绍。

1. 离线数据开发中的问题与应对措施

与传统数据开发相比，基于大数据平台的数据研发有以下特点：业务需求多且变更频繁，数据需求交付周期短，数据种类多，数据量大，系统环境复杂。

数据研发人员技术栈的不同，导致大数据平台上的数据研发工作成本上升，而通过统一的计算平台与数据研发规范可以在一定程度上解决这一问题。

大数据平台的计算服务基于 Hadoop 提供的 mapreduce 计算模型，解决了并行计算的难题，但开发复杂、学习成本高，所以大数据平台通过 hive（数据仓库工具）提供一套完整的基于 SQL（结构化查询语言）的开发套件，为不同研发人员的数据处理任务提供统一的编程接口，并且提供稳定性保障。

2. 流式数据开发中的问题与应对措施

在大数据平台，离线计算承担了大部分计算任务，但随着数据应用越来越广泛、数据挖掘越来越深入，对数据的实时性要求越来越高。大数据平台如果不能实时处理各业务线的数据，就无法保证数据的时效性，进而无法实现价值最大化。

流式计算技术是对离线计算技术的重要补充，已经成为大数据平台的标准配置，并且扮演重要角色。简单来说，流式计算技术就是系统每产生一条数据就会被采集系统立刻采集并实时发送到流式计算任务中进行处理。流式计算技术具有时效性高、性能要求高、数据无限等特点，所以在架构设计上要有针对性；同时计算任务严重依赖于采集任务数据的输出，要进行整体考量。实时采集与流式计算技术架构如图 8-1 所示。

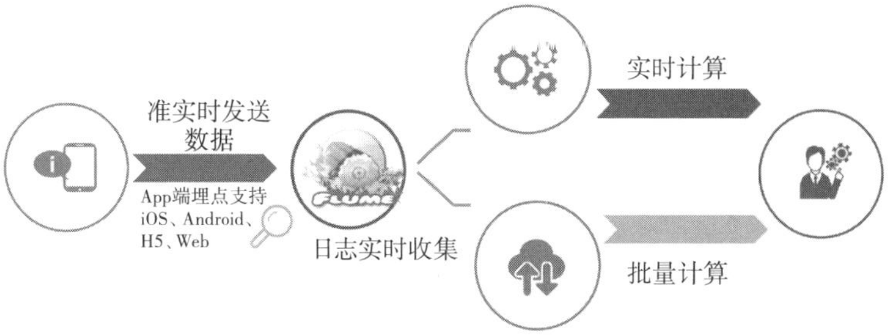

图 8-1　实时采集与流式计算技术架构

（三）数据管理

数据平台搭建完成之后，还要保证数据的质量。所以数据的治理与管理尤为重要，主要是为了保证数据资产的完整性、准确性、一致性、及时性。证券公司应根据指定的规范开发模型、校验模型、管理模型，为业务提供统一、准确的指标。

1. 元数据

元数据可以理解为数据的数据，打通了源数据、数据仓库、数据应用，记录了数据从产生到消费的全过程。元数据可以帮助开发人员方便地找到要使用的数据，并进行数据管理和开发，提高工作效率。

元数据的质量直接影响到数据管理的准确性，所以证券公司应设计一套完整的元数据体系。首先梳理最底层数据，对元数据进行分类，减少数据重复建设，保证数据的唯一性；其次要丰富元数据表和字段的使用说明，方便使用和理解；最后要提供标准、统一的元数据服务，打通生产端与消费端之间的链路。

2. 存储管理

大数据时代，网络应用种类繁多，用户对网络的依赖日益加重，意味着数据的爆炸式增长，这对大数据平台提出了新的要求，存储管理成为大数据平台的核心功能之一。有效地降低存储成本、提高数据的使用效率是存储管理的重要目标。

在分布式文件系统中，为了提高可用性，数据往往有多个备份，所以压缩数据成为降低数据成本的重要手段之一，这中间要充分考虑到平衡数据读取效率和存储成本，采用压缩比率合适的压缩技术。

数据的生命周期管理是存储管理的重要手段，将数据按照生命周期进行分类，逐步淘汰没有价值的数据，用最小的成本存储具有最优价值的数据。

3. 数据质量

数据质量是数据分析结论有效性和准确性的基础，保证数据质量是大数据平台责无旁贷的任务。数据开发人员要确定数据质量评估的标准，从完整性、准确性、一致性、实时性四个方面进行评估。

数据质量的建设需要数据需求方、开发人员遵循一定的方法与标准，包括需求审核、数据加工各环节校验、测试标准，同时针对数据指令提供相关工具，提高工作效率与质量。

三、大数据技术的应用与研究

作为业务发展的重要技术支撑手段，大数据技术逐渐融入证券公司日常工作的各个环节。证券公司通过对大数据建设的总体规划，将公司内外部数据进行融合，建立统一和多维化的公司数据模型，实现数据驱动的业务模式创新。之前的业务运营主要依靠人和经验，现在以数据驱动为主，这样所有的过程和结果都可以量化，彰显数据驱动业务创新的新业态。

下面通过智能管理、客户营销、客户安全和产品投研领域的大数据应用案例，简要阐述大数据平台在证券行业的应用。

（一）智能管理

随着证券公司大数据中台的建设和各部门各业务数据的统一接入，证券公司实现数据集中、口径一致，公司各级部门均可在保证数据隐私和安全的前提下使用数据，充分发挥数据作为证券公司重要资产的业务价值，实现公司内部数据共通共享。在业务管理上，公司有效促进业务的集成和协作，并为企业级数据分析、协同开发、交叉销售奠定基础；同时按角色聚合业务数据，让不同层级的管理者及员工对业务目标始终有着全面清晰的认知，比如恒泰证券的网点管理平台和员工端超级 App 就是基于大数据技术提升中台能力，进而提升公司管理效率和投产效率的。

（二）客户营销

随着互联网的深化发展，线上流量红利基本殆尽，而证券行业获客成本高、用户转化节点多、转化周期长的特点却没有改变，需要利用大数据技术对客户进行精准营销，在促进活跃用户数量稳步增长的同时不断延长用户的生命周期。这种建立在精准定位基础上的营销活动，可以最大限度地平摊运营成本。

大数据平台根据客户的风险等级、个人属性、账户资产、操作数据、偏好信息等多维度数据描绘每个客户的画像，通过标签和推荐模型为不同类别的客户匹配不同的资讯与产品信息，从而提高营销成功率，减少冗余信息对客户的干扰。

传统的数据运算模式是集中存储、串行计算，即客户数据存储在一台服务器上，必须先计算完一个客户的数据再计算下一个客户的数据，当客户数量巨大的时候，存储器负荷过重，运算非常浪费时间。而恒泰证券的大数据平台采用分布式存储、并行计算的运算方式，将客户数据存储在分散的存储器中，构成一个虚拟存储系统，可以在同一时间计算客户数据，极大地提升了运算效率，实现了面向千万量级客户实时精准营销。

（三）客户安全

2020 年 4 月的某一天，有 A 股投资者股票账户被盗，卖出全部持仓股，全仓买入庄股济民制药，该股次日一字跌停。新闻一出市场哗然，遭受损失的股民走上了维权之路。账户安全层面，证券公司有责任和义务运用金融科技的力量，尽力保护投资者免遭黑产对财富的侵袭。恒泰证券为此推出安全微管家服务，实时拦截异常风险，及时提醒客户。

传统的账户安全规则主要有：非常用设备、非常用网络环境登录，非常用手机号激活登录，短时高频异地登录，连续登录失败锁定及密码操作异常。但是黑客也会相应地升级针对措施，如大量变换 IP、撞库，让传统的安全规则在现有的攻防形势下稍显不足。

前文提及的证券公司都搭建了数据埋点，基于大数据平台的实时数据采集和流式计算系统，收集了用户的访问时间、停留时间、页面路径、页面点击详情等数据。这些数据沉淀下来，除了应用到用户画像、精准营销、产品数据分析等业务中外，在数据安全领域也大有可为。证券公司通过整合用户历史信息，形成一个多维行为画像，当用户实时行为产生变化而不可信时，即可提升风控等级，如通知客户、拦截验证甚至锁定账户，以保障账号安全；大数据与 AI 技术相互融合，通过机器学习模型，挖掘聚类高风险行为特征，达到事前防范、提前预警的效果。

（四）产品投研

大数据平台的技术与数据也会直接成为智能化产品，利用用户产生的数据为用户服务。比如恒泰证券即将上线的热股产品就是根据用户的搜索、浏览等一系列行为，结合行情交易量等数据研发的一款智能产品。热股产品创新性地引入物理模型，利用牛顿冷却定律，可实时计算当前的股市热点。

策略模型投研层面，证券公司还可以基于大数据机器学习技术，运用技术面、基本面、资金面、新闻研报多种因子组合，甚至新闻舆论等外部数据来构建产品逻辑，使用历史大数据进行训练，并且通过新数据不断改进模型参数。

四、小结与展望

金融行业唯一不变的就是变化，金融与科技之间的融合不断加深，金融生态的演进在金融科技的催化下越来越快。作为金融科技的代表技术之一，大数据技术将为证券公司打造核心竞争力，为客户提供更加便捷、安全、贴心的智能金融服务。

参考文献

[1] 金学禹，井明刚．智能大数据平台在证券行业的应用与研究[A]//创新与发展：中国证券业2018年论文集(下册)[C]．北京：中国财经出版传媒集团，中国财政经济出版社，2019.

[2] 阿里巴巴数据技术及产品部．大数据之路：阿里巴巴大数据实践[M]．北京：电子工业出版社，2017.

[3] 国家工业信息安全发展研究中心．大数据优秀产品和应用解决方案案例集(2019)产品及政务卷[M]．北京：人民出版社，2019.

[4] 李智慧．大数据平台架构[EB/OL]．(2018-04-26)[2020-06-08]. https://zhuanlan. zhihu. com/p/36082771.

[5] 美团点评技术团队. 美团酒旅起源数据治理平台的建设与实践[EB/OL]. (2020-02-27)[2020-06-08]. https://www. infoq. cn/article/HSh0FSS0RB2NMZ7ZyhSH.

09

敏捷大数据平台研究

陈传鹏　赵文龙　舒小奎　董理骅[①]

一、研究背景

随着信息技术飞速发展，人工智能、大数据、区块链等技术的广泛应用，金融科技浪潮引发了数据量的迅猛增长。数字化转型、数字化新生态对数据服务提出了灵活敏捷、智能高效的要求。因此，构建灵活、开放的技术架构，提升快速、准确地响应需求的能力，提供高效、安全的数据服务，成为实现敏捷服务的关键。

机械化解放了人类的肢体，信息化改变了人类的生产生活方式。数字化将在虚拟空间重塑现实时空、人工智能，人类的思维模式也许将会被颠覆。数据智能与敏捷服务将是数字化时空的生产资源和生产力，无数据不智能、不敏捷无服务已成为共识。

（一）国际大数据技术发展概述

在大数据发展的初期，技术方案主要聚焦于解决数据“大”的问题。Hadoop 定义了最基础的分布式批处理架构，打破了传统数据库一体化的模式，将计算与存储分离，聚焦于海量数据的低成本存储与规模化处理。

---

① 陈传鹏、赵文龙、舒小奎、董理骅，长江证券信息技术总部。

Hadoop 凭借其友好的技术生态和扩展性优势，一度对传统大规模并行处理（Massively Parallel Processing，MPP）数据库的市场造成影响。

MapReduce 暴露的处理效率问题以及 Hadoop 体系庞大复杂的运维操作，推动计算框架不断升级演进。随后出现的 Apache Spark 已逐步成为计算框架的事实标准。在解决了数据“大”的问题后，数据分析的时效性问题越发突出，Apache Flink、Kafka Streams、Spark Structured Streaming 等近年来备受关注的产品为流处理的框架打下了基础。在此基础上，大数据技术产品不断分层细化，在开源社区形成了丰富的技术栈，覆盖存储、计算、分析、集成、管理、运维等各个方面。

（二）大数据技术在金融行业应用发展概述

大数据在数据资产管理、运营管理、客户服务等方面的应用已经形成重要共识，提升了金融行业运转效率。一方面，大数据可以推动金融机构业务驱动模式的转型；另一方面，机构可以通过投资或合作，与新兴金融科技公司形成业务互补，进一步推动大数据在金融行业的应用。

在大数据应用初始阶段，金融行业结合线上系统和业务系统的数据，利用互联网和移动设备为客户提供线上自助式服务；通过大数据分析，优化产品界面，简化业务流程，并在实践中取得良好的应用效果。在此阶段，大数据技术主要应用于数据架构与信息整合，主要功能是简单分析与初步决策，并且构建一个存储信息的大数据系统。

目前大数据应用已经发展到成熟阶段，业务数字化为金融公司建立了可持续的底层数据资源，通过人工智能技术为智能数据分析与决策提供支持。大数据分析在金融领域的应用主要集中在个人征信、授信与风险管控，覆盖贷前评估、贷中监控与贷后反馈等环节。

（三）大数据技术在证券行业应用痛点分析

大数据技术在证券行业的应用面临源系统多样、业务规则灵活多变、数据监管要求日渐趋严、数据人力资源相对短缺等现实问题。数据繁乱，即便同类业务在不同时期的数据格式也互不兼容。我们都想建立商业化的大数据平台，屏蔽底层复杂的技术栈，但黑盒封装又导致架构失去了灵活性，无法适配更多的业务场景，更难以匹配大数据技术发展的速度。不同的商业化产品存在架构和开发框架的差异，IT 部门不得不配备多个团队来支持不同平台的开发和运维，数据团队的包袱越来越重；同时对数据工程师的要求也越来越高，既要懂业务，又要懂技术，还要懂算法，要“会听”，即理解业务需求，要“会说”“会写”和“会画”，即数据可视化效果要酷炫，但即使这样也无法完全满足业务部门的多样化需求。

二、构建敏捷大数据的关键技术及内容研究

（一）敏捷大数据服务方法论

敏捷大数据服务方法论基于通用平台工具组合构建底层数据服务，在此基础上保障数据安全及运维，结合通用技术平台和数据服务方法，实现多种场景数据敏捷服务的目标。

敏捷大数据服务的关键在于构建数据服务基础和提供敏捷数据服务两方面。构建数据服务基础层面，应用数据全生命周期方法，根据数据离线服务和在线实时服务的不同技术诉求，关键技术在于构建解耦、开放、灵活、复用的技术框架；提供敏捷数据服务层面，要想融通专业团队与平台工具、数据智能与敏捷服务、业务与技术系统，关键在于对数据团队进行合理的技术划分，形成各自专精的技术能力栈，同时形成小组间高效数据交换规范。敏捷大数据服务方法论如图 9－1 所示。

敏捷大数据的服务目标：首先技术栈要实现数据智能，其次能力栈提供敏捷服务。企业通过能力栈与技术栈结合，搭建安全稳定、灵活拆分、自由组合的数据服务桥梁，同时平台架构可集成、可配置和可管控，保障敏捷大数据服务的安全稳定，提供模块化、模式化、模板化的数据敏捷服务。

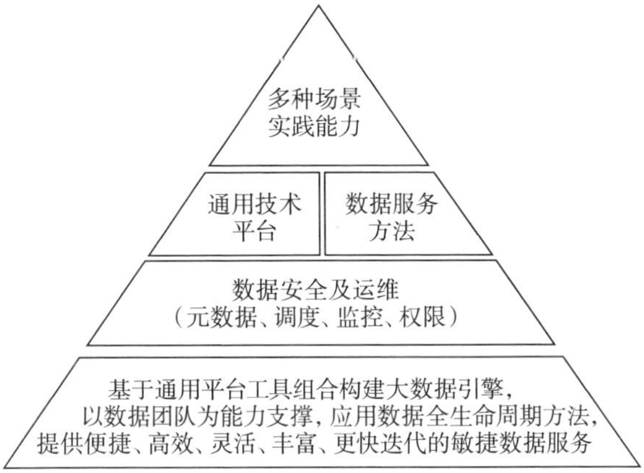

图9－1　敏捷大数据服务方法论

（二）构建敏捷大数据技术栈

技术栈方面，企业通过对采集、存储、计算、服务四个方面架构进行解耦，形成4个核心技术栈、近30个技术平台和模块，同时满足接口开放、模块化灵活组合要求，支持统一管控，保证场景模板的状态可持续监控、管理、控制。数据基础技术栈技术框架如图9－2所示。

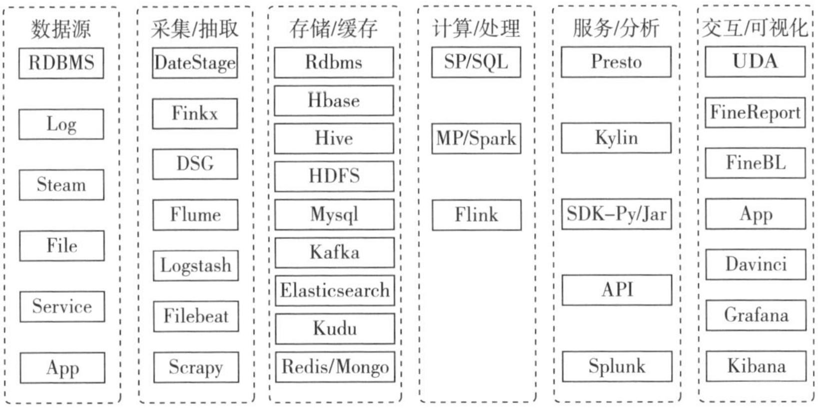

图9－2　数据基础技术栈技术框架

针对不同的数据源和应用场景应分别使用DataStage或Kettle两种ETL工具来实现离线数据的采集。在目前以关系型数据库为主的应用场景下，准实时（秒级）数据库同步通过DSG实现，对于某些特殊数据源，应用不同的高级语言进行定制开发，进而实现数据的自动化采集。企业通过对关系型数据库数据的抽取、日志收集服务器对移动应用App和页面埋点数据的采集、对日志文件的传输和接收，以及对实时数据流的采集，将源数据存储到分布式文件系统、大数据数据仓库、消息队列、搜索引擎和内存数据库等存储系统中，然后通过大数据离线计算框架和实时计算框架对数据同时进行处理，以API和OLAP等形式提供数据服务，最终应用于App和BI报表等。

（三）构建敏捷大数据能力栈

企业基于解耦的采集、存储、计算、服务四个技术栈，划分相应的采集、存储、计算、服务数据小组。一方面，各个小组深入研究各技术栈细节并提供敏捷的技术服务；另一方面，各个小组间形成高效数据交换规范，针对不同的数据需求，各自选择采集、存储、计算、服务技术栈里最优的模块，通过协同作战模式快速响应需求。

数据交换方面，大批量的离线数据库同步DateStage，实现多源异构间的数据交换。结构化数据库通过DSG推送到实时数据总线Kafka，通过Flinkx实现任意数据源类型的数据同步。日志和文件的采集使用工具Logstash，实时数据流Stream的采集使用Flume，定向Web数据通过Scrapy爬虫抓取。

计算方面，敏捷大数据能力栈支持存储过程计算、分布式离线计算、流式实时计算等多种处理方式。

服务方面，ES分布式架构支持海量日志类搜索与分析服务，Kylin架构支持数据关联分析服务，Restful - API以及SDK - jar/py组件支持场景化的量化研究服务，FineReport或Davinci支持可视化展示，BI工具支持数据探索及挖掘。

（四）构建典型实时和离线数据服务框架

基于技术栈和能力栈的组合，笔者把敏捷数据服务应用于以下两个通用的数据应用场景：

1. 敏捷数据服务之典型实时数据应用

实时数据应用可以分为数据采集、数据交换、数据计算、数据服务四个模块。数据采集方面，通过成熟的 DataStage 支持关系型数据库的批量采集，通过 Flinkx 支持非关系型数据库的数据采集。根据数据量和业务需求，将数据存储在传统关系型数据库或者统一发送到 Kafka 消息队列中，通过 Flink 进行实时计算，计算结果输出到不同的关系型数据库或者 NoSQL 数据库中，最后通过 Presto 或者 Kylin 提供即时查询服务。Presto 分布式 SQL 查询引擎用于支持高速实时的数据分析，Kylin 基于 SQL 查询接口及多维分析能力支持超大规模数据。整个实时计算的技术实现框架及原理如图 9－3 所示。

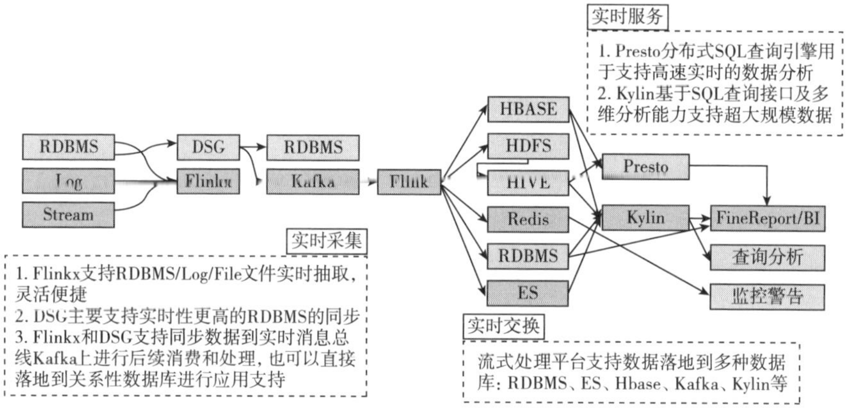

图 9－3　实时计算方案技术实现框架

2. 敏捷数据服务之典型离线数据应用

离线数据的应用同样可以解耦为采集、存储、计算、服务四个模块。采集方面，企业首先通过成熟的 DataStage 支持关系型数据库的批量采集，通过 Flinkx 支持非关系型数据库的数据采集；其次根据数据量和业务需求，将数据存储在传统关系型数据库或分布式 NoSQL 数据库中；最后根据数据仓库分层思想，对数据进行预处理计算和再加工计算，形成不同主题域数据集，对数据进行特征因子构建，通过标签规划、业务规则和模型算法，形成数据指标，持久化到数据服务层，对外提供丰富、准确的数据服务。离线数据应用技术框架见图9－4。

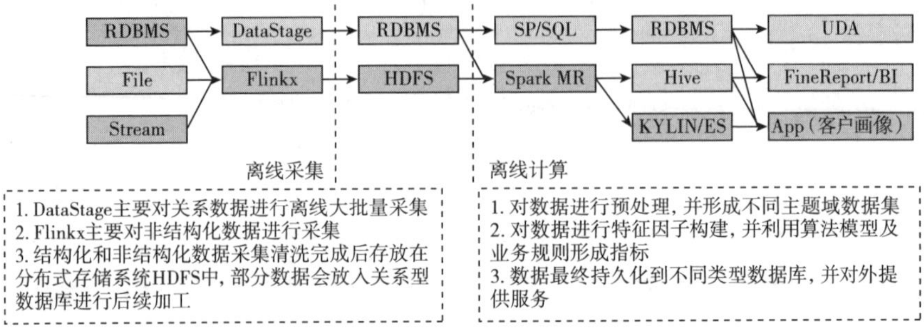

图9－4　离线数据应用技术框架

三、敏捷大数据平台的行业应用

（一）运营管理复合数据服务应用

随着证券公司不断发展壮大，公司领导十分重视风险管理这一核心竞争力。但是公司如果资产类数据繁多，没有全面的资产视图，就无法从中发现可能存在的风险点。证券公司通过分析各个业务部门、子公司、孙公司的各项表内表外资产，厘清每一项资产的底层业务；通过敏捷大数据服务，全方位、可视化、多场景、准确、及时地展示经营、风控、财务、产品运营等数据；通过构建多维多屏驾驶舱，明确经营方向、降低经营风险、开源节流以及优化产品设计，支撑公司成为数据驱动型企业。

多业务条线主要在公司风险管理、客户服务、业务运营等方面提供支持，面向公司领导层、风险管理部、财务部、人力资源部等，通过公司驾驶舱、财务日报、经纪业务驾驶舱、子公司驾驶舱等数据产品，全面展示和监控公司的整体风险情况（净资本、净资产、风险敞口、流动资产储备、业务规模、损益等指标），各自营部门风险情况（净值、持仓、风险评分、VaR值、HHI等指标），市场情况（股、债、货币、外市），公司成本、支出、利润情况，各业务条线成本、利润、利润因子，投资业务持仓、收益情况，流动性相关指标，子公司业务数据、财务数据以及风控相关数据。

数据时效性方面，数据更新频率从最开始的季度报告更新为月度报告，财务日报更新频率为日更新，及时准确反映公司运营情况；数据适用性方面，驾驶舱产品已经全面兼容大屏、手机版、PC 版，实现全场景数据可视化应用。

（二）风险管理数据应用

对异常交易的风险监控是行业监管的重点，是证券经营机构的一项持续性工作。但异常交易具有以下特点：一是偶发性，受市场、人员、技术因素影响；二是隐蔽性，通过场外配资、账号出借、代客理财等多种方式进行交易；三是多变性，通过伞形账户、场外配资、虚拟盘诈骗等多种形式进行异常交易；四是时效性，建立异常交易模型一般都具有滞后性。异常交易需要业务与技术协同，在实践中总结归纳并持续完善。异常交易监测业务技术协同机制如图9 5 所示。

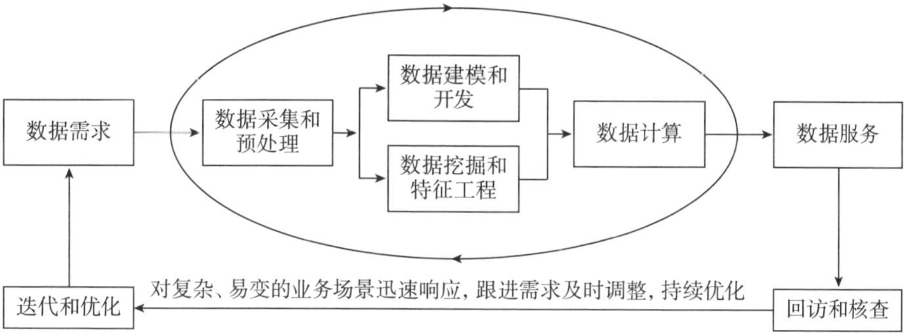

图9－5　异常交易监测业务技术协同机制

首先，证券公司快速响应业务需求，提供敏捷的数据服务并持续迭代优化；其次，通过 Flinkx 快速同步所需结构化数据到 HDFS 大数据平台，根据资金量、持股数量、交易是否频繁、资金是否异常等多个特征指标开发特征模型，同时根据特征指标对公司所有客户进行建模；最后，筛选出疑似客户，通过每月提交 FineReport 报表至业务部门进行核查。异常交易特征指标数据处理方案如图 9 -6 所示。

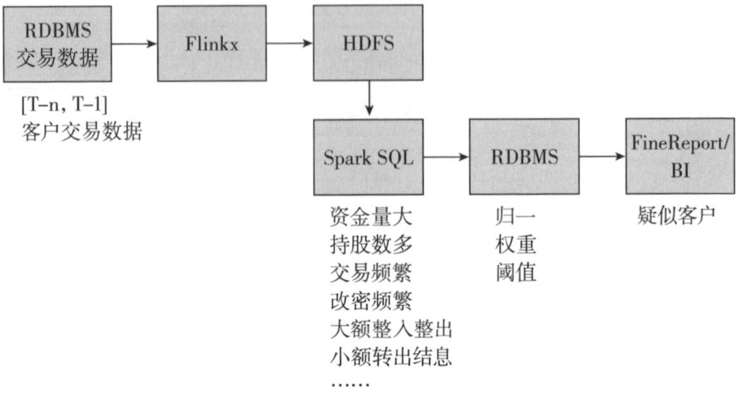

图 9 -6　异常交易特征指标数据处理方案

我们根据业务部门实际回访情况以及数据工程师的特征工程，持续完善异常交易监测模型。我们在模型中加入行为数据、网络流量实时数据，增加实时计算的特征指标进行筛查。

我们在离线异常交易指标中引入了云主机与高龄客户、员工 App 行为与客户 App 行为碰撞等多个特征指标，同时按账户类型、交易类型、客户端版本、是否使用外挂等标签对数据进行处理。

实时异常交易指标中，埋点行为数据通过 Flume 经 Flinkx 到 Kafka 实时消息总线。我们对互联网服务实时网络流量通过 Logstash 采集、Flink 实时窗口进行计算，进而发现短时多设备操作异常、多 IP 的异地登录或委托异常、埋点高频点击异常和路径异常；同时结合网络流量实时计算异常模型，发现黑 IP 和黑终端情报。

实时疑似异常交易报表更为及时和丰富，包含行为异常的时间、地点、异常操作原因。疑似客户的结果数据存入关系型数据库，可以结合行情进行关联分析与趋势分析，以及分析异常客户的持续周期特征。在实际日常交易行为监控中，本方案有效且及时地发出疑似异常交易客户预警，业务部门精准有效地回访核查，监测效果得到业务部门的充分肯定。

（三）客户服务数据应用

L2 产品“双 11”促销活动是典型的业务营销数据应用场景。此类需求较为紧急，持续时间短，且活动中临时的数据统计任务多，适合通过敏捷数据服务方式来支持业务活动。在活动启动阶段，根据业务需求设计埋点，包括点击埋点、停留时长、访问路径等，有针对性地设计营销指标和模型。在试用推广阶段，通过搭积木式的组合，将采集、存储、计算、服务四个技术栈进行灵活整合，快速响应在线的指标测试与模型验证；“双 11”正式上线后，在活动期间支持实时的营销策略优化。在活动持续阶段，公司通过用户地图构建用户热力图和漏斗模型，发现用户兴趣点和流失环节，从而优化营销活动设计，并根据用户转化情况适时进行用户提醒、调整营销策略。在活动结束阶段，公司通过营销业绩渠道归因评估营销渠道引流效果和客户质量，辅助营销渠道的优化选择；建立基于交易数据和行为数据的客户偏好模型，利用该模型全面反映客户最新兴趣点，进行潜在客户挖掘，开展精准营销。有了敏捷数据服务的支持，证券公司充分降低了营销成本，提升了营销效果，单次活动实现百万级营业收入。整个营销活动敏捷服务支持流程如图 9－7 所示。

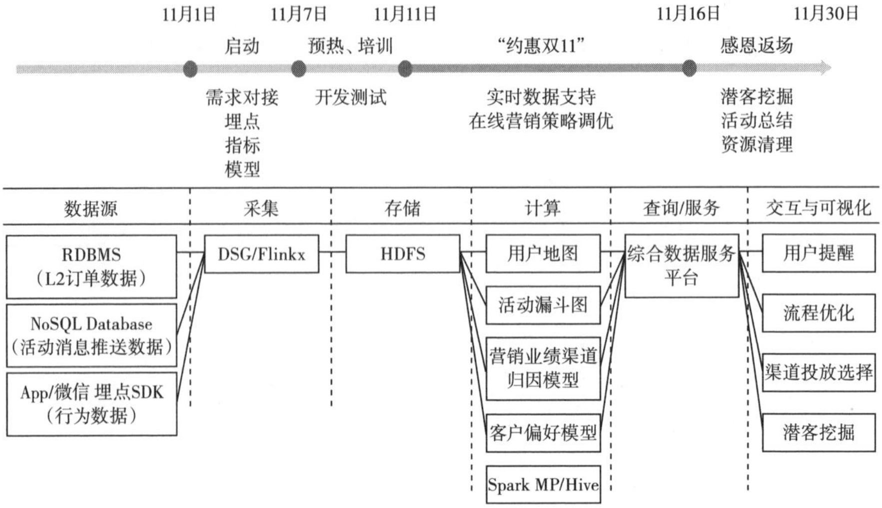

图9-7 "双11"营销活动敏捷服务支持流程

四、总结

研究敏捷大数据时，我们并没有抛弃传统数据仓库。一方面，业务功能历史遗留问题较多，迁移需要付出时间和代价，某些核心交易类业务数据通过传统的SP/SQL进行存储更为便捷，效率也不低。另一方面，大数据平台架构的输出结果在对接现有App应用层时，通过数据仓库的数据集市进行缓存，保障前端应用的高可用性；通过团队赋能平台、技术融合业务，使团队成员在具备专业技术能力的同时深度掌握业务领域知识，充分提升数据工程师的个人价值，最终让技术栈和能力栈真正复用，变加法为乘法。

本研究基于通用平台工具组合构建模块化、模板化的大数据引擎，形成灵活组合的数据服务模式，以数据团队为支撑，应用数据全生命周期方法，提供便捷、高效、灵活、丰富、更快迭代的敏捷数据服务。

参考文献

[1] 孙会峰.2019 中国大数据产业发展白皮书[J]. 互联网经济，2019(Z2)：10－21.

[2] 中国信息通信研究院. 大数据白皮书(2019 年)[EB/OL].(2019－12－10)[2020－06－08]. http://www.caict.ac.cn/kxyj/qwfb/bps/201912/t20191210_271280.htm.

[3] 吴之悦，顾诚嘉. 大数据金融与 Fintech 发展的技术基础[J]. 现代商业，2018(13)：31－32.

10

资讯平台应用架构设计

李　兵　马永泉[①]

一、引言

随着近年来金融市场的不断发展、证券公司的数字化转型，以及“严监管”的常态化，“相互孤立、独自运行”的资讯数据应用的建设方式越来越难以满足业务方面的需求，各种金融数据的检索、整合、应用日益体现出其特有的价值。而构建集中化、个性化的资讯平台可以集中发挥公司各类数据资源的优势，减少信息资源的投入，提供更多高附加值的信息资源，从而为推动公司业务模式的创新和转型发挥积极作用。本文从证券行业的应用现状出发，分析证券业务对金融资讯数据的新需求，借鉴数据仓库的建设方法论，研究设计新一代资讯平台应用架构，以实现资讯数据及应用需求的统一规划和集中管理，从而更好地支持证券业务的发展。

二、资讯数据应用现状

目前大部分证券公司对资讯数据的使用存在以下问题：

第一，过度依赖单一资讯数据源，数据源更换成本高。证券公司缺乏

① 李兵、马永泉，联储证券有限责任公司。

统一的数据规范，从资讯数据源采集的数据直接进入应用系统，一旦数据源发生变动，应用系统往往需要进行相应的调整，一个微小的变化都可能带来较大的影响。

第二，重复采购资讯数据、数据接口文件、资讯终端，成本高昂。大部分证券公司数据库的采购由各业务部门独自完成，该方式会造成重复采购，出现“一数一用”的情况，无法实现资讯数据的共享。证券公司部分系统，如交易、估值、风控系统，需要使用资讯数据时，通常会通过采购资讯数据接口文件的方式实现，而事实上接口文件可以通过加工资讯数据库的数据实现。另外，因为缺乏对资讯数据库的有效应用，证券公司每年还需要花费高昂的费用采购大量的资讯终端，用于工作人员日常业务分析等工作。

第三，资讯数据更新速度滞后。第三方资讯商需要对其采集的资讯数据先进行分类、清洗、落库，再分发给证券公司。从新闻发生到证券公司收到数据并进行展示，有可能已经过去了几分钟、一个小时甚至是几天，新闻的及时性得不到保证。

第四，资讯数据的应用方式较为初级，缺乏与业务场景的深度结合。当前资讯数据的应用以各种形式的浏览检索为主，缺乏针对特定业务场景抽象出特有的逻辑模型、形成专有的数据指标或算法的应用。

针对以上问题，建设一个向上可以为公司各应用系统提供资讯数据支撑、向下可以弹性兼容不同的数据源，并可以满足各类资讯数据应用需求的资讯平台显得非常重要。

三、证券公司对资讯数据的需求分析

目前证券公司对资讯数据的应用根据用户群体的不同可以分为两大类：一是公司内部使用，为业务系统、公司员工提供数据支持；二是服务客户，为客户提供优质的资讯服务。在公司内部，资讯数据主要应用于行业研究、投资分析、风险控制、监管报送、信息检索以及系统对接。

无论以上哪种需求，对数据的时效性、准确性都有很高的要求，同时对资讯数据整合与深度加工的需求也越来越强烈。

四、资讯平台应用架构设计

数据仓库在国内金融行业的建设与应用已有20多年的历史，取得了显著的成果，并且形成了较为成熟的方法论。资讯平台的应用架构可以参考数据仓库的方法论，并结合资讯数据的特点进行规划设计。

在数据仓库的设计中，核心要点有三项：数据分层架构、逻辑整合模型、数据标准化。数据分层架构是指根据数据及数据加工过程的特点，对数据进行分层处理与存储，每一层都有自身的定位与用途；逻辑整合模型是指根据数据的业务含义，将所有数据整合到一套数据模型中，从而完成数据的逻辑整合；数据标准化的重点是定义标准化的数据编码和数据指标口径，并根据这些标准进行数据标准化处理。

一个典型的金融行业企业级数据仓库的数据分层架构如图10－1所示。

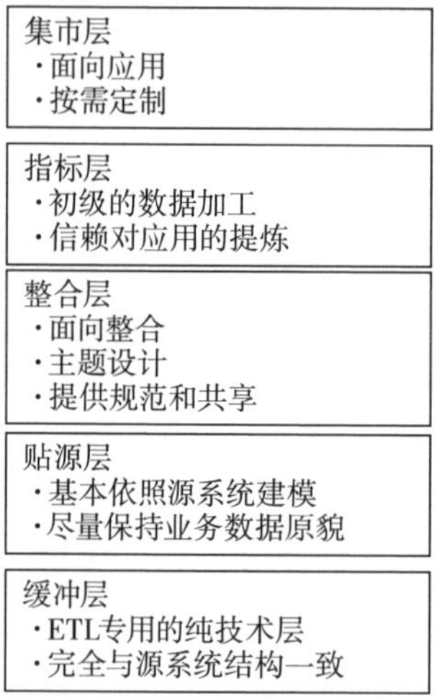

图10－1　数据仓库的数据分层架构

其中，缓冲层主要是为了处理各类异常数据，出于纯技术需求而产生；贴源层基本依照源系统的数据结构进行存储，只进行非常基本的数据质量检核；整合层是将所有数据整合到一套逻辑模型中，同时完成数据编码的标准化处理；指标层主要是根据数据标准加工和存储各类数据指标；集市层则面向具体的应用领域，将数据加工和存储为便于该领域应用的结构。

近年来，随着大数据技术的日趋成熟，金融机构纷纷基于大数据平台建设新型数据仓库。其中，数据架构在上述经典的分层架构基础上增加了实时数据区和非结构化数据区，可以满足实时数据和非结构化数据相关的需求。当前资讯数据的应用架构几乎没有数据分层架构，但实时性较强，且结构化数据与非结构化数据并存。

（一）建设规划

建设一个完整的资讯平台需要较长的周期和较多的投入，适合采用“总体规划、分步实施”的原则，每个阶段都有相应的成果。从建设的重点来看，首先是实现资讯数据的物理整合，其次是实现编码标准化与逻辑整合，最后是实现指标提取与标准化；从应用场景来看，首先提供给投研和风控业务使用，其次推广到财富管理、经纪业务、机构业务等领域，最后实现全部集中式使用和管理的目标。资讯平台系统架构如图 10－2 所示。

参考上述系统架构与建设原则，规划如下：

第一，数据源建设规划。第一阶段，接入单一资讯数据源（“单一”是指一类数据只接入一个数据源）；第二阶段，通过爬虫系统采集个性化数据；第三阶段，对接多家资讯数据源，实现数据源对比、去重等操作。

第二，数据处理规划。第一阶段，设计逻辑整合模型，将所有资讯数据纳入统一的数据模型；第二阶段，定义数据指标，将结构化数据加工成指标；第三阶段，引用新技术，对非结构化数据进行指标化处理。

第三，后台功能规划。第一阶段，实现用户管理、权限管理、系统监

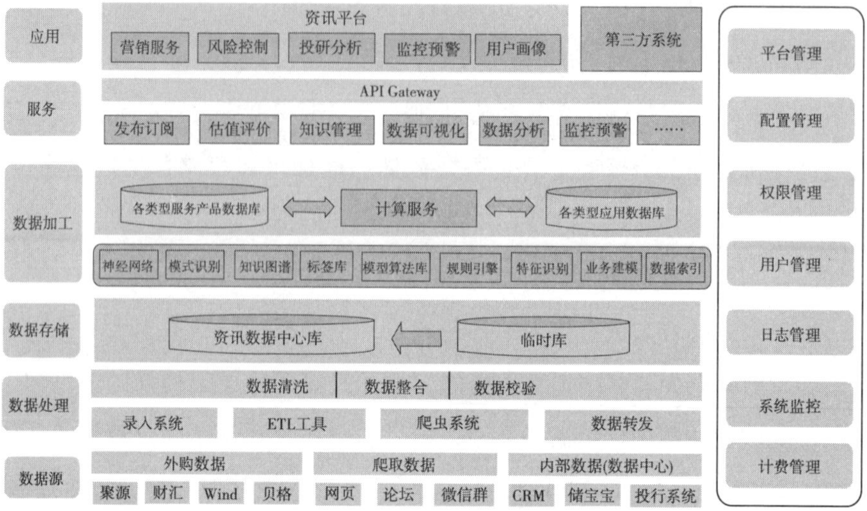

图 10－2　资讯平台系统架构

控、日志管理等功能，与公司统一用户平台进行关联；第二阶段，设计开发统一的数据服务层，为各类系统对接和算法应用提供统一数据服务；第三阶段，记录用户对数据的使用情况，并设定计费规则，在公司内部实现付费使用资讯数据。

第四，平台展示规划。第一阶段，实现以下基础性数据的展示：一是各金融品种基础数据，包括股票数据、债券数据、基金数据、权证数据、衍生品数据、港股数据、行情数据及指数数据；二是宏观、行业数据，包括宏观数据，各行业产量、指数、财务、价格数据，以及金融行业数据等。第二阶段，引入新技术，实现非结构化数据的结构化与标签化展示。第三阶段，在完成资讯数据的指标化处理之后，为用户提供自助分析功能。

（二）数据分层设计

1. 数据逻辑架构

资讯平台建设的核心工作主要是以大数据技术为基础的资讯数据中心的建设，该项工作的成败直接影响资讯平台的成败。借鉴数据仓库的成熟经验，数据逻辑架构分为五层：缓冲层、贴源层、整合层、指标层、集市层。

缓冲层：数据采集的暂存处，仅保留最近几天的数据。

贴源层：接入丰富的数据源，采集到的数据首先进入贴源层，其结构和源资讯数据结构保持一致，不进行调整。该层不仅可以减缓源系统的压力，还可以作为接口直接为其他应用系统提供数据。

整合层：将贴源层的数据进行编码标准化，并引入逻辑模型规范，建立统一的资讯数据模型和数据标准化。本层为以后所有的应用提供基础数据。

指标层：依据业务场景对数据进行细化分解，然后提炼共性，形成标准化的指标因子，统一口径，避免重复计算。该层的数据处理不仅要考虑前期的需求，还要放眼未来，随着需求的增多不断进行提炼和丰富，减少以往数据处理过程中相同指标在不同业务中口径不一致的情况。

集市层：根据具体应用场景，通过对各项指标进行组合，形成各类应用数据。

2. 数据层次和关联性

资讯平台基于各核心业务元素的业务模型来建立，一旦建立，将不再频繁变动，以确保为前端各种业务和分析提供稳定支撑；而一些非核心业务元素以及暂时不在核心业务模型中的一些信息数据，则会存储在贴源层和集市层。随着应用的成熟和业界认知的改变，这些信息数据可能会随着资讯平台业务模型的升级而逐渐整合到金融中心数据库。但是一旦资讯平台建设完成，其稳定性和准确性将是第一位的，所以数据结构并不会非常频繁地发生变化，更新时也将慎重地考虑潜在风险。

3. 数据流向

资讯平台的建设实际上是把资讯数据的一个数据链集成在一个统一的系统平台中进行管理，进而通过资源整合和统一管理，实现信息应用价值的最大化、信息在整个流通渠道中的低损失传输，以及基于明确流通目标的信息传递。

资讯平台建设的过程，也是对整个金融数据链各个环节的生产和需求进行整合和流程优化的过程。所以，从数据流向和信息传递的角度来审视整个资讯平台的建设是十分有必要的，也有助于优化流程，明确每个层次和环节的关键优势和核心步骤，从而为业务流程与数据信息流设计最优的整合方案。

4. 数据整合

资讯平台数据的准确性和全面性在很大程度上取决于数据源的质量。从数据源整合的角度看，一方面，目前市场上的同类信息比较多，并且最终产生的数据库结构大同小异，只是在准确性和及时性上有一定的不同。所以数据的全面比对在系统建设初期并没有太大的必要，选择一家数据的准确性和及时性都能得到保障的数据源，并直接在数据源的基础上进行各种数据的转换和整理，既能缩短数据从接收到最终应用的时间，也能降低系统的复杂度，同时由于标准数据本身的准确性就能得到足够的保障，所以系统建设初期，这么做的性价比是最高的。

而另一方面，资讯数据的价值密度较低，公司需要依靠研究部门和研究人员在方法论和经验模型的基础上进行二次数据加工和挖掘，这是公司金融数据形成核心竞争力的关键所在。

所以，公司在选定了基础数据源的提供厂商后，后期系统建设在数据整合方面将更多地满足应用的需要，一方面依靠公司研究力量，自行生成一些有深度、有价值的二次应用数据；另一方面通过爬虫系统及新技术的引入，更多地整合增值数据，为应用部分提供更有力的数据支撑。

（三）业务模型设计

业务模型设计主要涉及业务对象模型设计和数据库存储结构模型设计，是资讯平台建设成败的关键，是数据指标化的前提。业务模型的核心业务元素主要有：行业、宏观、机构、个人；股票、基金、期货、权证、债券、指数等。

业务模型主要包括以下三个方面的内容：一是金融市场的公开数据；二是基于公开数据的各类金融模型衍生计算数据；三是对接各类前端应用系统的数据结构，使各类分析系统在使用数据时避免因数据结构的吻合度不够而导致计算偏差。

业务模型相关数据如下：

第一，上市公司信息，涵盖中国资本市场主要金融品种的交易数据、财务数据及各类公开披露的信息。上市公司信息包括上海证券交易所和深圳证券交易所全部上市公司的基本资料、发行资料、交易数据、分红数据、股本结构、财务数据、公司公告及其他重要信息。

第二，金融产品（公募基金、券商集合理财及信托等）信息，包括发行上市资料、净值、投资组合、收益和分红数据、定期报告、财务数据等。

第三，债券基本信息，包括债券的基本资料、计息和兑付数据、交易数据等，以及各类收益率曲线等衍生数据，并提供支撑债券定价计算的数据结构。

第四，指数数据，包括中国证券市场指数（沪深交易所指数、银行间债券市场指数、MSCI 中国指数、新华富时指数、中信指数、申银万国指数等）以及海外市场指数的基本资料和交易数据。

（四）业务指标设计

公司基于数据模型设计标准化业务指标，通过业务指标形成的不同组合实现投资分析、舆情监控、行业研究等功能。公司主要业务指标设计如图 10－3所示。

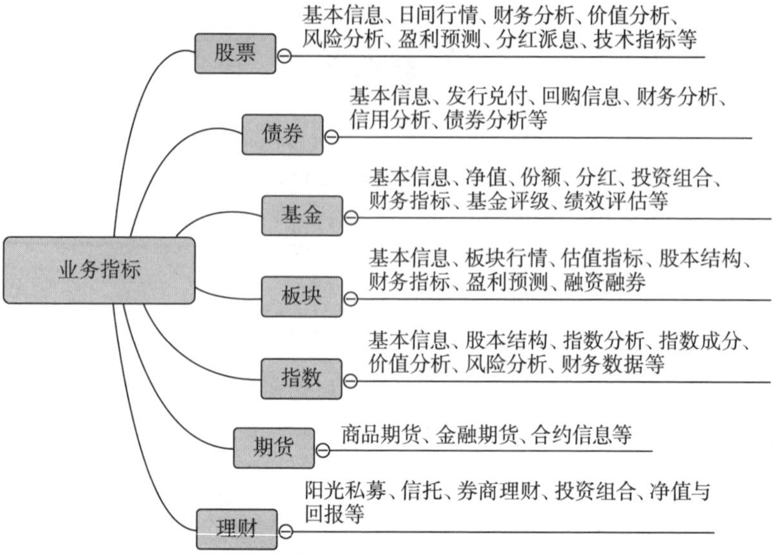

图 10－3　业务指标设计

（五）业务功能设计

资讯平台主要以 B/S 形式为用户直接提供数据浏览查询、人工采集与用户系统管理等；数据接口方面，将整合后的资讯数据资源以数据库接口或者服务接口形式分发给各业务子系统使用。业务功能设计如图 10－4 所示。

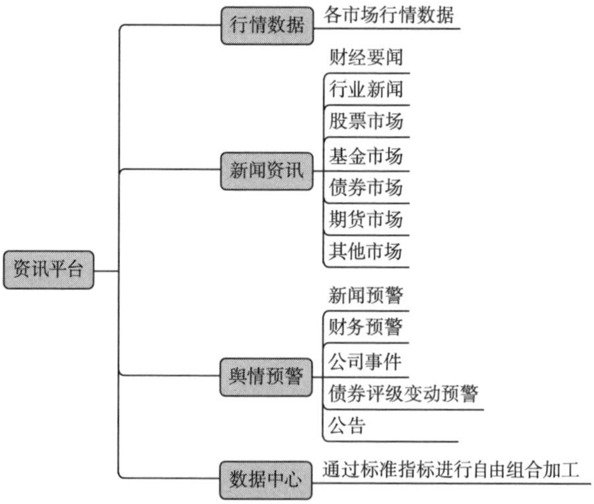

图 10－4　业务功能设计

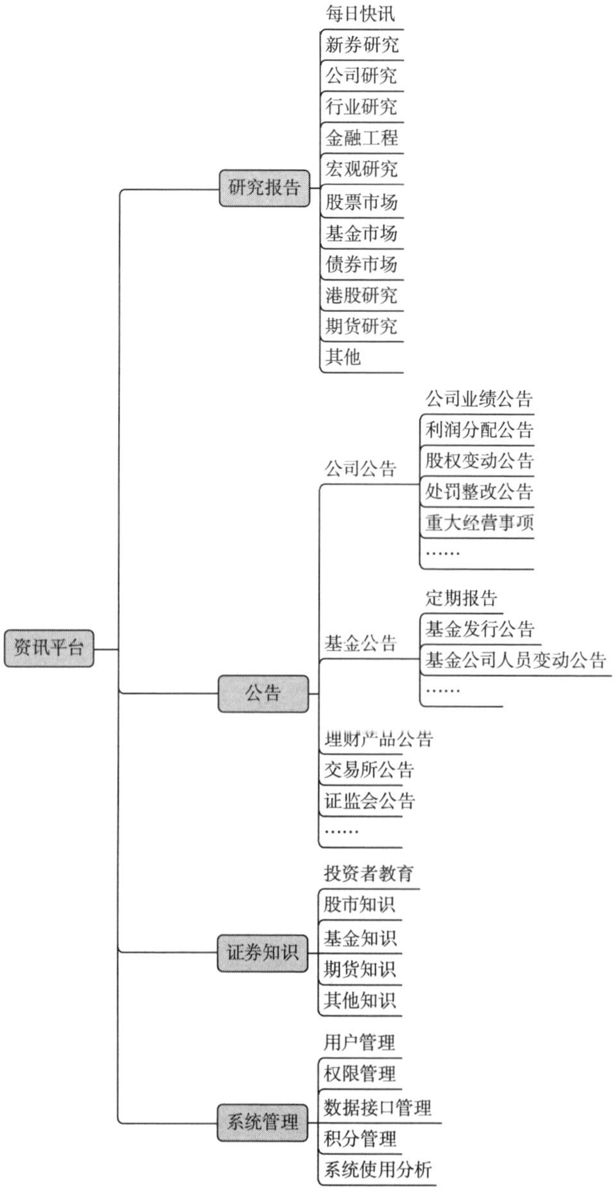

图 10－4　业务功能设计（续）

五、总结和展望

资讯平台的建设是一个持续的过程，需要不断地迭代更新。目前的资讯数据还是以外采第三方数据为主，个性化的数据源接入及数据加工还比较少，未来基于机器学习、自然语言处理等新技术的引入，在资讯数据处理分析中将形成独具特色的数据服务。

参考文献

[1] 段晓娜. 证券公司信息系统架构的研究与设计[J]. 计算机光盘软件与应用,2013,16(2):55,57.

[2] 刘剑熙. 东兴证券福清营业部资讯终端的设计与实现[D]. 成都:电子科技大学,2013.

11

券商研究中台的建设

龚 霄 金 箫[1]

一、背景：数据治理正当其时

作为证券市场的主要参与者，我国证券机构正处于一个前所未有的新时期。随着我国资本市场的日趋成熟与对外开放的不断深化，多层次资本市场建设稳步推进，中国证券市场的广度和深度不断拓展。科创板的推出和注册制的加速推行，使我国上市公司数量保持快速增长的势头，衍生出大量与证券业务相关的机会，也考验着证券机构的业务管理与服务响应能力。与此同时，我国自主推动了新一轮金融业对外开放，大幅放宽了外资在银行、金融、保险等领域的市场准入。大量发达资本市场的同业机构涌入，带来激烈的市场竞争，我国证券机构迫切需要引入创新工具、产品，通过差异化竞争树立品牌影响力。

本文探讨的数据治理课题侧重于从研究数据的角度入手，解决券商研究部门面临的数据使用实际与发展要求之间的矛盾。之所以从这个角度来解决数据治理问题，是源于对证券机构业务痛点的认识。券商研究所是证券公司的重要业务部门，其高素质人才和优质服务是证券公司核心竞争力

① 龚霄，曾任北京熵简科技有限公司高级分析师；金箫，曾任北京熵简科技有限公司联合创始人。

的重要组成部分，同样需要跟随券商的整体战略进行调整。

与经纪业务系统、投资交易系统、CRM 系统这类和前台业务相连接、已经高度 IT 化的系统相比，一方面，目前券商研究业务整体还处在业务 IT 化、组件化的初级阶段，因此数据治理更加紧迫，提升空间大；另一方面，由于券商研究所的各类数据被广泛用于对外开展研究服务，其数据治理有较大的外溢效应。解决券商研究所的数据治理问题，可以从很大程度上缓解接受服务的资管机构的数据治理压力，对整个行业生态具有良好示范效应。

二、问题：数据治理面临 IT 架构与业务需求的矛盾

目前券商研究所的数据治理难点及痛点主要体现在以下几个方面：

（一）数据投入较大，却未沉淀为资产

研究部门持续采购第三方数据（包含各类网站、终端账号）以建立研究壁垒，但高投入不一定带来高回报。究其原因：一是部分高频利用的数据并没有沉淀为机构的数字资产，取用过程零散，用后便被废弃，无法重复使用；由于机构内部难以统计不同账号的使用情况，研究员不清楚企业的数字“家底”，部分账号使用频率较低却持续产生成本。二是研究员通常会持续跟踪多个行业特色数据，多数以人工的方式进行维护，并以表格的形式零散地存放在研究员的电脑中，一旦本地研究资料丢失或数据跟踪中断，这些数据也就随之流失，没有沉淀为公司资产。更进一步地，研究员的研究逻辑是研究所建立核心业务壁垒的保障，但随着研究员的流动，这些逻辑没有在机构内部留痕，由此产生投研逻辑的传承问题。

（二）没有建立以人为本的过程管理体系，难以实现降本增效

传统 IT 系统以管理为本，而不是以人为本；在未来的金融科技场景下，需要基于丰富的埋点和标签集对标的、用户进行更全面的画像，更科学地衡量公司各项资源的投入产出比。

为了实现系统对人赋能，券商需要考虑分析师作为主要使用者的实际需求。作为对市场具有独到见解的专业群体，分析师的数据需求通常千人千面，且带有复杂的业务逻辑，仅依靠内部 IT 力量难以满足其全部需求；而且，即使采购了第三方数据库，如果券商不能提供便捷的调取方式，分析师对这些数据的使用也会十分困难。

（三）系统层面无法自主可控，难以实现产品化输出

传统外部 IT 厂商系统架构老旧、封闭，无法满足快速迭代的业务需求；机构对功能模块的升级高度依赖于厂商的服务，如果接收新增需求，历经多年积累的产品底层框架则面临重构的高昂成本，令许多传统厂商望而却步。

国内日臻完善的云计算生态催生了一批拥有最新 IT 架构的新兴厂商，作为“后浪”，它们为行业带来新的活力。这些厂商能够基于云原生的开源架构开发产品，接口全开放，帮助证券公司实现自主可控；同时新一代产品的功能可以配置，从而更灵活地响应客户需求。对于证券公司而言，如何实现新旧产品的数据接续与功能对接，成为其必须解决的问题。

三、解决方案：以互联网思维推动券商研究中台的建设

这些复杂的问题，本质上都可以被归纳为“数据使用最后一公里”的问题。在“最后一公里”，数据的处理与使用是一个以人工为主导、过程零散的“黑盒”。借助互联网思维，券商需要采用产品化、组件化的方式，将相关业务场景转化为线上透明化、标准化的业务流程，以先进 IT 架构支撑研究业务创新，即打造券商研究中台，建立面向业务场景的专业数据仓库，赋能分析师，对外输出标准化产品。

（一）融合多源异构数据

券商研究中台是从证券公司数据中心独立封装出来的一个面向研究业务场景的数据库，各类来自第三方数据供应商的数据能够融合在一起，成

为前端系统的底层数据支撑。在此基础上，券商研究中台开发了包括聚合搜索、数据浏览器、知识图谱、智能研报在内的多个应用，研究人员取用数据均能够通过研究中台实现，形成数据获取—数据加工—数据呈现—数据输送的闭环。

（二）建设数据生产加工平台

业务层面，数据作为新生产要素，势必在证券公司提升差异化服务水平、业务创新水平及品牌价值的过程中发挥更重要的作用。对于券商研究所而言，基于业务逻辑进行的数据加工，以及基于数据进行的各类价值发现工作，都能够以数字资产的形式沉淀在研究中台，实现数据资产化，能够追溯数据使用过程并实现业务留痕，最终以标准化的数据产品形式进行输出。

人才层面，研究人员基于研究中台的各类应用进行数据处理与跟踪，通过可视化、自动化、可重复的方式，减少了传统数据维护工作中的无效劳动，保障了数据质量。可视化、低代码的数据处理过程使研究人员能够充分发挥主观能动性，定义并监控数据的处理、使用过程，进行数据探索与价值发现。因此，研究中台与研究人员的关系是相辅相成、相互支撑的。研究中台将成为研究人员的研究利器，而研究人员的积极使用，反过

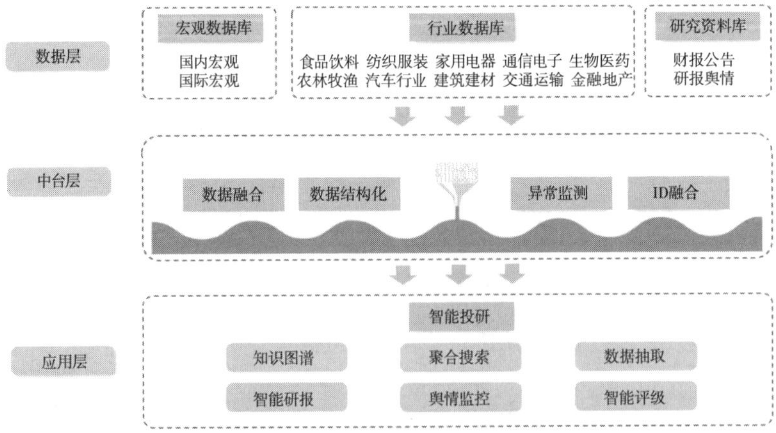

图 11－1 券商研究中台的架构

来也使研究中台不断沉淀价值，灵活响应业务需求。券商研究中台的架构如图 11 - 1 所示。

（三）开发各类应用，提供标准化输出

完成研究中台的建设后，研究所可基于此开发各类上层应用，最终提供比以往更加标准、丰富的数据服务产品，包括在线数据报表服务、API 接口传送的数据服务、基于行业数据的产业链图谱、基于个股数据的公司图谱、基于图谱提取出的脱水研报等。而作为服务的接受方，资管机构能够获得相较传统数据服务形式（通常是一张表格）更加持续、稳定的创新型数据服务，包括以 API 对接方式获得数据并在线查看，获得由卖方提供的知识图谱服务，以此比较不同卖方的研究框架及相关数据。通过各类创新的数据应用与服务，证券公司能够与资管机构客户乃至政府、产业客户群体建立更加全面、深化的合作关系。基于数据智能的服务生态具有良好的外溢效应，证券公司将为证券研究这样的知识密集型行业增添新的活力。

对内服务层面上，研究中台能够与其他 IT 系统数据联通，勾勒出一幅宏观、定量、不断变化的市场与行业数据全景图，从而为证券公司的战略制定、风险控制、人员管理提供决策依据，帮助其拥抱大数据带来的战略发展与组织变革的红利。

四、进一步探讨：券商研究中台建设的现实困难

尽管建设研究中台具有诸多好处，但证券公司在实际执行过程中仍然面临一些现实困难。

（一）前期数据资产梳理工作需要业务人员深度参与

由于数据资产梳理与业务逻辑耦合度较高，业务人员需要对各类数据的清洗、筛选、聚合工作进行需求指引。对于业务人员而言，参与数据治理工作并不属于其已有的职责范围，需要耗费大量的时间和精力，其配合度往往有限。因此证券公司需要从组织层面予以协调，并赋予数据治理工

作成果更高的绩效权重，鼓励业务人员认识到这项工作的重要性。

（二）对上游数据供应商的服务形态提出了更高要求

目前没有一家数据供应商能够提供券商研究所需要的全部研究数据，研究所需聚合来自多个数据供应商的数据资源，在此基础上进行生产加工。上游数据供应商提供的数据服务标准化水平参差不齐，主要体现为数据质量的差异，如数据缺失、数据重复、格式不统一等，成为建设券商研究中台的阻碍。研究中台的建设需要上游数据供应商统一数据标准，提供更高水平的数据供应服务。从这个层面看，研究所作为需求方开展数据治理工作，有助于倒逼数据供应商提升服务质量。

（三）需要对数据治理情况进行持续管理和监督

数据治理是一套完善的管理体系，包括组织、制度、流程、工具。券商要建立长效的发展机制，在研究中台建设及使用过程中，需要安排人员对数据治理工作进行实时、持续的管理和监督，避免出现人员缺位的情况。也就是说，在研究中台建设过程中，券商需要配备相应的人员组织、管理制度和流程机制，只有这样才能稳步推进中台建设，不断解决执行过程中遇到的现实问题。

12

另类数据在投资研究中的发展

陈　沐[1]

信息一直是资本市场的核心要素。随着世界信息化水平，特别是21世纪以来互联网信息化水平的指数级提高，各种传统数据以外的新型数据应运而生，对资本市场的走向产生越来越深刻的影响。这些新型数据有别于传统的政府公开数据、公司财报数据、行业研究报告、用户调查等，统称为另类数据。

近年来，另类数据在投资研究领域的应用日益增多。根据IDC（互联网数据中心）的报告，全球数据总量将从2018年的33ZB增长到2025年的175ZB。另类数据咨询公司Eagle Alpha 2018年报告介绍，全球有700多种数据源、400多家另类数据提供商，300多家机构在深度使用另类数据。

一、另类数据的发展和案例

另类数据的发展本质是信息市场新一阶段的变革，了解信息市场与资本市场之间的关系有利于我们更全面地理解另类数据行业的发展。

金融市场的有效性取决于高效、完整的信息传递。信息流通在投资者与融资者之间，让投资者和融资者相遇、合作、共赢。因此，顺畅、有效、透明的市场信息环境可以减少信息不对称性，是一个成熟资本市场的

---

① 陈沐，百观科技创始人兼CEO。

基础。信息的原料往往是数据，因此每次经济和技术的变革，都带动着数据相关技术的革新，信息行业也随之革新。现代信息行业大体分为三个阶段：标准化信息时代、数字化信息时代、大数据化信息时代。

19 世纪末，电报技术在欧洲大陆兴起，逐渐替代了传统“飞鸽传书”的信息传输模式。1851 年保罗·路透赶在伦敦证券交易所（以下简称伦交所）正式开通电报传输前，和伦交所签约锁定了其电报报价权，开启了路透社 100 多年的商业信息巨头之路。从路透社发展出来的商业信息公司 Refinitiv 至今仍然是该行业的领头羊。20 世纪末，个人电脑技术和互联网等掀起了第三次工业革命，使批量传输数据和处理数据的能力变得唾手可得，IBM 和苹果分别在 80 年代发布了个人 PC 和 MAC PC；其间彭博（Bloomberg）也推出了基于个人电脑技术和互联网技术的彭博终端，开启了数字化商业信息的时代。经过几十年的发展，商业信息行业涌现出彭博、Capital IQ、FactSet、万得资讯等以个人终端和互联网传输为核心的信息服务大型厂商。

近年来，移动互联网、大数据、人工智能、云存储等技术日益成熟，借鉴历史发展经验，不难看出商业信息服务行业又迎来了一个新的时代。

二、另类数据产品和服务的现状

另类数据在 2010 年左右应用于投资研究领域，也有一些广为流传的案例。虽然目前行业的发展处于初始阶段，每个公司提供的服务和产品形态各异，但是另类数据的主要价值可以归为两类：第一类是新数据源升级或者补充现有研究方式中的信息来源，第二类是应用新的大数据技术提高已有信息获取及处理的效率。

作为新的信息来源，新的数据源补充了现有的研究，这对使用者来说是比较直接的应用方式。在这种情况下，数据提供方会把原始数据加工成一些投资机构需要的指标，或者写成研究报告，投资机构的研究人员可以直接把信息加入到他们的研究模型中。对于研究员来说，这种使用方式的好处是在增加信息的同时，不会改变他们的研究框架。

在此类型的应用中，比较典型的例子是卫星数据。美国是一个“车上国家”，消费者普遍驾车去消费场所（商场、酒店、餐馆等），因此消费场所通常配有非常大的室外停车场，停车场的车流量和场所的客流量有比较强的相关性。如果该场景消费率较高、客单价稳定，比如连锁快餐餐馆（麦当劳、肯德基等），那么停车场的车流量就可以准确地和公司的业绩挂钩。过去，研究人员获取该信息的方法是派人到停车场去数车，但是这种方式耗人耗时，且准确度有限，遇到门店特别多的连锁餐厅就难以应用。卫星数据出现后，研究人员可以通过图片识别技术从卫星图片中统计到标的上市公司所有门店每天的车流量。这种应用场景已经有成功的案例，美国卫星数据公司 Orbital Insights 利用图像识别算法分析卫星图片，监测到上市快餐公司 Chipotle（CMG）的车流量指数和其股价高度相关。

类似的案例还有网页和 App 公开信息的收集和分析。过去，研究员要想查到某个消费公司在电商平台上的销售额，需要通过电话咨询物流公司、供应商等了解该消费公司的销售情况，或者专门花时间在电商网页上定期计算每种商品的单价和销量后加总。如果该公司有不同品牌，并且在多个电商平台不同的店铺销售各种各样的商品，那么研究人员需要记录的可能是几万个甚至几十万个数据点，这是一个无法完成的任务。而现在一些数据提供商可以通过自动化程序，把收集这些网页公开信息的流程自动化，定期在短时间内完成对这些信息的收集。

最近几年，新技术如人工智能相关技术，也应用在投资机构处理数据和信息的实践中。这些工具指数级地提升了研究人员原有的信息处理能力，一方面节省了研究人员的时间，使他们可以做更多有价值的工作；另一方面使过去因为太过繁重而无法实现的分析变成可能。这些工具包括财报自动化处理系统、自动化相关性调测系统、自动建模等。这其中最著名的数据提供商是在 2018 年被标准普尔收购的人工智能公司 Kensho。Kensho

尝试通过技术把许多与金融市场相关的事件转换为结构化数据，应用于投资研究工作。

Kensho 这样的数据提供商将数据采集、整理、组织的过程自动化，使非机构化数据变得更容易吸收。从广义的角度来看，这种应用也是另类数据的一种。

三、机构应用数据的方式和组织架构

随着早期探索的成功，投资机构开始重视在投资流程中应用新型数据和大数据技术。对冲基金引领了行业应用新型数据和大数据技术的潮流，私募基金和资产管理公司也随之跟进。但是这个过程不是一蹴而就的。面对新的技术，传统机构的组织架构和工作流程需要调整适应。这个过程中，机构会遇到各种问题，包括如何把握资源的投入、如何判断应用的效果、如何有效地使用数据、如何搭建内部团队、如何与外部提供商合作。最早进行数据应用探索的机构，已经经历了多次组织架构的更迭。针对这些问题，目前投资机构主要采用以下几种方式进行新数据和技术的探索：直接采购外部数据、提高投资团队数据研究能力、在机构层面配置数据团队、打造完全内化的全链条数据团队。

直接采购数据是很多投资机构"上手"另类数据的普遍方式。基金研究团队会通过不同渠道去寻找市场中的数据产品，许多产品以研究员熟悉的研究报告和表格的形态交付。研究员从报告中找到自己想要的信息，融合到自己的研究框架中。这种方式的优势是学习成本低、上手快，并且基于新数据的研究报告能够作为传统调研的一种补充。但是因为报告和表格内容高度标准化，使用信息做研究的基金数量较多，可能会稀释基金投资决策的独特性。此外，报告通常以静态模式呈现，如果研究员有更多的问题或者需要其他角度的信息，获取信息的成本会比较高，大多时候可能无法获取。

在直接采购数据的基础上，有的投资团队开始配置数据分析能力，一是对现有的研究人员进行数据技能的培训，比如学习 Python、MySQL 等大数据处理课程；二是直接招聘数据研究员。投资机构拥有处理大数据的能力能够加深对数据的认知，更好地把数据融合到研究过程中。同时，投资机构也可以对供应商提出个性化需求。

很多机构都会优先考虑这种方式，但是实现起来困难重重。其中最大的困难是人才的培养和招聘。原有的研究人员如果不是工科或者理科出身，学习大数据语言比较困难。如果机构选择直接招聘，原来的团队往往对数据、技术方面的人才不熟悉，并且市场上既懂数据又懂投资研究的人才比较稀缺，从而导致数据能力的配置进展受阻。

考虑到上述找人耗时耗力等原因，规模大的机构（资产管理规模达到 10 亿美元以上）可能会选择在管理层引进一个负责人，比如 CTO 或者 CDO，由其搭建团队和调整架构。虽然管理层可能比一个普通的数据研究员还要难找，但是一旦找到一个合适的人，机构应用数据的进展会顺利很多。这种尝试比较成功的是美国的 Coatue 基金及加拿大养老基金，这两家基金公司中有 20% ~30% 的员工是数据和技术人才。

四、产业链的格局

产业链的另外一端是基于新数据和新技术发展而来的服务商。投资机构和企业对数据需求的增长带动了服务商的成长。按不同口径统计，目前全球有 400 ~700 家为投资机构提供数据相关服务的公司，涵盖投行研究团队、市场咨询公司、数据中台系统、数据中介、另类数据公司、传统信息巨头等。

最早提供数据服务的主要是传统研究机构，包括投行的研究部门如摩根士丹利（Morgan Stanley）的 AlphaWise、瑞银（UBS）的 Evidence Lab，以及独立研究公司如 Pacific Epoch、M Science 等。这些公司的主要业务是为投资机构提供研究报告和服务，核心是基于传统调研（渠道访谈、实地调研、高管访问、用户问卷访谈、桌面调研等）整合成研究报告。长期以来，这些机构始终通过各类渠道收集信息来支持它们的研究，而另类数据作为一种信息收集渠道，也顺理成章地成为研究机构的调研手段之一。这些研究机构成立的时间比较早，传统的研究方法覆盖了许多市场标的，将新增的数据内容补充进原有的研究报告后，传统研究机构提供的研究成果能够更好地满足投资市场的需求。

在过去几年中，数据一直在企业运营层面扮演着重要的角色，特别是互联网企业。一些机构将其作为客户，为其提供数据服务和产品，这些机构包括 App Annie、TalkingData、Second Measure、Quest Mobile 等。它们提供的数据产品此前主要用于企业运营、营销、广告投放等方面的分析，在投资机构开始使用另类数据之后，这些机构也开始面向投资机构提供数据产品。成立于 2011 年的 App Annie 是这类机构中比较成功的一家，该公司成立初期主要为 App 开发商提供 App 数据收集和分析，后来开始将客户范围拓展到风险投资机构和对冲基金。投资机构意识到使用 App Annie 的数据可以分析市场上大量的 App 产品，于是开始用 App Annie 的产品来回答诸如“哪个类型的 App 在最近一个季度发展最快?”“ Instagram 在亚洲的用户增长和收入情况如何?”“最近某个游戏用户量增长不错，原因是什么?”等问题。2016 年，App Annie 年收入超过 1 亿美元，其中大部分来自投资机构。

还有一类提供商是另类数据产品公司。有别于服务企业的数据公司，另类数据产品公司成立初期就以投资机构作为主要服务对象。它们的业务模式是基于一个或者多个数据源，通过自有的研发团队开发算法，将大量的原始数据加工成投资机构可以便捷使用的数据。这些公司的兴起有赖于企业生产和经济运行过程中大数据的积累，而这些公司可以通过采购或者公开收集的方式获取数据，再加工成为投资机构可用的维度和指标。目前已经被成功产品化的大数据包括地理位置信息数据、社交媒体数据、非上市公司数据、网络公开数据、天气数据、卫星数据、App 运营数据、网络流量数据、银行卡数据等。前文提到的 Orbital Insights 便是这类机构中的翘楚。这个于 2013 年成立的公司，在过去 6 年间获得了红杉、谷歌、彭博、Balyasny 资管公司和芝加哥期货交易所等知名投资机构的投资，并与彭博、加拿大皇家银行等机构开展合作。

数据源的增多意味着投资机构需要和越来越多的服务商进行沟通，对接不同结构、不同格式的数据。无论多大的投资机构，面对几百个数据源都会应接不暇。根据报道，著名对冲基金 Point72 一年中接触了 1200 家数据服务商，最终采用的只有 30～40 家。数据团队如果将大部分时间都花在采购上面，那么花在数据挖掘上的时间就会相应地减少，数据整合公司也就应运而生。数据整合公司主要分为两类：一类是为投资机构搭建数据中台的公司。其中比较著名的公司是由前路透社高管 Philip Brittan 成立的 Crux Informatics。该公司成立于 2017 年，短短两年时间，它已经获得了高盛、花旗银行、Two Sigma 等著名金融机构的投资。另一类是提供数据中介和市场服务的公司。这类公司主要通过在上游数据源或者下游投资机构构建庞大网络，撬动产业链的另一头，专注于撮合数据提供方和数据使用者，同时选择性地提供一些技术加工服务。这些公司包括 Quandl、Eagle Alpha 等。

国内外传统金融咨询平台，如彭博、FactSet 和万得资讯也看到了另类数据对于其用户的价值，并在传统产品上添加了另类数据模块。彭博和 FactSet 提供的是一个开放的另类数据市场，彭博在企业服务业务（BEAP）中加入了另类数据平台，FactSet 添加了 Open：FactSet 数据开放平台，通过这两个界面，用户可以对接几十种不同的数据源。而万得资讯采用的方法是把另类数据如电商数据和 ESG 数据整合到其现有的客户端产品中。

五、另类数据行业对金融市场的意义

在国际市场上，无论是投资机构还是另类数据相关的服务商，都在不断深化和发展。资本市场中成功的投资团队不仅要熟悉市场及具备良好的市场定位能力，还要具备融资决策、成本控制及定价策略等各方面的综合能力。在各行各业信息爆炸的形势下，投资机构要想在资本市场保持领先优势，就必须掌握及时、全面、定期和高质量的对宏观、行业、资本市场以及个股的分析报告和其他丰富的服务信息。我们看到，国外的投资机构巨头正积极地投入新数据和新技术的应用中。当前市场处在早期摸索的阶段，另类数据行业可以帮助国内投资机构站在新一代金融信息产业发展的战略制高点，赋能国内投资机构，提高其综合研究能力，帮助其达到世界顶级水平。

与此同时，另类数据的发展也会助力资本市场的发展。信息公开是资本市场的基石，资本市场如果无法做到公开透明，则难以形成相对公允的价值，更难以准确地反映公司的经营情况，这也为各类资本操纵市场提供了机会。财务造假、操纵股价和内幕交易等行为对资本市场产生了极大损害。另类数据行业通过公开透明的数据信息产品让更多投资者理解公司价值，有效预防通过信息不对称操纵市场的行为，切实维护中小投资人的利益，筑牢市场长期发展的根基。

证券市场上，信息披露是上市公司的义务，知情权是投资者享有的基本权利。全球成熟市场的投资者极为关注健全的信息披露制度。只要市场的透明度不断提升，中国的证券市场就是一个有生命力、有活力的市场，可以建立全球投资者的信心，吸引全球投资者的参与，从而进一步激发资本市场的生命力，共同推动证券市场朝着更健康的方向发展。通过减少信息不对称，另类数据行业可以大幅提高资本市场信息披露的质量，为中国金融对外开放、与全球资本深度融合提供长期技术支持，提高中国金融机构在国际资本市场的话语权，实现弯道超车。

六、总结

在西方资本市场的发展历程中，诞生了一批估值数百亿美元、掌握资本市场话语权的巨型金融数据公司，包括彭博、路透、标准普尔、FactSet、穆迪、MSCI 等。而长期以来，中国虽然整体经济实力较强，但是资本市场处于初期发展阶段，中国在国际资本市场的影响力还不能与其经济实力相匹配。具体体现在金融信息方面，中国尚未出现一家对资本市场有足够话语权的数据资讯公司及平台。但是笔者相信，随着中国经济整体实力的进一步提高，我国在全球资本市场的地位也会进一步提升，我们也必然需要有在全球资本市场掌握话语权的顶级资讯企业及平台。在这方面，国际市场的探索仅比我国早几年时间，而且近年来中国另类数据发展迅速，使用新型技术颠覆传统商业模式的平台，最有机会实现弯道超车。中国的另类数据行业基于最前沿的数据分析技术，有能力诞生出一家在国际上拥有影响力、话语权、行业公信力的中国金融数据平台。

13

分布式账本技术在证券登记结算领域的应用

常少观　李　杨①

一、分布式账本技术与证券登记结算

（一）分布式账本技术概述

分布式账本技术（Distributed Ledger Technology，DLT）本质上是一种可以在多个站点、不同地理位置或者多个机构组成的网络里实时共享数据的数据库技术。在一个基于 DLT 构建的网络中，所有参与者均可以获得唯一真实账本的一个副本，账本里的任何改动都会在几分钟甚至几秒钟的时间里从所有副本中反映出来。账本的记录根据事先预设的共识机制，由一个、多个或者所有参与者共同更新和维护。

区块链技术是 DLT 最广泛的应用之一。区块链由多方共同维护，使用非对称加密算法保证传输和访问的安全，具有很强的去中心化特征以及反审查能力。广义上，区块链属于 DLT 的一种，它具备一般分布式账本所具有的数据分布式存储和共享等特征，但与一般 DLT 系统不同，以比特币为代表性应用的区块链以基于默克尔树（Merkle Tree）结构和哈希算法组织构建的区块（block）为基本组成部分，采用工作量证明（Proof of Work，

① 常少观、李杨，中国证券登记结算有限公司。

POW）等具有一定竞争性的共识机制决定账本记账权的归属。实践中，区块链与 DLT 技术可以通用。

（二）证券登记结算与科技之间的关系

我国的证券登记结算通常可以理解为买卖双方证券交易达成之后，为实现资产权属变更和最终确权所必须进行的包括登记、清算、交收在内的一系列业务处理。根据支付与市场基础设施委员会（前身为“国际清算银行支付结算体系委员会”）、国际证监会组织在 2012 年联合发布的《金融市场基础设施原则》，证券登记结算基本涵盖中央证券存管机构（Central Securities Depository，CSD）、中央对手方（Central Counterparty，CCP）和证券结算系统（Securities Settlement System，SSS）等金融市场基础设施的职能。

证券登记结算机构作为对资本市场具有系统重要性的基础设施，历史上受到技术发展和革新的影响极大。从最初的纸质证券托管和有纸化交收，到基于电子簿记系统的证券非移动化存管以及无纸化结算，再到不断缩短的交收期，无一不是信息科技发展的结果。

作为一种数据库技术，DLT 与证券登记结算业务具有天然的匹配性。世界交易所联合会（World Federation of Exchanges）与麦肯锡公司在 2018 年联合开展的问卷调查结果显示，受访机构认为 DLT 的潜在场景为包括市场融资、清算交收、交易报告等在内的整个价值链条，在资本市场中应用前景最为广阔；但与此同时，参与调查的受访机构也指出，DLT 可能也是目前最不具备大规模应用条件的，因为 DLT 的应用不仅要在性能上满足业务需要，还必须适应现有市场的结构和现行监管制度体系。

目前，全球多个市场的交易所和证券登记结算机构围绕 DLT 的应用进行了不少尝试，有的聚焦于股东代理投票等特定业务环节，有的则试图利用 DLT 推动市场形态的实质性变革。笔者认为，美国存管信托清算公司（Depository Trust and Clearing Corporation，DTCC）在 DLT 应用方面的探索系统性极强，可供我国证券登记结算机构参考借鉴。

二、证券登记结算机构基于 DLT 的数字化转型

DTCC 是美国证券市场的 CSD、CCP、SSS 和交易报告库（Trade Repository，TR），通过旗下存管信托公司（Depository Trust Company，DTC）、国家证券清算公司（National Securities Clearing Corporation，NSCC）、固定收益清算公司（Fixed Income Clearing Corporation，FICC）等子公司为美国证券交易所市场上市交易的各种产品、机构间市场的美国政府债券、按揭贷款支持证券（MBS）和回购交易，以及场外市场的信用衍生品提供托管、清算、交收、资产管理、交易报告库等全链条服务。

作为全球规模最大、最具影响力的金融市场基础设施之一，DTCC 一直高度关注新技术的发展，并较早地开始对 DLT 在证券市场交易后处理中的应用进行系统性的探索。总体来讲，DTCC 在利用 DLT 实现数字化转型方面的实践体现出以下几个特点：

（一）由易到难，分步实施

DLT 作为一种新兴技术，能否应用于证券市场取决于其自身的技术特性以及与潜在应用场景的匹配程度。以比特币等私营部门加密货币为代表的应用，虽然为匿名用户组成的网络中的价值交换问题提供了一种解决方案，但 POW 等共识机制的高能耗以及区块链网络本身较低的处理能力，使其难以满足资本市场特别是证券交易所市场高频度交易、海量计算数据的处理需求。因此目前一个被广泛接受的观点是区块链等 DLT 适合应用于一些“区域的、离散的、低流动性的、场外的”场景中。不过与此同时，境外也不乏直接将 DLT 应用于证券交易所交易结算场景中的案例。例如，澳大利亚证券交易所（Australia Securities Exchange，ASX）于 2017 年正式宣布将基于 DLT 开发新一代场内股票现货交易结算系统；瑞士证券交易所（SIX Swiss Exchange，SIX）于 2018 年成立 SIX 数字交易所（SDX），旨在

基于 DLT 构建完整的交易和结算平台，为证券代币化和其他原生数字资产提供满足金融监管要求的服务。

DTCC 在探索 DLT 应用的过程中采取了先易后难的策略，即先从较为适合 DLT 应用的场外低频场景入手进行概念验证，再逐步向现阶段难度较大的应用场景推进。2016 年 3 月，DTCC 率先宣布将开发和测试债券回购业务解决方案，进一步降低回购市场的风险和减少市场参与者的资本占用。2016 年 4 月，DTCC 成功开展了概念验证测试，证明了基于 DLT 和智能合约技术系统可以完成单一名称信用违约互换（single name CDS）产品的生命周期管理工作。

经过对上述系统开发、测试经验的总结和积累，DTCC 于 2020 年 5 月推出了代号为“Project Ion”和“Project Whitney”的 DLT 系统开发测试项目。其中，Project Whitney 面向私募股权市场，基于 DLT 构建了一个模块化的系统平台，为初创企业等未上市私有企业及其股东提供股份登记、交易转让、监管合规等服务，使私有企业发行人可以以代币化形式管理自身股权。Project Ion 则服务于包括交易所市场在内的公开市场交易后的处理流程。其综合运用了 DLT 网络和智能合约技术，提供从交易捕捉到清算交收的全流程服务，具体包括以下四个方面：

第一，资产数字化。Project Ion 基于 DTCC 现有的账户结构，将客户账户中的证券资产和现金资金以数字化形式呈现，方便证券资产与资金之间的券款对付（DVP）交收[①]。

第二，交易捕捉。Project Ion 整合了 DTCC 旗下 NSCC 的全市场交易捕捉系统以及风控体系，支持经由交易所和市场参与者两个渠道报送交易，从而尽可能地减少系统改造给前台带来的影响。

第三，交易清算。Project Ion 使用了全新的基于云的净额清算引擎，该清算引擎具备实时处理能力，允许参与人即时获取清算数据和自行选择

① 券款对付，指证券和资金同步进行交收，并互为结算条件。

清算截止时点，这使得参与者可以基于清算数据更加灵活地管理证券和资金库存。

第四，券款交收。基于使用DAML语言的智能合约，Project Ion的最终交收在链上完成。交收周期方面，不同于美国证券现货市场现行的T+2交收，Project Ion基于DLT“交易即结算”的处理能力，采取T+0交收，同时提供T日日终一次交收以及T日日间多批次部分交收两种处理模式。此外，Project Ion还提供新的预付交收模式，为市场参与者提供了更多选择。

（二）从实际需求出发，系统性推进

证券登记结算机构是证券市场正常运转不可或缺的基础设施，其任何业务和技术系统方面的改变都会对整个市场及市场参与者造成影响，因此证券登记结算机构在新技术的应用方面必须从实际需求出发，不能“为了用而用”。综观上述DTCC的四个应用测试案例，不仅围绕由场外到场内、由易到难的路径不断深入，而且每个项目都面向一个现行业务系统中突出的痛点问题，具有极强的针对性：债券回购市场的应用是针对DTCC旗下FICC只服务债券回购业务购回端导致出现参与者不能充分轧差、风险敞口较大的问题；信用衍生品生命周期管理针对的是单一名称信用违约互换业务周期长、流程复杂、现有系统处理效率较低的问题；Project Whitney是针对在越来越多成长性私有企业选择不上市的大背景下，个人投资者越来越难以参与成长性企业的资本形成过程的问题；Project Ion的主要目的则在于进一步缩短交收周期。

实际上，如果从DTCC近年来推动美国证券市场交易后处理体系变革所开展的工作来看，Project Ion也是这条以“缩短交收期”为最终目标的主线中的一个环节。2012年10月，DTCC委托波士顿咨询公司发布《缩短交收期的成本收益分析》，指出将证券交收周期从T+3缩短到T+2将有助于减少待交收交易的风险敞口，并大大降低参与者的运营成本和减少资

金占用。2018 年 1 月，在完成将交收期从 T+3 缩短到 T+2 的工作之后，DTCC 再次发布名为《推动股票市场交易后基础设施现代化》的白皮书，提出要在 T+2 交收期的基础上继续缩短交收期，考虑将交收期进一步缩短至 T+1 甚至实时交收。而 DTCC 于 2020 年 5 月发布的 Project Ion 报告也指出，2020 年 3 月以来，受新冠肺炎疫情影响，美国股票市场大幅波动，进而导致用户提交给 DTCC 的结算保证金较历史平均水平上涨了 3 倍多，不仅增加了市场参与者的资金成本，还可能加剧系统性风险，凸显出进一步缩短交收周期的必要性。

（三）注重 DLT 网络治理和安全性

美国经济学家 Robert E. Litan 在其与他人合著的《金融部门的治理：公共部门和私营部门的作用》中提出，一个金融系统的强健程度取决于其治理实践和参与者的制度建设。这对基于 DLT 技术的金融市场基础设施同样适用。DLT 系统的治理模式和安全性不仅会对其性能的发挥产生影响，还会直接决定其能否大规模应用于金融市场基础设施的生产系统。与比特币等私营部门加密货币不同，证券市场受到高度监管，其对匿名性、反审查的需求极低，但对处理性能、监管可见度以及信息安全性的要求极高，因此金融市场基础设施应用 DLT 的治理思路和安全性设计也有所不同。

2019 年 9 月，DTCC 与埃森哲联合发布题为《DLT 网络治理：私人许可网络的 DLT 技术治理》的报告，针对更适合证券市场应用场景的、参与者经过认证准入方可参与系统的许可式 DLT 网络的治理问题，提出了由治理架构、参与者生命周期、运行管理、数据治理、第三方管理、平台管理、基础设施、法律和财务等八个方面构成的 DLT 网络治理体系。

2020 年 2 月，DTCC 发布题为《DLT 网络安全：面向金融服务行业的 DLT 安全框架》的报告。该报告结合实际案例分析了金融行业应用 DLT 在身份认证与准入、数据安全、共识机制、交易效率、合规等五个方面面临的挑战，提出由风险管理与监控、漏洞管理、网络安全防控、第三方管理以及应急事件管理等组成的 DLT 系统安全评估框架。此外，报告还倡议加强行业协同，通过制定行业通用的标准提升 DLT 系统的安全性，以推广应用 DLT 系统。

（四）与市场参与者和科技初创企业密切配合

在重视技术积累的同时，DTCC 在探索 DLT 应用的过程中一直强调“社群”的概念。一方面，DTCC 积极听取市场参与主体的意见和需求，通过联合测试等形式将市场参与主体融入共同推进新技术应用的过程中。另一方面，DTCC 高度重视“外部引智”，以开放的姿态寻求与包括 IBM、数字资产控股公司（Digital Asset Holdings）、R3、Axoni、Markit 在内的各种外部服务商开展合作。这种基于个案需求的多元竞争性合作范式，保证了 DTCC 始终跟得上 DLT 领域发展前沿，为后续潜在的生产系统开发应用奠定了坚实的技术基础。

三、DLT 应用于我国证券登记结算领域的潜在好处

与美国相比，我国证券市场具有显著的后发优势，很早便实现了电子化交易和基于簿记系统的无纸化结算处理。以场内交易为例，我国证券交易所市场的交易结算无论在交收周期、结算效率还是直通式处理水平上都高于很多境外市场。因此，现阶段尚不具备 DLT 系统替代现有证券登记结算系统的必要性。

尽管如此，笔者认为，从目前境外市场对 DLT 的应用以及相关数字资产的发展趋势来看，未来 DLT 可能会成为全球证券市场数字化发展的路径。我国证券登记结算机构应参照美国 DTCC 的经验，立足我国市场实际，积极跟进 DLT 发展趋势并开展应用研究。笔者认为，DLT 技术有望给我国证券市场带来以下四个方面的好处：

（一）显著减少市场参与者维护多套系统的成本

目前市场参与机构在交易所市场和银行间市场进行交易，因其业务不

同，需要对接多家 CSD 不同的技术系统。市场参与机构往往要维护数十套系统来对接不同 CSD，完成各类业务。在目前的技术架构下，市场参与机构的技术系统成本高企，人工操作烦琐，出现类似光大证券“乌龙指”事件的概率较大。

DLT 系统作为一种具备实时共享数据能力的分布式数据库，有利于推进该行业技术系统架构的统一，促进金融市场基础设施的互联互通，减少重复建设。市场参与机构可以通过区块链的单节点接入开展各类资本市场业务。

（二）更短的结算交收期可以化解本金风险

结算交收期是指从交易执行到钱券交收所需要的时间。结算交收期内一般要完成清算和交收两个过程，其中前者是指清算机构根据成交数据对交易进行配对，并通过双边净额、多边净额、逐笔全额等方式确认买卖双方应交收证券和资金的数量；后者则是指证券所有权和资金在买卖双方账户之间的转移。结算证券时，最主要的风险就是本金风险。结算交收期越长，产生本金风险的概率就越高。目前，我国交易所市场采取的是 T+1 交收期，西方主要市场采取的是 T+2 交收期。

我国市场可以探索应用 DLT 构建具备 T+0 交收能力的结算系统，实现交易达成后当天即完成买卖双方之间的银货兑付①，买卖双方面临的本金风险将随着交收期的进一步缩短而大幅降低。

（三）助推穿透式监管

在现行市场结构和监管框架下，完全去中心化、匿名的区块链系统不符合我国穿透式监管和证券账户实名制的要求，无法应用于我国证券市场。因此，在监管思路上可考虑构建基于准入许可的私有 DLT 系统，在确保市场参与者交易信息相互隔离的基础上，为监管机构开设具有全部数据

---

① 银货兑付(Delivery Versus Payment，DVP)，通俗地讲就是一手交钱一手交货，在证券结算行业，一般指资金和证券的兑付要同时发生，以化解风险。

访问权限的监管者节点。基于 DLT 系统具有永久记录、高度可追溯的特性，监管机构可以更加方便、透明、直接地监督证券市场活动，有利于更加精准、实时、高效率地打击、减少违规和非法证券交易行为，提高科技监管效果。

（四）配合央行数字货币提升证券登记结算运行效率

近期，我国的央行数字货币 DC/EP 已经正式开始试点。加快 DLT 在我国证券登记机构的应用可以有力地配合央行数字货币在证券登记结算行业进行推广。目前证券结算资金端的运行仍然依靠传统银行系统和账户间的资金划转；在结算端应用 DLT 与央行数字货币相连接，可以大幅简化资金端的结算流程，统一规范，提高效率，为我国证券登记结算机构提供转型升级的基础。

参考文献

[1] McKinsey & Company, WFE. Fintech decoded: Capturing the opportunity in capital markets infrastructure[EB/OL]. (2018 - 03)[2020 - 06 - 08]. https://www.mckinsey.com/~/media/McKinsey/Industries/Financial%20Services/Our%20Insights/Fintech%20decoded%20The%20capital%20markets%20infrastructure%20opportunity/Fintech-decoded-Capturing-the-opportunity-in-capital-markets-infrastructure-final-web-version.ashx.

[2] 金融时代网. 上海证券交易所总工程师白硕:浅谈区块链技术[EB/OL]. (2016 - 03 - 02)[2020 - 06 - 08]. https://mp.weixin.qq.com/s/CfWWrOM06-v1zJfdsDs52g.

[3] SIX SDX. SDX booklet[EB/OL]. (2019 - 09)[2020 - 06 - 08]. https://www.sdx.com/dam/downloads/sdx-booklet-online-09-2019.pdf.

[4] DTCC. DTCC and digital asset to develop distributed ledger solution to drive Improvements in repo clearing[EB/OL]. (2016 - 03 - 29)[2020 - 06 - 08]. https://www.dtcc.com/news/2016/march/29/dtcc-and-digital-asset-to-develop-

distributed – ledger – solution.

[5] DTCC. Successful blockchain test completed by Axoni, DTCC, Markit, and Multi – Bank Working Group[EB/OL]. (2016 – 04 – 07)[2020 – 06 – 08]. https://www. dtcc. com/news/2016/april/07/successful – blockchain – test – completed.

[6] DTCC. DTCC unveils proposals to explore further digitalization in the public & private markets[EB/OL]. (2020 – 05 – 18)[2020 – 06 – 08]. https://www. dtcc. com/news/2020/may/18/dtcc – unveils – proposals – to – explore – further – digitalization.

[7] DTCC. Project whitney case study[EB/OL]. (2020 – 05)[2020 – 06 – 08]. https://www. dtcc. com/ ~ /media/Files/Downloads/settlement – asset – services/user – documentation/Project – Whitney – Paper. pdf.

[8] DTCC. Project Ion case study[EB/OL]. (2020 – 05)[2020 – 06 – 08]. https://www. dtcc. com/ ~ /media/Files/Downloads/settlement – asset – services/user – documentation/Project – ION – Paper – 2020. pdf.

[9] Boston Consulting Group. Cost benefit analysis of shortening the settlement cycle [EB/OL]. (2012 – 10)[2020 – 06 – 08]. https://www. dtcc. com/ ~ /media/Files/Downloads/WhitePapers/CBA_BCG_Shortening_the_Settlement_Cycle_October2012. pdf.

[10] DTCC. Modernizing the U. S. equity markets post – trade infrastructure[EB/OL]. (2018 – 01 – 22)[2020 – 06 – 08]. https://www. dtcc. com/ ~ /media/Files/pdfs/T2/Equities – Structure – Whitepaper – jan2018. pdf.

[11] ROBERT E. L, MICHAEL P, VASUDEVAN S. Financial sector governance: The roles of the public and private sectors [M]. Washington: Brookings Institution Press, 2002.

[12] DTCC, Accenture. Governing DLT networks: Distributed ledger technology governance for private permissioned networks[EB/OL]. (2019 – 09)[2020 – 06 – 08]. https://www. dtcc. com/ ~ /media/Files/Downloads/WhitePapers/DLT – Governance – Whitepaper. pdf.

[13] DTCC. Security of DLT networks: A distribute ledger technology security framework for the financial services industry[EB/OL]. (2020-02)[2020-06-08]. https://www.dtcc.com/~/media/Files/Downloads/WhitePapers/Security-of-DLT-Networks-Paper.pdf.

实践路径

变　局　中　的　证　券　机　构

证券公司的数字化转型需要业务与技术的双轮驱动。为了实现大数据、人工智能、区块链等新兴技术的落地应用，证券公司在各业务领域展开了实践探索。从经纪业务、投行业务、资管业务到风险管理、合规管理、信息技术与运营，数字化已层层渗入证券公司前、中、后台各个部门的相关业务。

2020年，新冠肺炎疫情给金融行业的数字化实战能力带来了考验，也进一步证实了金融科技在后疫情时代的作用。创新产品、智能平台与数字化流程方案一方面直观呈现了证券科技的发展现状，另一方面勾勒出了证券业务的未来样貌。

14

德邦证券：智能客服在证券行业的应用研究[①]

李俊明　陶陈怡[②]

近年来，随着人工智能技术与机器学习的快速发展，科技赋能金融成为行业热门话题。而我国证券行业也处于数字化转型与发展的关键时期，在大数据、人工智能等重点科技创新领域持续投入资金、资源与人力，逐渐形成了包括智能客服、智能投顾、智能投研在内的金融科技创新产品，推动证券行业数字化转型，提升客户体验，降本增效。与此同时，科技创新模式与产品仍处于探索阶段，技术有待加强，场景有待实践。其中，智能客服是创新型金融科技产品成为直接触达投资者的重要工具，它的应用为证券行业注入了新技术与新场景。

一、定义智能客服行业

（一）研究背景

客户服务的概念来源于美国，最早出现在 1956 年，泛美航空公司推出客服中心，用于客户机票预订。此后随着 AT&T 推出首个用于电话营销的外呼中心，以及 Rockwell 发明自动呼叫分配（ACD），这种通过电话进行营销以及其他商业活动的服务形式逐渐在全球被推广开来。证券行业的客

---

① 本文经删改刊发于《金融纵横》2020 年 11 月刊。

② 李俊明，曾就职于德邦证券；陶陈怡，德邦证券品牌经理。

户服务关系到客户满意度、金融产品的推广与销售，进而关系到证券公司的业务发展与投资者形象。

传统的证券公司使用人工应答，客户拨号后向经过培训的人工客服进行咨询，服务流程相对主观，客户满意度高度依赖于人工客服的个人素质和专业知识。随着技术的发展，证券公司客户服务引入了交互式语音应答系统（IVR），通过预设自动应答大大减轻了人工客服的工作量，服务效率得到一定程度的提升。但是，交互式语音应答系统无法满足客户对个性化服务的需求。鉴于此，进入多媒体时代后，互联网的发展为客服行业增加了新的渠道，如邮箱、网页、线上留言板等。而在移动互联网时代，客服行业有了更为多样化的服务工具和渠道，如 App 客服、微信公众号和微博客服等。

然而，随着客服渠道的不断丰富，传统客服模式的短板也逐渐凸显：其一，大量非结构化数据使质检和抽检工作越来越繁重，加之客服数据量庞大，无法准确提取客户意图；其二，庞大的人工客服团队抬高了企业成本，尤其是随着业务规模的扩大，大量人工客服的培训与雇佣成为企业的负担；其三，客户对实时资讯类信息的询问需要人工客服手动操作完成应答，耗时长、人工成本高。

在上述背景下，智能客服在证券行业的应用成为补足客服短板、提升客户体验的必然选择。智能客服提供 7×24 小时无间断服务，依托自然语言处理、意图识别等技术，解决诊股、选股、百科、业务等常见问题，提升服务效率，减轻人工客服压力。

（二）智能客服的定义

智能客服基于人工智能技术开发和迭代的客服系统，融合大数据处理、知识管理、数据挖掘、机器学习、自然语言理解、逻辑推理等技术，为金融机构与客户之间的沟通提供高效服务型解决方案。

证券公司智能客服工作框架见图 14－1。一方面，当客户从 App 或者微信端发送语音后，智能客服会对语音进行处理，将之转化为文字。随后，智能客服会提取文字中的关键词进行意图识别，发送到知识库，从而得到唯一对应的答案。对于智能客服无法回答的问题，系统会转到人工客服，由人工客服解答的问题和答案会被加入知识库，扩充知识库语料。另一方面，智能客服会辅助在线客服进行智能外呼，通过语音处理识别意图，再将对应的答案转化为语音发送到客户端，当客户选择人工客服时，证券公司的在线客服将会上线与客户进行沟通。

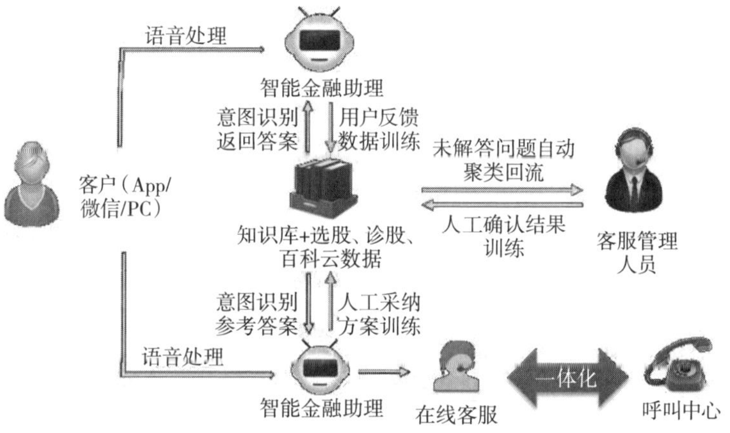

图 14－1　智能客服工作框架

（三）智能客服在证券行业的发展与转型

2016 年是证券行业应用智能客服的第一年，总资产排名前五的券商，即中信证券、海通证券、国泰证券、华泰证券、广发证券，均已上线智能客服。国泰证券的灵犀客服于 2016 年 8 月正式上线，通过自然语言处理（Natural Language Processing，NLP）、深度神经网络、机器学习、语义分析、语音交互等技术，为客户提供 7 × 24 小时无间断、快速、准确的智能交互服务。海通证券于 2016 年 11 月推出“海小通”，目前“海小通”解答的问题已占全渠道的近七成。德邦证券的在线智能客服目前可以解答的问题比重已经超过 90%，同时仍在持续迭代知识库，优化用户的体验。

由传统客服向智能客服发展的过程通常分为在线智能化、场景丰富化两个阶段。以德邦证券为例，德邦证券的智能客服覆盖了“德邦证券App”“支付宝生活号”“德邦证券公众号”和“德邦证券微资讯订阅号”，实现在线智能化；2019 年，德邦证券丰富了智能客服服务场景，为客户提供行业解读、市场热点、选股、诊股、百科等智能投资和智能理财服务。德邦证券智能客服服务范围包括证券业务咨询、投资、理财、天气、汇率、百科、趣味互动等场景，全方位满足客户需要，为客户提供一站式服务。2020 年，当新冠肺炎疫情来袭，德邦证券智能客服又新增“疫情热点”这一场景，为客户盘点与医疗相关的公司。

同时，智能客服的定位也随着市场的发展而变化。在智能客服发展的早期阶段，其扮演的角色更多是协同人工客服的业务系统进行全周期的服务。而目前，智能客服也在同步转型：从原来的客服服务转向更加多样化和全面化的服务；在协同人工客服的同时，也为客户充当投资顾问，根据客户画像和适当性匹配为其推荐适合的金融产品。所以，智能客服在当下市场环境中，逐渐从客服发展为智能投顾。

二、深度理解智能客服行业

（一）应用于证券行业的核心客服技术

智能客服应用于证券行业的核心技术主要包含搭建知识库、人工智能语义和智能外呼、大数据智能平台。

1. 搭建知识库

搭建证券行业的知识库是应用智能客服的前提。知识库会识别客户问句并在库中提取对应关键词的答案。建立知识库的步骤如下：第一步，建立标准问句并输入大量证券行业专业知识。第二步，知识库会学习客户问句，丰富知识库中的客户问句句型。第三步，智能客服需要对问题的答案进行检索，问句对应的答案由人工进行配置和编辑；一旦机器匹配到与客户问题相似度高的标准问句，就会回复相应的答案，可以回复的内容包括文本、超链接、表情、图片等，并配置专家类型、交互类型和引导问句。

2. 人工智能语义和智能外呼

证券行业的智能外呼系统集成了语音识别、语义识别、自然语言理解、知识图谱以及深度学习等多项智能人机交互技术，对大量、简单、重复、耗时的呼叫和记录工作进行自动化处理，提升服务效率。

通过人工在后台一键批量导入证券公司客户号码数据，机器人会自动完成外呼。智能外呼由自动语音识别（Automatic Speech Recognition，ASR）、从文本到语音（Text to Speech，TTS）、NLP 三项技术提供支持。这三项技术让机器人听得懂、能理解、会说话，人机交互更流畅自然，并且可以自动判断客户意向，在明确标注客户等级之后划入客户信息库，帮助证券企业精准锁定客户。首先，ASR 技术会赋予机器人语音识别能力，机器人将收听到的内容转化成文字；其次，通过 NLP 技术进行自然语言处理，人工智能会通过拼写检查、关键字搜索、查找同义词等识别客户意图；最后，机器人会自动检索相应的文字回复，并通过 TTS 技术将文字转为语音，和客户进行人机对话，语音会全程被录音保存，方便人工进一步了解查看，进行质量抽检。

智能外呼系统可以模拟真人与客户进行电话沟通，引导客户完成电话主流程任务，支持客户语音打断机器人、提出发散性问题，并且在回答发散性问题后能够将客户引导回主流程。

智能外呼系统是证券行业智能客服应用中重要的一环。它可以替代大量人工工作，节省人工成本，同时提高效率，召回证券公司的断点客户，解决证券企业的客户流失问题。

3. 大数据智能平台

要想对证券行业进行大数据分析，首先，需要建立采集和储存信息的平台，依托智能交互对客户信息进行收集分析，对这些结构化和非结构化的数据进行整合、梳理、加工；其次，利用人工智能和数据模型对这些数据进行分析，挖掘有价值的客户数据；最后，基于客户画像、行为和意图分析实现服务产品的实时推送和办理，构建“端到端”精准传递的营销服务体系，支撑金融产品的营销与业务的发展。

（二）应用于证券行业的智能客服场景

智能客服在证券行业的应用场景非常丰富。例如，针对A端企业内部员工，智能客服提供即时的金融产品、业务知识、操作流程、管理考核制度等答疑；针对B端机构客户，提供辅助渠道的营销管理和业务的长期维护；针对C端投资者，提供知识库问答，以及智能资讯、智能选股、智能投顾等服务。智能客服覆盖的场景包括业务场景、选股诊股场景、资讯百科场景、日常沟通场景、营销场景。

1. 业务场景

在业务场景下，智能客服可以实现打开类、指令类、常用问句等功能，如打开自选股、打开新股日历等；同时，智能客服可以为客户办理简单的业务，比如开户、打新、修改信息等。这些原本需要人工客服办理的业务现在可以通过智能客服快速办理，对于证券行业实现降本增效发挥了巨大作用。

2. 选股诊股场景

智能客服在选股业务场景中支持自然语言的多条件智能选股。以德邦证券使用的智能客服为例，如果客户输入“市值大于10亿元，市盈率大于20的股票”，智能客服会集中展示筛选股票的列表，支持基础的数据查询和筛选。

智能客服在诊股业务场景中支持股票的智能诊断。以德邦证券的智能客服为例，只要输入“个股（名称或代码）+怎么样”，智能客服就会在对话页展示个股综合诊断的内容。诊股业务还支持个股多维度诊股，包括基本面、技术面、消息面、资金面等。如果客户想要了解公司情况、财务报表和股东信息披露，智能客服可以展示上市公司披露的数据或交易所的行情数据，保证客观、公正并实时更新信息，为客户提供完善的诊股服务和评判维度。

3. 资讯百科场景

智能客服在资讯业务场景可为客户提供最新的市场信息和新闻。所有信息来源都由权威网站及平台发布，具有时效性，包括大盘新闻、个股新闻、热点资讯、早间要闻、午评、收评、复盘、周末要闻回顾等。

智能客服在百科业务场景可为客户提供与金融相关的百科问答，包括财经知识、财经人物、企业机构、财经事件、财经书籍等。例如，当客户询问随机指标的相关知识，智能客服就会做出回复。除金融百科外，智能客服也支持非金融百科的查询。

4. 日常沟通场景

智能客服具备在日常沟通业务场景与客户“日常闲聊”的对话功能，力图增加智能客服的亲切感，提供有温度的服务体验。

5. 营销场景

智能客服可以帮助证券企业在营销方面实现新的发展。智能客服通过大数据平台获取客户画像后，会根据客户的年龄、收入、负债、可投资资金、风险承受能力来进行评估以及自动建模，自动匹配适合该客户的金融或者投资产品。同时，智能客服根据客户在平台上的行为、交互频率及习惯，不断更新客户建模，为其推荐更精准的投资选择。

随着金融科技的不断发展，智能客服还融入了智能投顾的功能，可以自动获取客户需要的资讯并及时更新，保证了资讯的时效性。同时，智能客服会对资讯内容进行结构化抽取，方便客户快速阅读。投顾研报可随时自动生成，提高投顾资讯的生产效率。机器人自动生成投顾研报后，投资顾问会对研报进行审核和校对，保证研报质量。投资顾问随时推送研报，推送时间灵活可定义，从而保证了研报的时效性。

三、智能客服在证券行业的应用痛点及发展趋势

（一）智能客服在证券行业的应用痛点

1. 尚无法实现多轮对话

尽管智能客服目前可以完成简单的多轮对话，但客户只能在智能客服提供的回答类目下选择回复的语句。事实上客户的问题大多数建立在不同的对话方向。打个比方，一位客户向智能客服询问贵州茅台当天的收盘价，当智能客服给出答案后，客户再问：“那成交量呢?”此时智能客服无法识别客户想要查询的对象，即无法联系上文语境和场景。

所以，智能客服需要不断构筑其多轮对话能力。证券公司应将多个单轮对话进行组合，同时帮助机器人定义场景，以实现在该场景下所有类别的服务或者营销。此外，研发人员需要了解证券行业的业务规则、客户问询场景及规律，从而满足客户的多重需求。同时，证券公司需要提高知识库质量并实时更新知识库，保证高识别率。

2. 提升金融产品类服务的满意率

证券公司的金融产品相对复杂，通过智能客服进行在线答疑和推广对客户来说存在理解门槛。同时，鉴于此类产品和服务的合规及风险管理要求，机器与人的沟通存在难度，由此产生了基于智能客服的金融产品服务满意率较低的现象。

（二）智能客服在证券行业的应用前景

1. 人机耦合，协同服务

证券行业的客户服务模块正处于智能与人工客服并存、双方协同合作的状态，未来将探索 C 端客户与线上服务、营销人员连接，通过人机耦合提高服务效率、增加服务半径。

以德邦证券客服系统建设规划为例，该客服系统将主动服务的人工外呼与智能语音外呼融合打通，实现人机耦合；而被动服务的一体化全媒体

客服支持各终端接入，实现智能与人工结合，使客户与内部服务、营销人员建立连接。同时，客服系统利用人工座席电话主动营销外呼，服务各类精准营销场景，维护存量客户，协助客户解决问题。

2. 算法升级，多维度分析

目前智能客服的服务范围仅限于基于语义、知识库的回复，也就是基于事实的回复。未来，在合法合规范围内，智能客服将逐步构建自身的算法体系，通过知识库存储的数据进行计算和分析并反馈给客户。举例来说，当客户向智能客服询问次日某只股票的价格时，智能客服会根据过往价格波动及关联事件等变量计算次日的价格区间，供客户参考。

由机器人完成分析预测是目前证券行业的客户需求之一。所以，拓展智能客服的综合服务功能、进行算法升级成为智能客服行业的重要发展方向。

3. 多轮对话，体验升级

证券行业金融创新的下一阶段就是实现智能客服的多轮对话。当智能客服具有感知上下文的能力时，客户就不需要重复提示智能客服当前场景的讨论对象，这样更符合人们的语言习惯，客户体验感将会得到很大的提升。同时，多轮对话的应用将会解决多场景问题，从选股、诊股到购买股票，用户会像和人工客服对话一样完成多个场景下的任务。

4. 转变身份，从客服到投顾

智能客服目前在证券行业更多的是充当客服，但随着金融科技的发展，当诊股、选股和投研投顾的场景纳入智能客服的服务范围时，智能客服也可以为客户提供投资建议。未来，随着金融科技继续发展，计算机算法升级，智能客服可以实现数据分析与预测，并给出某只股票未来的价格发展趋势和交易量发展趋势，完成从客服到客户投资顾问身份的转变，在证券行业中也会起到越来越重要的作用。

四、结论

综上所述，智能客服的应用已经成为证券行业的发展趋势。智能客服能够将智能语音技术全面地应用于证券业务，协助客户迅速解决问题和找到答案，同时持续迭代知识库，优化客户体验。因此，智能客服将大幅提高证券业服务效率，解决传统人工服务的痛点，实实在在地帮助客户解决问题，为客户提供资讯，并持续提升客户体验。

任何技术的迭代和发展均需要成长与实践的空间。对于证券行业来说，智能客服推进了行业的数字化转型，成为引领证券行业实现科技化发展的重要一环。

参考文献

[1] 檀柯．“人工智能 + 金融”在证券投资领域的应用分析[J]. 商展经济，2020(9)：59 – 61.

[2] 陈海辉．智能客服中大数据技术应用[J]. 电子世界，2020(15)：191 – 192.

[3] 王娟，姚雪筠．人工智能与数据挖掘技术在金融市场中的应用[J]. 电子商务，2020(2)：76 – 78.

[4] 李银鹰，李蔓林，王敏慧．证券信息技术智能客服应用研究[J]. 金融纵横，2019(11)：89 – 93.

[5] 赵聪远．人工智能技术在我国证券行业发展现状分析[J]. 通讯世界，2019,26(2)：290 – 291.

[6] 程娟，周雄伟．基于人工智能的证券金融服务创新研究[J]. 金融科技时代，2018(10)：13 – 19.

15

华金证券：RPA 机器人助力“数智化”升级

张可可　刘　力　顾钧青[1]

一、实践背景

近年来，软件流程自动化（Robotic Process Automation，RPA）机器人作为有效提高企业运营效率、降低运营成本的数字化劳动力，已被应用到各行各业，其商业化应用迎来了蓬勃发展。

安永在对大中华区财富 500 强企业的调研中发现，有 78% 的受访企业已开启了 RPA 机器人进程，其中有半数的受访企业已经初步接受、认可了 RPA 机器人的应用价值，并进行了试点性的应用。而企业 RPA 机器人的应用不会止步于此，在试点阶段初见成效后，近七成的企业表示希望扩大 RPA 机器人的应用规模。

德勤全球 RPA 调查报告显示，平均每个机器人提供了 20% 的全职人力工时，投资回收期却不到 12 个月；RPA 在日常经营业务中提升了 92% 的合规性，提高了 90% 的质量和准确性，提高了 86% 的生产率，降低了 59% 的成本。德勤实施 RPA 的收益分析见图 15－1。

可见，基于需求驱动的 RPA 机器人的规模化应用已成为发展趋势，这

---

① 张可可，原华金证券股份有限公司首席信息官；刘力，华金证券股份有限公司信息技术部总经理；顾钧青，华金证券股份有限公司信息技术部资深经理。

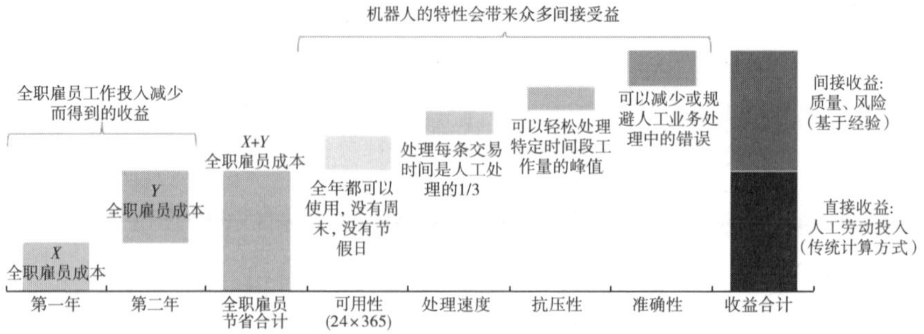

图 15－1 德勤实施 RPA 的收益分析

资料来源：德勤。

注：假设业务量每年按 10% 增长。

也意味着其将会给企业自动化、数字化带来指数级的发展。

华金证券股份有限公司（以下简称公司或华金证券）制定了企业级的“科技＋”信息技术战略（以下简称“科技＋”战略），全面支撑华金证券数字化转型，实现创新驱动、面向未来的可持续性发展目标。“科技＋”战略聚焦于数字化业务（Digitalization）、开放互联（Open）、智能应用（Intelligence）、技术驱动（Technology）四个方面的“DO IT”信息技术创新，通过最新开源技术应用与监管科技双轮驱动，力争在自主研发、高效服务、科技金融三个方面实现突破。

公司自 2017 年开始探索 RPA 机器人在证券公司的实践。RPA 机器人最初落地在 IT 运维自动化场景，并逐渐向各业务流程的应用场景推广。在实践过程中，公司逐步意识到 RPA 机器人技术成熟度高、适用范围广、投入见效快，能够释放大量人力，且执行时具有拟人属性，是搭载以人工智能为代表的金融科技成果的绝佳平台，能够有力推动公司数字化和智能化转型升级。

因此，公司将“RPA 机器人的规模化应用”作为一项重要课题和实践路径，纳入了“科技＋”战略，从顶层设计、组织管理、投入水平等方面给予保障，深度挖掘 RPA 机器人在证券公司的应用场景，探索科学实施和高效运营的机器人治理模式。

二、RPA 机器人的优势和全球技术成熟度

RPA 机器人采用非侵入式的模式和架构，可以按照事先约定好的规则对软件进行点击执行、信息输入、数据处理等拟人操作，主要有以下特点：

（1）以外挂形式应用，不需要现有系统的开发调整。

（2）通过模拟人来操作系统，对原有系统不感知。

（3）开发快速、改变灵活，迅速响应业务变化。

（4）低成本解决企业多系统之间的数据断点问题。

基于以上特性，华金证券认为 RPA 机器人能够为公司带来以下优势：

（1）降低人力成本。以软件替代人工执行重复性操作，使得公司不再需要大量人力，仅需少数业务管理人员与运营维护人员。

（2）提高生产效率。RPA 机器人可以实现 7×24 小时不间断工作，并且执行效率高。

（3）低出错率。基于明确的规则操作，尽可能消除人为因素产生的错误。

（4）推动流程的优化。RPA 机器人执行标准化流程，实施 RPA 机器人的过程即是固化流程的过程，有助于公司优化流程。

（5）实施周期短、投入见效快。RPA 机器人可以快速搭建自动化流程，无须改动原有系统功能，节省大量财力、物力，并在短期内产生效益。

经过多年的发展与积累，RPA 机器人技术已经趋于成熟，商用化产品丰富。国际上具有代表性的 RPA 软件产品有美国的 Automation Anywhere、英国的 Blue Prism、罗马尼亚的 UiPath 等；国内则有以艺赛旗为龙头的一

系列具有自主知识产权的国产化产品，并且已经在金融行业落地实践。

华金证券立足国内市场，支持信创产业发展，对市场主流 RPA 机器人产品开展技术评估，主要观察其在金融行业实施经验、人工智能发展潜力、技术开放度、安全性等方面的差异。相较于国外产品，国产化产品针对国内的环境进行了大量的优化，在技术开放度、安全性方面更胜一筹。部分产品的评估情况如表 15 - 1 所示。

表 15 - 1　部分 RPA 机器人产品的评估情况

项目		艺赛旗	UiPath	UiBot
金融行业实施经验		丰富	丰富	一般
人工智能发展潜力	OCR 解决方案	有	有	有
	NLP 解决方案	有	有	无
技术开放度	机器人语言	Python	C# + VB	自有语言
	可视化管理	支持	支持	较简易
安全性	审计回溯录屏	支持	不支持	支持
	国产化	是	否	是

三、RPA 机器人在证券公司的应用场景

从通用型应用领域来看，RPA 机器人有丰富的商用实践案例，如 IT 运维辅助、客户与市场管理、人力资源管理、财务与核算、运营与营销、企业风险管理等。此类 RPA 机器人更多的是模拟人工操作，相较于人工操作有一定的提升，因此可以较平滑地运用到证券公司的诸多场景，从而减少合规性问题的产生，这对强监管背景下的金融行业来说尤为重要。

从技术演进路线来看，传统 RPA 机器人多数还需要依赖固定的规则来执行自动化任务，处理的多为结构化数据。而随着“大、智、移、云、物”等新型信息技术的突飞猛进，RPA 机器人作为极佳的技术承载平台，将成为各类金融科技落地的切入口，为证券公司业务应用场景带来充满想象力的空间。现阶段的 RPA 机器人已经可以与语音合成、OCR、NLP、机器学习、知识图谱等技术相结合，相当于为机器人加上了“眼睛、耳朵、

嘴巴、大脑”，逐步减少人工干预，接受和处理非结构化数据，自主识别、分析、判断和执行任务，已经初步实现了半智能化运行。随着技术成熟度的不断提高，RPA 机器人将升级成为智能流程自动化（Intelligent Process Automation，IPA）机器人。

在证券公司各类业务和运营场景中，具备规则明确、流程标准、执行高频、容错率大等特征的业务和运营场景在自动化方面的潜力更大，推动 RPA 机器人替代人工的收益也更高；而重度依赖人工分析、流程尚未固化、操作风险偏高的场景在现阶段自动化潜力较小，想要推动自动化改造，一方面依赖技术演进，另一方面依赖业务标准化的提升。华金证券 RPA 机器人应用领域如图 15－2 所示。

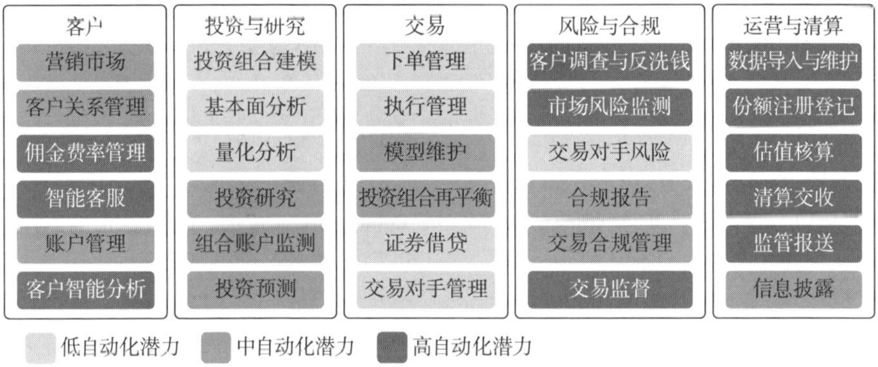

图 15－2　华金证券 RPA 机器人应用领域

四、RPA 机器人规模化应用需要解决的关键问题

公司推动少数机器人的试点流程相对容易，但想要在不同的流程中应用数百个乃至数千个机器人，并在整个公司实行集中管理和运营则要困难得多。这一发展过程不仅体现为 RPA 机器人数量的线性增加，更强调从企业的顶层信息化战略层面出发，考虑培养整体可持续的自动化和智能化能力，即 RPA 机器人的规模化应用。

规模化应用不仅需要从技术实施层面实现流程覆盖规模以及应用范围

的扩大，更需要重视对数字化机器人部队的集中规划、控制和治理。成功实现 RPA 机器人规模化应用的企业，将获得一支战斗力强劲的“数智化”机器人部队，多流程、跨地域、多单位地渗透到公司各个组织和业务流程。

证券公司要想实现 RPA 机器人规模化应用，需要重点解决以下三个问题：首先，公司管理层需要在战略层面统一认识，确保 RPA 机器人战略规划与公司发展规划高度契合；其次，解决公司不同职能部门过于独立的问题；最后，帮助建立统一的管控机制和平台，以集中运营机器人部队。

（一）确保 RPA 机器人战略与整体战略的协同

公司管理层需要清晰地认识到 RPA 机器人不仅是一款软件应用，还是公司实现自动化和数字化转型的重要抓手。因此，公司管理层首先需要在自动化和数字化战略层面达成共识，基于公司未来几年甚至更长时间对自动化和数字化转型与技术创新的需求，充分考虑 RPA 机器人与“大、智、移、云、物”等信息技术间的关系，力争发挥“1 +1 >2”的作用，尽快形成 RPA 机器人的建设与发展规划，并制订长期计划持续进行改进和创新。

（二）避免公司不同职能部门过于独立

不同职能部门在 RPA 机器人应用的初期阶段受业务需求驱动，存在过于独立的情况，这样容易造成公司内部机器人产品繁杂且很难统一管控，资源利用率不高。在公司规模化应用 RPA 机器人后，RPA 机器人应是被统一规划、管控、按需调用的内部共享资源。场景集成各领域业务流程，管控打通公司内部，以发挥 RPA 机器人的应用效果。

（三）建立统一的管控机制和平台

公司应制定统一的安全、风险和质量标准，集中管控 RPA 机器人，及时掌握 RPA 机器人的运行情况，持续监控自动化后的业务模式、流程、系统变化及影响，确保 RPA 机器人的应用具有合规性、安全性、可靠性、连续性和容错性。

五、华金证券推动 RPA 机器人规模化应用的举措

华金证券从规划层、设计层、实施层和管控层四个层面推动 RPA 机器人的规模化应用。在规划层面，华金证券充分考虑组织协同机制，明确机器人自动化发展战略，确定推广实施方案；在设计层面，科学理性地对 RPA 机器人的适用场景进行评估，优先建设效用更高的场景；在实施层面，注重项目标准化管理，设置项目质量标准，设计开发代码库，以保证专业能力输出；在管控层面，设计机器人管理中台，进行机器人任务分配、排班控制和运行分析评估，并对 RPA 机器人实施全流程风险管控。

（一）规划层

规划 RPA 规模化应用路径时，华金证券站在公司整体战略层面，将 RPA 机器人纳入了公司“科技 +”战略，形成长期的 RPA 路径规划，以实现对 RPA 机器人的科学治理、持续改进和技术创新，并致力于实现“三大协同”。

一是 RPA 机器人与业务发展规划的协同。RPA 机器人的应用以服务公司业务发展为首要目标，因此应始终围绕提升业务流程运营效率这一目标，协同业务发展需求，在标准化程度高、规则明确、操作频率高的流程中优先推动 RPA 机器人改造。

二是 RPA 机器人与信息技术战略的协同。华金证券统筹 RPA 机器人的应用，确定高价值领域，探索实现最佳流程效率的技术组合，有助于确保 RPA 机器人的应用在合规性、安全性、可靠性、连续性和容错性等方面均符合公司 IT 管控模式及风险管理要求，从而降低 RPA 机器人的运行风险和后期运维难度。

三是 RPA 机器人与不同职能条线的协同。华金证券关注不同职能条线间的协同流程与关键环节，如财务清算对账机器人可以贯穿不同职能

条线。

（二）设计层

华金证券在开展 RPA 机器人应用评估规划时，从公司发展规划、规模效应和示范效应、流程标准化、风险可控度、系统衔接五大维度出发，科学理性地筛选和设计 RPA 机器人的适用场景，制定贯穿华金证券 RPA 机器人应用的“五大优先”策略，具体如下：

（1）优先设计和实施与业务发展规划、信息技术战略契合度高的 RPA 机器人，注重创新技术应用的深化，以点带面，推动创新技术发展。

（2）优先设计和实施使用频率高、释放人力多、效果明显、复制性强的 RPA 机器人，为公司带来长期可持续发展的信心。

（3）优先设计和实施流程标准化程度高或者能够帮助带动流程标准化的 RPA 机器人。

（4）优先设计和实施对设计流程风险程度控制力强、发生异常时对业务影响度低的 RPA 机器人。

（5）优先设计和实施能够消除系统断点和数据孤岛、强化各系统衔接的 RPA 机器人。

（三）实施层

华金证券和外部专业公司达成了长期、动态的战略合作，以帮助公司补足短板。在良性的动态合作中，华金证券逐步建立了自己的 RPA 核心开发团队，并提高了团队对 RPA 机器人的业务梳理能力和管控能力。华金证券 RPA 机器人全流程管控情况见图 15 - 3。

华金证券在实践过程中，通过对流程步骤的频率、复杂性等方面进行统计分析，筛选通用操作流程，对其进行模块化封装，并持续优化通用的代码模块，形成自己的 RPA 代码库，以确保 RPA 项目快速且高质量的实施与交付。

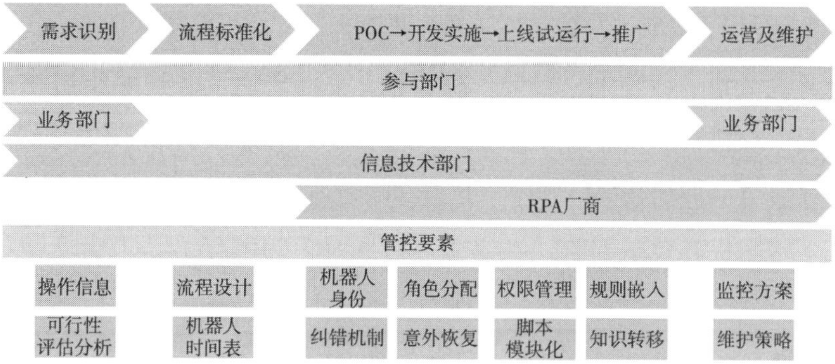

图 15－3 华金证券 RPA 机器人全流程管控情况

(四) 管控层

为了加强对 RPA 机器人的统一控制，华金证券将从组织和工具层面入手，成立组织中台和技术中台，并打造标准化、共享性、可持续的机器人服务能力，以实现资源共享，为公司提供最大效能的服务。

在组织层面，公司将设立 RPA 机器人卓越中心作为机器人集群的“大脑”。RPA 机器人卓越中心将包含领导规划小组、执行开发小组、运营推广小组等，根据公司战略统筹规划智能机器人建设路线，推进 RPA 机器人在各个业务场景的规模化应用，治理机器人集群，提高资源利用率，实现运营可视化。

在工具层面，公司将建设 RPA 机器人可视化管理中台，形成 RPA 机器人能力平台和服务中心，使业务前端更便捷地获取 RPA 机器人的服务。通过建设可视化管理中台，公司可以统一监控 RPA 机器人的运行状态，及时掌握其运行情况，降低运营风险，提高资源周转效率。同时，可视化管理中台还具备机器人流程监控、工作队列、资源池统计、灾备调度、日志审计等诸多功能。

六、华金证券 RPA 机器人的应用效果

华金证券自 2017 年开始探索 RPA 机器人在公司的实践。RPA 机器人

最初落地在IT运维自动化场景，并逐渐向各业务流程应用场景推广，渐进式地推动公司"数智化"转型。2019年，公司启动了财务场景RPA机器人项目，项目一期包括月末结账、清算对账和财务报表三个RPA机器人，取得了良好的应用效果。其中，月末结账机器人于2019年11月末上线试运行，综合提升效率44倍。财务报表机器人于2019年12月中旬上线试运行，在有需求时手工触发执行，将原本2个小时的报表制作过程压缩至10分钟。清算对账机器人于2020年1月末上线试运行，尽管试运行期间经历了新冠肺炎疫情，但服务未曾中断，体现了RPA机器人抗风险能力优于人工的一面。公司对流程进行优化，将原本需要在每天9：00—12：00进行的人工操作改为5：00—10：30自动执行的机器人流程，提前完成任务并释放了大量人力。华金证券财务场景RPA机器人项目一期情况见图15-4。

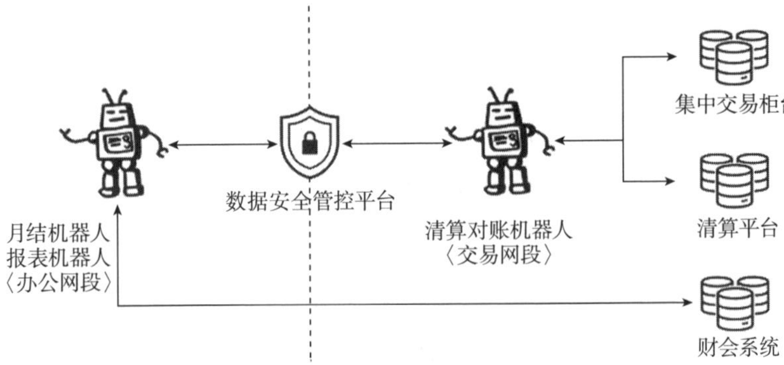

图15-4 华金证券财务场景RPA机器人项目一期

该项目的落地使公司进一步深刻认识到，RPA机器人代表的新型数字化生产力将对传统劳动生产力产生巨大冲击，手工机械化劳动将被RPA机器人替代。在信息化时代，数字生产力将通过结合人工智能、云技术、大数据等其他金融科技颠覆大量传统业务模式，重塑业务流程，大幅提高业务效能。

七、RPA 机器人的保障作用

2020 年，新冠肺炎疫情来势汹汹。在远程办公期间，华金证券对人力和资源配置的管理受到了极大考验，但是数字化劳动力——RPA 机器人不受环境与病毒影响，只要基于预设规则就可以完成烦琐而标准化的工作，且其工作状态可被统一远程管控。RPA 机器人的应用保障了公司业务的连续性，使公司能够在最短时间内最大限度地恢复生产经营。

经公司评估，疫情期间，RPA 机器人的应用大约减少了 50% 的现场 IT 运维人员的数量，大量的日常基础运维操作通过 RPA 机器人得以更高效的完成；财务场景 RPA 机器人的应用大约减少了 70% 的现场财务人员。人机协同远程自动化办公的方式使华金证券大幅度减少了非必要的现场办公人员，在保障员工安全的同时，也使得公司业务的连续性不受影响，让公司在应对风险事件时有了更大的弹性。

八、结语

数据技术（Data Technology，DT）时代，华金证券各层级已经就信息化和数字化战略转型的愿景达成了深度共识，随着 RPA 机器人逐步在公司规模化应用，后续公司将进一步加大对 RPA 机器人和智能化技术的投入。在依法合规和风险可控的前提下，公司将 RPA 机器人与“科技 +”战略深度融合，以突出效用为导向设计应用场景，坚持拥有自主知识产权的建设路线，通过成立 RPA 机器人卓越中心有机地整合虚拟员工和人类员工，通过建设可视化管控中台对 RPA 机器人进行科学治理，逐步将传统标准化手工劳动交由 RPA 机器人进行操作，最大限度地提高经营收益，将经营风险最小化。

华金证券将持续创新，探索人工智能等金融科技与 RPA 机器人的结合，引导 RPA 机器人向 IPA 机器人转变，最终帮助公司完成“数智化”

转型升级，提升公司金融科技的核心竞争力和可持续发展能力。同时，公司在 RPA 机器人和人工智能方面的探索和实践也将为中小券商利用金融科技走差异化发展道路提供宝贵经验，为证券行业吸引专业人才，进而为整个行业的健康发展贡献自己的力量。

参考文献

[1]高彦峰. RPA,财务智能自动化重塑企业财务职能[J]. 财会学习,2019(35):55-56.

16

平安证券：新一代核心系统建设方案

龚小洁①

一、业务背景

（一）建设背景

证券公司的核心系统是处理客户从开户到交易、从交易到交收，覆盖客户生命周期、交易生命周期和资产生命周期的系统集群，支撑公司交易类业务最核心的业务环节。

平安证券目前使用的核心系统于2009年采购自金证科技，迄今已有十余年时间。受现有架构的限制，后续可优化空间不大，严重滞后于市场发展和业务创新的需要，主要体现在以下三个方面：

1. 系统耦合性强，业务落地慢

核心系统集交易、清算、簿记等功能于一身，功能庞杂且耦合性强。新业务上线时，核心系统产生的关联影响错综复杂，牵一发而动全身，导致系统变动成本巨大、改造周期长。

2. 数据分散，业务处理效率低

平安证券的核心系统与行业一样，都是随市场业务的推出而逐渐被采

① 龚小洁，平安证券股份有限公司。

购来的，一类业务一个系统，形成“竖井式”架构。一方面，客户账户、资产、交易等数据无法横向打通；另一方面，业务处理分散在各系统，无法发挥集中处理的优势，业务处理效率低。

3. 扩容慢，维护成本高

为了承载千万级别的客户，核心系统架构复杂、规模庞大，无法实现动态、灵活的扩容，给系统运维、版本升级、异常定位及修复带来了较大的困难，维护成本高昂。

因此，对现有核心系统进行升级换代，打造新一代专业、强大的核心系统势在必行。

（二）可行性分析

平安证券在“综合金融服务、专业品质、科技赋能”公司战略的引导下，已具备建设新一代核心系统的能力和条件，具体表现在以下三个方面：

1. 持续的资源投入

平安证券高度重视金融科技的发展，持续大规模的资源投入，既保证了 IT 架构的稳定性和持续性，又保证了自主开发系统的前瞻性。

2. 国际化、高水平的业务运营能力

平安证券多年来对核心系统的持续运营，使公司积累了一大批具有较高水平、实践经验丰富的业务能手，可将业务需求及创新思路迅速落地并付诸实践。

3. 强大的自主研发能力和建设能力

平安证券打造了一支实力雄厚、业务精湛、技术过硬的 IT 团队。经过多年的持续创新，IT 团队从以管理维护为主转型为以自主开发为主，对现有系统有自主掌控力和研发实力。公司近几年针对核心系统进行了多项创新探索和成功实践，取得了领先行业的骄人成绩。

（三）价值和意义

平安证券打造新一代专业、强大的核心系统，对助力公司业务发展、实现战略目标有重要的意义。

1. 满足客户多样化交易需求和业务差异化发展需求

新一代核心系统能够快速响应市场发展和业务创新的需要，实现业务需求的快速落地，满足日益增长的客户多样化交易需求和业务差异化发展需求。

2. 提升业务处理效率，降低维护成本

新一代核心系统改变了业务系统彼此独立、通用功能重复建设的证券行业核心系统现状，实现了业务处理的集中统一管理，提高了业务处理效率，降低了系统维护成本。

3. 提高公司自主创新能力和核心竞争力

新一代核心系统充分运用金融科技实现自主创新，能够逐步减少证券行业对供应商系统的依赖，也不必担忧供应商支持创新乏力或者被快速抄袭，为公司业务发展提供了平台保障，提高了公司的自主创新能力和核心竞争力。

二、实施方案

（一）应用架构

平安证券新一代核心系统采取自主设计、合作开发的模式，根据自身的经验积累，结合对证券公司核心业务未来发展趋势的理解，全新设计了一套以客户为中心、支持证券公司核心业务的处理系统。

1. 交易中心

交易中心负责接收和发送客户订单，主要包括行情、订单、交易风控、成交回报和统一报盘等模块。交易中心提供多层次、多类型的投资交易服务，以及统一的跨市场、多品种订单管理和通道管理平台，满足客户多样化、个性化交易需求。

2. 清算中心

清算中心负责将客户的订单回报清算为资券的应收应付变动，主要包括标准化接口、实时清算、批量清算、清算规则、清算流程和清算结果等模块。标准化接口模块负责读取外部清算数据，并转换为标准化待清算数据；实时清算模块负责日间实时逐笔清算；批量清算模块负责晚间批量清算；清算规则模块负责配置各业务的清算规则；清算流程模块负责配置各类清算业务的跑批流程、对账流程；清算结果模块负责对外输出清算结果明细。

3. 簿记中心

簿记中心负责管控客户资产、统一资产维护入口、记载资产变化、输出资产报告和明细，主要包括资产账本、资产维护、持仓管理、逐日盯市、资产上账和资产报告等模块。资产账本模块负责记录客户的各类资产持仓明细情况；资产维护模块负责办理各类资产相关的登记存管、非交易类业务；持仓管理模块负责对保管的资产进行多维度的核对、钩稽，保证持仓数据准确、及时；逐日盯市模块负责检查持仓数据的业务风险，提示前端交易控制；资产上账模块负责接收清算中心提供的应收应付数据，并结合交收结果入账；资产报告模块负责对外报告资产情况，如提供对账单及资产证明等。

4. 其他模块

其他模块包括用户中心、账户中心、公参中心、佣金中心和交收中心等。这些职能都是从传统核心系统中独立出来的，用于协同处理交易生命周期各个环节的业务。

（二）技术方案

1. 基于分布式异构体系的事务性机制

为了实现新一代核心系统的可靠运行与业务的稳定开展，平安证券需要建立一套分布式异构体系，采用分布式、低耦合的部署模式，实现订单系统、清算系统、资产托管系统以及账户系统的专业化分工与协同，保证交易的稳定性与安全性，降低交易过程中出错的概率，同时快速响应客户多样化交易需求，支持业务快速落地。

针对分布式异构体系如何确保消息准确、完整的问题，新一代系统基于 BookKeeper 的消息持久化机制，建立消息确认、补发机制，通过建立高吞吐量的分布式消息总线，确保业务模块间的通信高效、稳定、完整。

2. 基于分布式存储、流式计算的高并发清算

目前，证券行业面临上账慢、回滚难、节点多、效率低、业务流程自动化程度低、人工操作风险大等问题。新一代核心系统以分布式、大数据技术为支撑，将批量清算提升为逐笔清算，并通过规则引擎为业务赋能。在架构上，新一代核心系统通过在多台物理机和虚拟机之间分割计算来加快数据处理速度，分为数据库服务器和计算器服务器。其中数据库服务器有两台，一台作为主服务器，另一台用于备份。每个数据库服务器都有一个缓存服务器，缓存服务器将数据库更新接收到镜像的存储区域中；而每台计算器服务器都有一个缓存服务器虚拟机和一些计算器虚拟机，所有这些虚拟机都定义了存储区域。缓存服务器的区域是镜像的，它从数据库机器虚拟机接收自动更新，从而保证启动更快、处理性能持续稳定。

3. 基于内存处理无锁模式的低时延交易

广大投资者对证券交易系统最核心的诉求莫过于快速、稳定。随着证券行业的不断发展，创新业务越来越多，拥有一套能支持高并发、低时延的稳定可靠的核心交易系统，是券商提高核心竞争力的关键点之一。新一代核心系统采用无锁交易处理模式，利用进程或线程的优势，减少交易业务进程或线程锁的开销，充分提高 CPU 的利用率，降低时延。在实际操作中，技术上需要规划不同的通道，用户在不同的通道间是不能切换的。因此，在新一代核心系统设计中，交易处理和报盘处理组件各有一组队列，每笔委托都需要分别经过这两个组件的其中一个队列进行处理。为避免资源争抢，同一个类型的委托处理、委托确认和成交回报都需要在同一个交易处理队列中，根据请求进行队列分发。各通道间是无锁的，交易通道和报盘通道串行执行，每个通道额度需要事先分配好，通道间无须共享数

据，从而减少进程间的切换，提高服务器资源利用率。

4. 基于FPGA技术的事前风控体系

在新一代核心系统设计中，公司经过充分的市场调研，利用硬件平台的计算和时延优势实现网络、应用环节的几何级加速，建设FPGA实验室，加快在交易、合规风控、策略算法等方面的应用研究及落地。值得一提的是，公司设计搭建了基于FPGA技术的事前风控体系，在满足客户交易速度要求的同时，做到了实时风控。

5. 基于Raft算法的安全可靠机制

目前，国内证券市场投资者自我维权意识和安全意识日益提高，监管部门的监管力度逐渐加大，证券公司业务层次不断深化，一旦核心系统出现问题就会产生严重的后果。

新一代核心系统依据CAP定理，采用单机容错技术融合冗余并行处理方案，基于Raft算法的排队机原理，构筑于高速消息总线之上，采用分布式架构、一主多从集群部署，实现消息跨网络、跨平台的可靠传输，为业务系统的多活架构提供支撑。

（三）核心优势

平安证券新一代核心系统在设计上摒弃了原厂商提供的单一系统、封闭运行的架构，创新性地利用业务生命周期原理重构系统，重新划分各系统的职责边界，进而降低业务耦合性、提升业务处理效率、提高业务灵活性和风险管控水平。

1. 降低业务耦合性

传统证券公司的核心系统主要是为客户提供场内股票交易的通道。经过多年的发展，客户可交易的品种不断增加，新业务不断上线，使客户的资产出入通道、变动规则和簿记时点变得异常复杂，业务耦合性极高，牵一发而动全身，进而导致新业务上线周期长、关联系统评估时间长；同时限制了证券公司的服务，比如客户连续交易转账的需求、清结算期间动用剩余资产的需求等多年来无法得到很好的满足。

平安证券从交易生命周期着手分析，认为满足客户个性化交易体验、交易多样性需求是必然的趋势，而清算中心、簿记中心应该统一处理，集中保管客户的资产，追求高效、标准化和自动化的发展方向，所以业务之间必然需要解耦。交易中心与清算中心分离，交易中心专注于交易订单的接收、发送，清算中心负责已确认订单的清算；清算中心与簿记中心分离，清算中心负责交易活动引发的资券应收应付数量计算，簿记中心负责汇总所有资产活动带来的资产持仓变化；簿记中心与交收中心分离，簿记中心按交收时点记载应收应付，而交收中心提供实收实付的结果，簿记中心据此进行入账；交易中心与簿记中心分离，簿记中心负责向交易中心提供资产持仓情况，并实时提供非交易引发的资产变化，交易中心则控制交易活动带来的持仓变化。公司通过对这一系列业务进行解耦，使新一代核心系统间各业务的耦合性大大降低，清算中心和簿记中心可以不用担心因交易压力带来的交易扩容，清算规则的变化不再影响交易中心或簿记中心上账规则。

2. 提升业务处理效率

传统证券公司核心系统的处理效率很难得到提升。例如盘后清算工作，需要收市后收齐各交易所、登记公司和基金公司的结算文件后，才能开始集中清算；一旦某个外部机构错发、漏发或者迟发文件，就会影响整个清算的完成时点，间接影响后续的监管报送和银证清算，甚至影响到第二天的开市交易。

平安证券新一代核心系统在运营模式上进行了彻底改良：各个模块可独立运行，不再捆绑串行执行；将晚间批量集中清算改为日间逐笔实时清算，日间逐笔处理已成交数据，晚间再补充非交易清算数据，核对日间清算结果差异，这样把业务处理压力分散到全天，使原来需要几个小时才能完成的工作缩短到十几分钟就完成了；支持客户跨节点交易、交易节点差额上账、清算差错定位、见款上账等，使业务处理效率得到极大提升。

3. 提高业务灵活性

相较于传统核心系统，平安证券新一代核心系统在业务灵活性上有了极大的提升。比如在设计上就把公参中心和佣金中心模块独立出来，统一管理交易中心、清算中心和簿记中心共用的参数，不再因为前后端参数不一致出现业务处理差错，也能及时、整齐、快速地调整相应的参数，最具代表性的就是交易日历和证券信息。而交易中心的订单系统支持弹性扩展，既可以根据当前交易压力进行快速扩充，如新增交易场所或交易板块，也可以采取新增交易节点的方式提供快速支持，不会干扰到已有的交易节点，使交易中心处于经济和性能的最佳平衡点。

最复杂的是业务规则的调整或新增交易品种，这些变化以往需要半年以上的开发、测试和上线周期。平安证券新一代核心系统首先在业务设计上就把已知的业务和交易品种全部纳入考虑范围；其次预留了扩展空间；最后把大量业务规则进行抽象，设计了独特的业务规则引擎，将标准化的业务规则配置在业务引擎中处理，当业务规则发生变化时，大部分的新业务不再需要完成系统开发工作，只需调整业务规则即可。

4. 提高风险管控水平

平安证券新一代核心系统非常重视对业务风险的管控，设定了多维度的措施防范透支风险、清算风险和持仓风险。交易时发生透支通常是由错簿记、漏簿记引起的，所以针对这一现象，新一代核心系统将已成交的订单与交易委托记录进行钩稽，保证所有成交结果在系统中都有合法的委托；同时，系统会根据交易记录倒算每个客户的持仓情况，保证得到的结果与日初持仓情况一致，以便及时发现资券透支的情形。

传统的清算有点像千军万马过独木桥，一旦有一条数据异常，就会堵塞整个清算过程，导致问题排查耗时耗力。为此平安证券在新一代核心系统中，对清算的处理做到逐笔流式清算，即每笔清算记录的运行是独立的，不会相互干扰，有问题的清算记录能够迅速地被定位并重跑，彻底减轻了清算风险带来的压力。

传统证券公司对客户的持仓管理模式是被动的，只能做到根据登记机构下发的对账数据来核对数量，当前客户持有的资产类型非常广泛，在没有中央登记机构覆盖的市场，这种模式存在极大的缺陷，容易产生持仓风险。新一代核心系统为了解决这个问题，将客户持仓的所有资产纳入生命周期管理，根据资产事件主动核对持仓变化，以便及时、准确地处理所有资产事件。

新一代核心系统从风险的源头入手，结合以往使用经验，建立了多道防线，使公司的整体风险管控水平得到了提高。

三、实践应用

（一）客户服务

新一代核心系统围绕交易生命周期各环节，以客户为中心，为客户提供多元化的服务。

1. 不同交易节点无感切换

新一代核心系统将交易、清算、簿记、交收流程标准化，簿记中心提供差额上账、批量上账等多种上账模式，以满足不同交易系统的要求，客户可以在不同交易节点间 T+0 自由切换，满足了客户多样化的交易需求。

2. 统一资产视图

新一代核心系统可以为客户提供统一对账单与实时总资产查询，展示客户所有的资产，不再区分交易通道分开查询。针对与多个经纪商交易的客户，新一代核心系统还提供标准持仓导入功能，可以导入客户在其他经纪商的交易资产，同时为存在多个投资交易账户的客户提供资产组合服务，支持灵活组合，查看资产配置及投资情况，进一步提升客户服务体验。

3. 提供详细的损益明细

原有的核心系统在持仓中记录损益数据，客户无法追溯历史交易的损益明细。新一代核心系统为客户提供每笔交易的损益明细，记录持仓的浮动盈亏，使客户可以溯源每笔交易的收益，进而为客户提供更详尽的数据支持与服务。

（二）支持业务发展

1. 规则引擎助力业务快速落地

业务规则发生变更时，现有的核心系统需要对多套系统进行变更，投入大量的资源在开发、测试环节，难以快速响应业务变更。新一代核心系统的清算、簿记处理逻辑通过自主开发的业务规则引擎配置得以实现，业务规则引擎支持金融领域清算业务规则语言，在新业务上线时，由业务人员完成规则配置，支持新业务快速落地。

2. 快速扩容客户交易节点

新一代核心系统可依据业务量的变化动态调整交易服务节点，交易系统间客户数据也可以灵活、快速地进行迁移。在市场突然出现较好行情、客户数及交易量急速增加的情形下，既可以实现快速拓展业务，也可以大幅提升资源利用率、降低系统运维成本。

3. 支持交易业务发展

新一代核心系统构建分布式的核心交易系统群，将簿记中心、清算中心、交易中心进行解耦，有效提高交易流程的敏捷性，满足业务连续交易的需求，支持多币种、多市场、跨时区交易，支持交易业务个性化、多样化发展，支持引进 FPGA、策略交易系统等各类新交易技术。

（三）风险管控

1. 资产全生命周期事件管理

新一代核心系统建立了覆盖资产全生命周期的事件库，对各类资产事件进行跟踪处理，依据参考数据核对外部登记机构处理的事件，根据资金收付情况发起对应事件的处理，主动管理客户持有期间的资产事件，保障客户资产准确、安全。

2. 交易事前、事中的风险控制

新一代核心系统建立成交汇总中心，对交易头寸和交易活动进行监控，发生异常情况后立即提示预警，为处理异常情况预留充足时间，改变目前只有在日终结算完成后才能发现异常的被动局面；借助 FPGA 硬件技术，对重点账户进行异常交易行为监控，突破高并发交易合规性检查瓶颈，应用于验资、验券、买卖力写入、通道关停、延迟展示等 9 类场景。

17

山西证券：基金画像在财富管理中的应用

林永峰　李禹汉　丁艳霞　沈　彦　穆婉青[①]

一、绪论

一直以来，券商的收入受市场行情波动影响较大。为了改变“靠天吃饭”的局面，避开“佣金战”的恶性竞争，挖掘可以带来稳定收益的业务，各券商纷纷探索由经纪业务向财富管理转型。同时，大数据、人工智能、云计算等金融科技的快速发展驱动了证券行业的发展。

财富管理，即帮助客户更好地管理自己的财富，如帮助客户选择合适的理财产品和资产配置方案，满足客户财富增值的需求。随着客户的需求越来越多，理财产品越来越丰富，行业对客户经理及投顾人员的要求也越来越高。传统投顾服务以人工服务为主，投顾人员因为精力有限，所以重点针对少部分的高净值人群提供服务，进而导致大量的普通客户缺乏相应的财富管理服务资源，此时自动化、个性化财富管理类产品和服务应运而生。一方面，利用金融科技将投顾人员的知识和经验打造成自动化服务的工具，以高效率、低成本的服务方式帮助客户进行财富管理，让普罗大众随时能够享受到专业的投资服务；另一方面，多维度了解客户需求，根据不同类型的客户提供千人千面的差异化服务，满足客户的个性化需求。

---

① 林永峰、李禹汉、丁艳霞、沈彦、穆婉青，山证科技（深圳）有限公司。

目前，在提供自动化和个性化服务方面，证券行业主要是从客户画像入手，深入挖掘客户的基础信息、交易习惯、投资偏好、行为数据等多维度数据，结合业务特征为客户打上各种各样的标签，建立全面的客户画像指标体系，针对不同的目标客群设计相应的财富管理策略，提高服务精准率，提升客户体验。而在产品画像方面，业内对其在财富管理中的应用介绍较少，因此本文从产品画像入手，以基金画像为例，着重介绍基金画像体系的建设方法与技术架构，并列举了基金画像在财富管理中发挥作用的一些应用场景。

二、基金画像体系建设方法与架构

（一）建设步骤

基金画像，即刻画对象为基金类产品的产品画像。参考常用的客户画像或用户画像建设方法，根据基金不同维度的数据可以提炼出一系列标签，具体分为以下六个步骤：

第一，梳理标签体系。一方面，可以根据投顾经验选取常用的衡量基金优劣的相关指标作为标签，如夏普比率、年化收益率、最大回撤等；另一方面，可以根据产品运营需求或客户服务需求并结合客户画像设计标签，如基金类型、基金主题、基金费率、跟踪指数等。

第二，梳理标签数据来源及计算口径。根据已设计的标签体系明确各标签的数据来源和计算规则，对具有多个数据源的标签，要详细对比来源质量，选择其中较合适的数据源，或者对多个数据源进行融合。

第三，设计标签库存储和计算框架。标签体系需要根据实际情况不断地进行丰富和完善，因此在初期设计灵活、可扩展的存储和计算框架是非常必要的，能够有效降低管理和维护成本。存储和计算框架应包含对存储数据库、存储格式及计算引擎的选型和设计。在大数据时代，数据具有体量大、种类多等特征，因此采用以 Hadoop、Spark、Flink 为主的大数据相关技术是较好的选择。

第四，开发标签数据。在前三步的基础上开发程序，编写离线和实时计算任务，为基金产品设置标签并检验标签的准确性。

第五，建立标签管理和监控机制。开发配套的工具对标签进行管理和监控，主要管理标签的计算规则、含义、生命周期、权限等，监控标签的覆盖率、计算情况、使用情况等，进而保障标签质量，为后续优化奠定基础。

第六，跟踪标签实际应用反馈，持续优化标签，评估标签价值，如经常使用的标签通常价值较高。

（二）设计标签体系

基金画像标签体系可以从基础信息、基金经理、基金公司、业绩表现、风险控制等维度进行设计，如图 17－1 所示。其中，每一个环节都需要与业务紧密结合，明确每个标签的含义，与业务达成共识、建立标准是保障标签质量的前提。

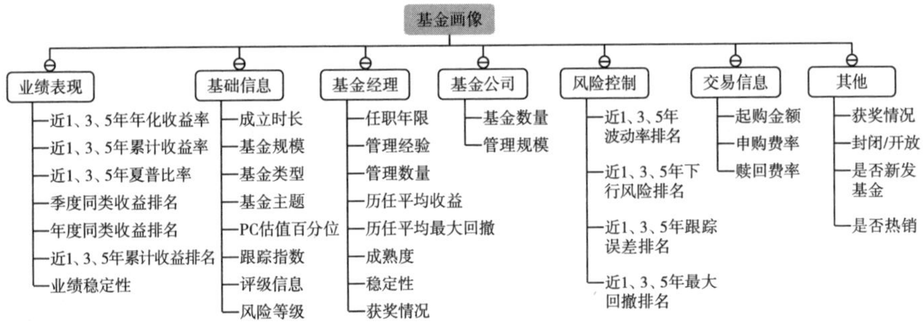

图 17－1　基金画像标签体系

（三）梳理标签来源及计算口径

标签数据来源主要分为内部来源和外部来源。内部来源主要包括业务开展过程中公司特有的数据，如基金分成比例、是否代销基金、与基金公司的关系、客户热度等；外部来源主要是指从第三方购买数据，常见的有恒生聚源、Wind 资讯、财汇数据等。在明确标签来源后，要进一步梳理计算口径。标签来源及计算口径梳理如表 17 – 1 所示。

表 17 – 1　标签来源及计算口径梳理

标签类别	标签名称	标签来源	来源表	计算口径（SQL 语句）	负责人
基本信息	基金规模	恒生聚源	JY_table1	select ××× from JY_table1 where ×××	×××
基本信息	成立时长	恒生聚源	JY_table2	select ××× from JY_table2 where ×××	×××
基本信息	基金类别	Wind 资讯	Wind_table1	select ××× from Wind_table1 where ×××	×××
业绩表现	年化收益率	Wind 资讯	Wind_table2	select ××× from Wind_table2 where ×××	×××

（四）建立存储和计算框架

在标签数据存储方面，对于体量较小的数据，可选用 Oracle、Mysql 等传统关系型数据库；对于体量大的数据，可选择 Hadoop、Spark 等生态技术组件，如 Hbase、Impala、Presto、Elasticsearch，或者选择 MPP 架构的分布式数据库，如 GreemPlum、TiDB、ClickHouse 等。

在标签存储表结构设计方面，主要有宽表和窄表两种方案。其中，宽表是指列数很多的表，每个标签对应一列记录；窄表是指列数固定但行数很多的表，每个标签对应一行记录。假设有 *M* 个基金产品，标签体系有 *N* 个标签，则两种表的设计结构见图 17 – 2。

标签宽表

产品ID	标签1	标签2	…	标签*N*
id1	value11	value12	…	value1*N*
id2	value21	value22	…	value2*N*
⋮	⋮	⋮	…	⋮
id*M*	value*M*1	value*M*2	…	value*MN*

标签窄表

产品ID	标签ID	标签值
id1	tagid1	value11
id2	tagid2	value12
⋮	⋮	⋮
id*M*	tagid*N*	value*MN*

图 17 – 2　标签宽表及标签窄表的设计结构

在实际应用中，因不同标签适用的产品对象存在差异，如针对跟踪指数、获奖情况、是否代销等标签，只有一部分基金才有数据，使用宽表进行存储容易造成数据的大量冗余，且不容易扩展（每次新增或者删除标签均需要修改表结构），但其查询效率和便捷性较高；窄表因列数固定，标签的增加和减少对应行数的增加和减少，无须修改表结构，因此方便扩展，但涉及多标签组合条件查询时需要进行额外的逻辑处理，且因记录数量较多，查询效率和便捷性逊于宽表。我们可以将宽表和窄表结合使用，标签计算结果先采用窄表进行存储，实际应用时再转换成宽表。宽窄表结合的画像标签计算流程如图 17－3 所示。

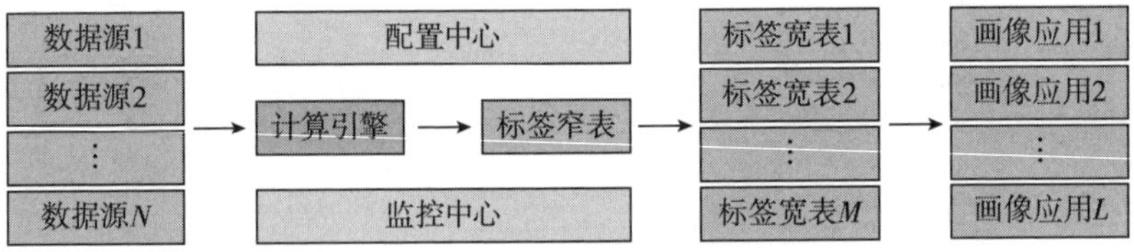

图 17－3　宽窄表结合的画像标签计算流程

（五）标签开发

为了提高标签后续管理的便捷性，降低标签口径或数据源变动带来的维护成本，标签开发过程可依据数据仓库模型进行分层建设，通常包括 ODS 层、DW 层、DM 层等。ODS 层基本和原始数据保持一致，DW 层主要是基于原始数据加工得到一系列存储中间结果的基础信息表，DM 层则是基于 DW 层的基础信息表、根据应用场景加工得到的针对性较强的数据表。在山西证券的基金画像标签开发中，基金标签最终通过 DM 层数据来生成。

通常，由于 DM 层数据已经较标准且贴近应用，公司可建立规则库和配套的计算引擎并通过该层数据自动生成标签，无须人工从零编写计算代码，通过前端管理页面修改规则库即可实现标签的可配置化管理和计算，即无代码开发。该规则库主要包括标签计算所需要的各种参数，如基础表、过滤条件、聚合规则、计算频率、更新方式（全量或增量）等。

（六）标签的管理及监控

标签的管理和监控分别对应配置中心和监控中心，是标签治理和质量保障的重要组成部分。标签的管理主要包括标签基本信息、计算规则、生命周期、权限控制等，如图 17－4 所示。标签的监控主要包括对标签计算和使用情况的监控，如图 17－5 所示。

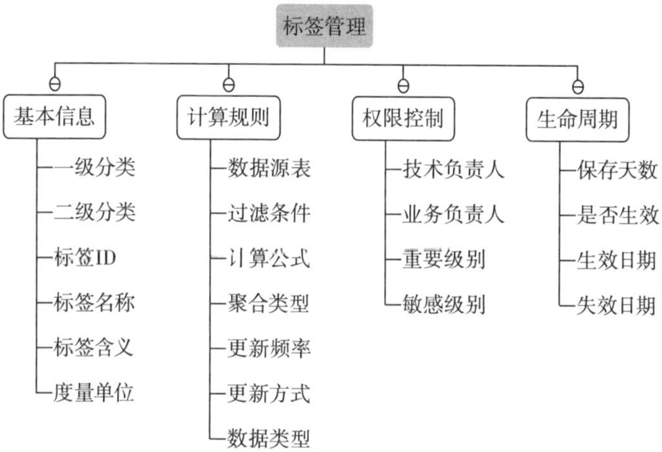

图 17－4　标签管理项

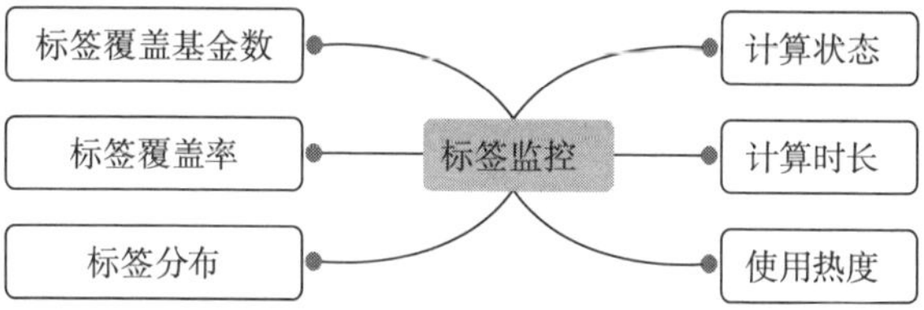

图 17－5　标签监控项

（七）整体架构

在明确以上各个步骤建设的内容和需求后，公司可借助大数据平台完成基金标签体系的建设及应用研发。结合大数据平台，标签体系建设的整体系统架构可参考图 17－6。

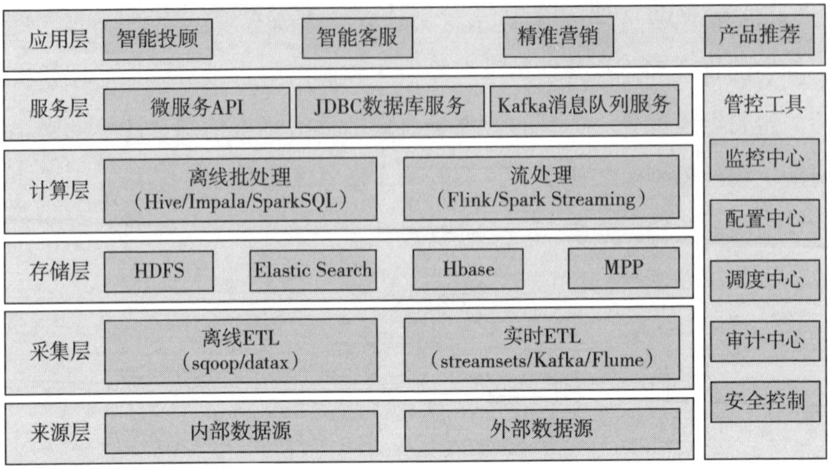

图 17－6　标签体系建设的整体系统架构示例

三、基金画像在财富管理中的应用

（一）基金诊断

市场上基金数量众多，且每只基金信息量巨大。普通投资者选择基金时，往往面临信息繁杂、专业门槛高等问题，对基金各项数据内容看不完、看不懂、抓不到重点，直接影响其理财决策和时间成本。所以，证券公司利用基金画像研发基金诊断功能可以减少投资者的学习成本和决策成本，帮助投资者挑选出优秀的基金产品。

目前大部分券商 App 对基金产品的展示主要是资讯商的原始数据展示，一方面，缺乏从专业投顾角度对基金的刻画，如各类排名、风险控制、业绩稳定性等；另一方面，信息展现的重点仍以历史业绩为主，简单粗糙，未突出其他方面的综合表现，如基金经理能力、获奖情况等。因此，证券公司可研发针对基金的多维度综合诊断应用，更加直观地展现全市场基金或代销基金的各项评价指标，为普通投资者提供精简、客观、有效、专业且主次分明的信息。此外，在基金诊断应用的基础上，公司可进一步研发针对基金经理和基金公司的诊断工具。由于新发基金缺乏历史业绩数据，此时公司可通过对基金经理和基金公司的诊断为投资者提供决策参考。

（二）标签选基

初次接触基金理财的客户往往不知道如何从众多基金中快速、批量地筛选出投资标的，或者即使已经知道想要投资的基金需要满足哪些条件，也缺乏相应的工具进行筛选。基于基金画像的标签选基工具可以解决此类场景的痛点。

标签选基应用主要是将基金画像的标签在服务终端（App、网页等）进行分类平铺展示，客户可通过点击多个标签进行组合筛选，快速定位想要关注的基金池，并进一步通过基金诊断确定投资标的。例如客户可以根据基金标签快速筛选出年化收益率20%以上、近3年夏普比率排名前50%且近1年最大回撤排名前50%的偏股型基金，并将该组合标签保存为自定义标签，下次使用时即可直接点击此标签筛选基金。

（三）基金推荐

传统的基金推荐大都是根据专家经验，抑或是简单地按基金热度、销售任务进行推荐。此种方式一方面对专家经验要求高；另一方面以销售任务为目标，很难做到以客户为中心，客户体验较差。证券公司可以将基金画像与客户画像相结合，采用基于内容的相似推荐算法为客户找到符合其理财偏好的基金，利用推荐技术研发“相似基金”或“猜你喜欢”等功能，为客户提供千人千面的财富管理服务。

（四）基金智投

随着FOF基金的推出，基金组合投资逐渐成为一种较热门的资产配置方式。公司可以为投资者提供“一篮子基金”的财富管理方案，以及二次精选基金、仓位配置和调仓服务，帮助客户分散风险、节省精力以及实现财富增长。其中，二次精选基金可以利用基金画像建立基金评分模型或结合机器学习算法选出投资标的；仓位配置及调仓模型可以利用蒙特卡洛方法模拟基金净值未来走势，结合投资组合模型（如马科维茨均值—方差模型）及市场风险水平计算基金组合各标的的仓位权重，最终建立基金智投模型，为客户提供智能资产配置服务。

（五）其他应用

基金画像技术还可以嵌入券商其他服务，如智能客服、语音助手等，并通过券商 App、网上营业厅、投教基地、公众号、小程序等多种渠道为客户提供服务。

四、总结

本文利用大数据技术及行业经验介绍了基金画像体系的建设方法和相关技术架构，并就基金画像如何应用于以客户为中心的财富管理业务提出了多个应用场景，一方面基于基金画像体系打造多种为客户提供服务的智能投顾工具，另一方面提出基金画像可与客户画像、用户画像等相结合进而为客户提供个性化的财富管理服务。

本文介绍的基金画像技术与应用已在山西证券财富管理业务中取得一定的成果。山西证券汇通启富 App 上线了精选基金池和基金诊断功能模块，帮助客户进行投资决策。未来山西证券将在基金推荐及基金智投模型领域进行深入研究，利用大数据技术及人工智能算法为客户提供更多智能的财富管理服务。

18

万联证券：数字化赋能证券行业财富管理转型的思路和方法探析

何勇峰　张均炜　胡利安　蔡兴文[①]

一、财富管理转型背景

经纪业务是证券行业的传统业务之一。但是近年来，一方面，随着平均交易佣金率持续下滑，新增投资者规模萎缩，经纪业务收入占证券行业营收的比例持续下降；另一方面，资本市场对外开放的步伐加快，外资力量对行业竞争格局的影响也不容忽视。在内外部多种因素共同驱动下，经纪业务步入了向财富管理转型的阶段。

（一）经纪业务发展面临困境

麦肯锡公司分析报告《大浪淘沙，沉者为金：券商零售经纪业务转型》显示，自2009年以来，经纪业务交易佣金率逐年下降；2009年，平均交易佣金率约为0.13%；随着非现场开户的普及，行业竞争加剧，2018年交易佣金率下降至0.03%左右，趋近于行业平均成本线，经纪业务的利润趋近于零。2009—2018年经纪业务交易佣金率如图18－1所示。

---

① 何勇峰，万联证券股份有限公司总裁助理兼财富管理总部总经理；张均炜，万联证券股份有限公司财富管理总部副总经理；胡利安，万联证券股份有限公司财富管理总部金融科技部（广州）经理；蔡兴文，万联证券股份有限公司财富管理总部金融科技部（广州）开发管理副总监。

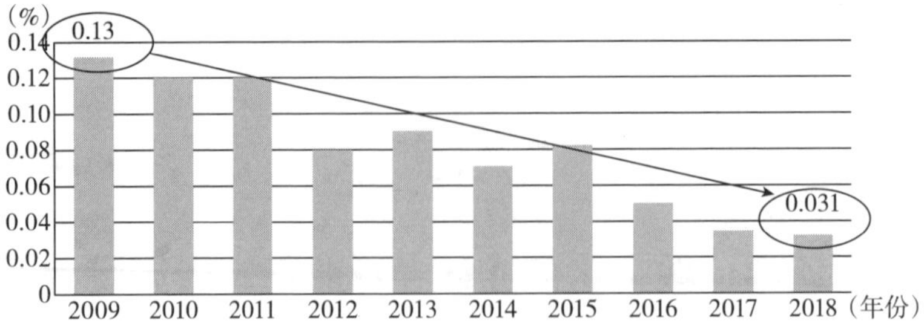

图 18－1　2009—2018 年经纪业务交易佣金率

资料来源：麦肯锡《大浪淘沙，沉者为金：券商零售经纪业务转型》。

随着交易佣金率的下降，经纪业务（不含融资融券）收入占证券公司全部收入的比重也呈下降趋势，从 2009 年的 79% 下降至 2018 年的 25%，首次低于 30%，如图 18－2 所示。

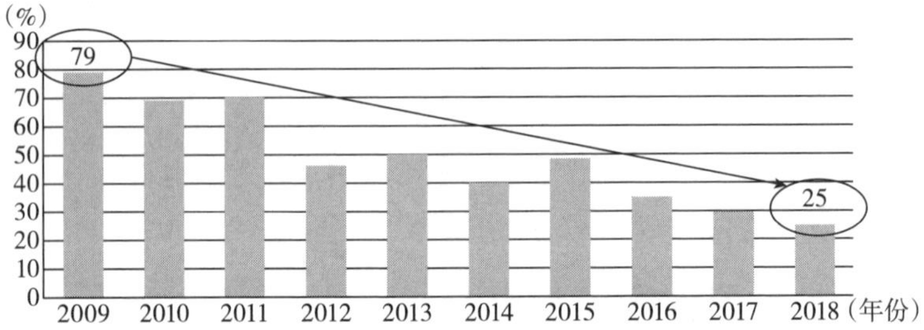

图 18－2　2009—2018 年经纪业务收入占总收入比重

资料来源：麦肯锡《大浪淘沙，沉者为金：券商零售经纪业务转型》。

（二）政策开放加剧行业竞争

2018 年 4 月，证监会正式发布《外商投资证券公司管理办法》，进一步扩大证券业对外开放，证券公司、基金管理公司和期货公司外资持股比例限制放宽至 51%，三年后不再设限，此后又将取消限制的时间点提前到了 2020 年 12 月 1 日。

政策的开放激发了外资券商进入中国市场的热情。截至 2020 年 4 月，共有 6 家外资控股券商获得证监会批准，包括瑞银证券、摩根大通证券（中国）、野村东方国际证券、摩根士丹利华鑫证券、高盛高华证券以及瑞信方正证券。此外，新加坡星展银行、日本大和证券、中国台湾元富证券、中国粤港证券等18家合资券商正在排队申请经营牌照。

尽管外资券商的进入会大幅提升整个证券行业的服务水平，但难免会给国内券商带来人才、业务等方面的竞争压力。因此，国内券商要提升综合实力，继续深耕市场，充分挖掘自身潜力。

（三）财富管理市场潜力巨大

在内外部环境驱动下，经纪业务向财富管理转型成为行业共识与发展方向。财富管理以客户为中心，为客户提供资产配置、投资标的选择、投资方案设计等服务，并以为客户资产保值增值为最终目标。

随着经济的迅速发展，我国居民对财富管理的需求日益旺盛，财富管理市场潜力巨大，客户投资需求呈多样化趋势。2019年6月，招商银行和管理咨询机构贝恩公司联合发布《2019年中国私人财富报告》。该报告结论及数据显示，2019年中国个人可投资资产总规模约200万亿元，中国中产阶级和高净值人群可投资规模巨大；从居民可投资资产配置比例来看，现金及存款是最主要的资产配置类型，与标准普尔家庭资产配置模型对比，财富管理存在很大的发展空间。

（四）国内券商财富管理转型三大阶段

回顾国内券商财富管理之路，可以将其分为以下三个阶段：

第一个阶段是财富管理的萌芽期（2000—2008年）。在这一阶段，券商的主要收入来源于通道业务，即佣金及保证金收入。而代理买卖证券收入严重受到市场行情的影响，业务同质化现象非常严重。

第二个阶段是财富管理的雏形期（2009—2015年）。这一阶段伴随着佣金自由化进程的不断推进，各家券商根据自身的特点与优势开辟了新的业务领域，主要包括产品代销、两融业务（融资融券业务）、资讯服务以及投资咨询服务。然而由于受监管政策、间接融资体系、客户基础以及进入门槛等限制，大部分券商的财富管理业务没有实质性开展。从财务表现来看，仅有的财富管理业务局限于产品代销业务，其实质仍然没有脱离传统的通道业务。

第三个阶段是财富管理的发展期（2016 年至今）。在这一阶段，各家券商开始根据自身的资源禀赋、特点及优势重新思考零售业务的财富管理转型，在上一阶段的基础上构建券商版的财富管理体系。

二、数字化是财富管理转型的必由之路

在财富管理转型的第三个阶段，数字化的蓬勃发展为券商财富管理转型提供了新的思路和方法。

（一）数字化转型的背景

《2020 年国务院政府工作报告》[①] 指出，要继续出台支持政策，全面推进“互联网 +”，打造数字经济新优势。数字化正在深刻赋能各行各业，在消费升级以及供给侧结构性改革方面发挥重要作用。

与此同时，中国证券业也将数字化和金融科技视为转型发展的重要趋势和核心能力。2019 年 1 月，麦肯锡公司发布《展望 2019 中国证券业：把握五大趋势六大主题》报告，指出中国证券行业有五大中长期发展趋势，包括行业分化整合、客户机构化、业务资本化、全面数字化、运营智能化；2019 年，在把握这些中长期发展趋势的同时，券商应聚焦于明确差异化战略方向、打造有特色的业务模式、拥抱数字化和金融科技、精细化运营、管理和经营风险、重塑组织和文化等六个议题，积极转型谋求发展。2020 年 4 月，麦肯锡公司发布《展望 2020 中国证券业——拐点已至，券商三大制胜要素与六大核心能力》报告，将金融科技列为券商六大核心能力之一。

---

① 2020 年 5 月 22 日，国务院总理李克强代表国务院向十三届全国人大三次会议作政府工作报告。

（二）数字化转型面临的主要问题

数字化对社会发展的影响是全方位的，“80 后”及更年轻的人群甚至被称为“数字原住民”，他们自出生起就处于一个无所不在的网络世界，对于他们而言，网络就是他们的生活，这也对券商财富管理转型提出了一系列挑战。

一是随着互联网新增网民数量的增速下降，互联网引流开户的数量也在下降，券商客户的运营重点由增量运营转变为存量运营。

二是“80 后”“90 后”财富人群倾向于采用线上理财方式，而大部分券商的服务模式仍停留在传统的线下方式，缺乏高效触达和服务客户的方式，并且在服务方面没有做到全记录，存在一定的合规风险。

三是投教方面，客户缺乏金融知识、风险识别能力不足，投资者保护及教育工作任重道远。

四是年轻客户的需求逐渐多元化，而券商的产品相对单一，无法针对性地提供个性化资产配置解决方案。

五是年轻客户对券商服务平台软件的用户体验提出了更高的要求，而出于历史原因，券商的信息系统多采用外包采购方式建设，平台工具化属性较严重，注重业务和合规要求，与互联网公司相比，客户体验感较差。

（三）数字化是回归金融本质的要求

财富管理转型的目标应该是回归本源，即以客户为中心，实现客户资产的保值增值。

财富管理正在将普惠金融作为重点补充和前进的方向。普惠金融的主要特点是门槛低、大众化、个性化、易理解，与传统金融存在较大差别。证券公司要想实现财富管理转型，不仅要在客户层面、运营模式、服务及产品层面做出改变，还要在理念、商业模式上做出改变。

互联网模式对各个传统行业的深度渗透和再造给了笔者很大的思考和

启发。其实券商接触互联网的时间较早，但是互联网模式真正得到全行业的认同，是因为金融科技的兴起和实践，尤其是华泰证券的成功案例。

（四）数字化技术对业务场景的深入渗透

目前证券行业应用最普遍的金融科技技术是人工智能和大数据。头部券商之所以能为客户提供个性化、差异化的服务，是因为其运用了大数据技术和客户画像技术。证券行业是数据密集型行业，沉淀了大量客户数据，运用大数据技术和客户画像技术能够将财富管理业态数字化，进而实现精细化运营、精准营销，挖掘更多的业务机会。例如，智能投顾是人工智能与投顾服务的完美结合，解决了证券公司为长尾客户提供标准化、专业化服务的难题。更广泛地来看，凡是能够优化和重塑财富管理业务模式的，均可以称为金融科技，如移动互联网、小程序等已经在券商行业普遍运用的平台和服务都属于金融科技的应用。

综合而言，金融科技并未改变财富管理的本质，只是充分发挥科技服务的优势，赋能传统服务业态。

三、财富管理各业务环节的数字化赋能方法

（一）总体思路

万联证券积极推进经纪业务向财富管理转型，调整组织架构，成立了财富管理总部，其主要职责是根据个人或机构客户的需求，提供标准化、个性化、定制化服务，以满足客户全方位、差异化资产配置及财富管理需要。万联证券数字化总体思路是依托金融科技，构建以“员工＋平台＋产品＋服务”为支柱的O2O财富管理服务体系，如图18－3所示。

O2O财富管理服务体系的核心是客户，通过平台和员工，即线上与线下相结合，传递公司的产品和服务。平台除了直接面向客户外，还要赋能员工。面向客户，万联证券搭建了四大面向客户的服务渠道，覆盖所有客户的使用场景；面向员工，提供电脑端和移动端CRM系统，提供360°客

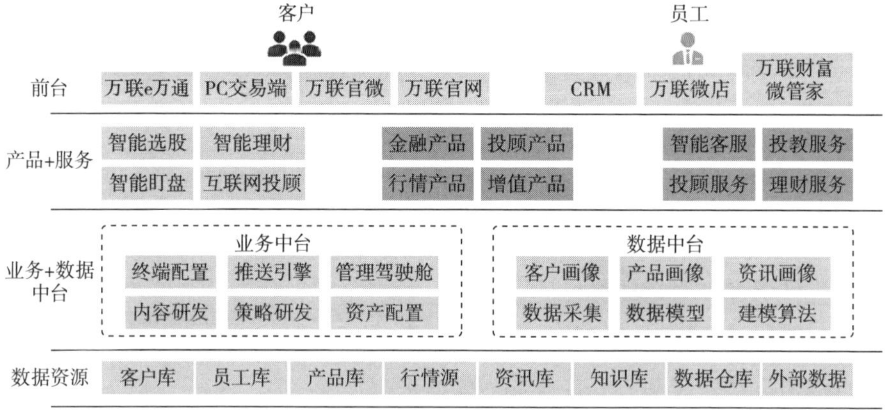

图 18－3 数字化总体思路

户全景视图，刻画客户资产及投资行为特征；面向微信社交生态的万联微店和万联财富微管家，可以使营销员工通过微信社交场景更好、更及时地服务客户，实现金融产品及投顾产品定向销售。

产品方面，除了传统的证券交易品种外，万联证券致力于打造金融产品、投顾产品、行情产品和增值产品四大产品体系，服务不同层级的客户，满足客户差异化、多元化的需求；服务方面，智能客服、投教服务等基础服务以线上为主，覆盖大量的长尾客户，投顾服务和理财服务主要提供专业的投资服务，覆盖优质客户和高净值客户人群。

技术架构方面，万联证券采用“业务中台＋数据中台”的双中台驱动方式，业务中台满足中台部门，尤其是客户运营和业务管理的工作场景。通过数据技术，如万联证券打通各业务系统、员工系统以及职能系统的数据，实现数据融合，并通过数据挖掘技术建立业务标签，支持前台系统的精细化服务。

数据资源是重要的基础资源，万联证券通过对业务场景进行共性抽提和归纳，建造业务的公共数据资源池并进行维护，更好地输出至中台和前端。

（二）O2O 财富管理服务平台

万联证券通过多端多渠道的协同，打造面向客户端、员工端和管理端的 O2O 财富管理服务平台。

客户端是面向投资者的综合金融服务平台，包括移动端的万联 e 万通、官方微信、官方网站以及 PC 端交易软件。e 万通是万联证券移动端和电脑端的协同服务平台，为客户提供开户、行情、交易、资讯、理财产品、投资顾问等服务。官方微信是公司重点打造的互联网门户之一，是客户进行信息沟通、获取服务、办理业务的重要平台。

员工端主要包括营销服务展业的微店及小程序，可以实现营销任务管理、产品销售和客户管理等功能。

财富管理科技平台致力于通过金融科技和数据科技手段，为总部部门和分支机构提供客户营销、客户运营、产品创新、产品销售管理所需的工具和数据资源。

（三）数字化赋能产品研发与销售

万联证券推出的投顾社区是其优秀投顾服务类产品展销和客户互动服务平台，目前公司大部分投顾已入驻该平台，形成良好业务生态。投顾社区主要具备两个特点：一是投顾服务社区化，为客户提供每日观点、问股广场、人气投顾、深度专栏、万联学院、热门财圈、投顾产品等功能，客户可以获得多种形式的服务、标准化的产品或者一对一的签约服务；二是为投顾人员提供产销一体化服务，包括内容生产、直播交流、定向销售、销售统计和断点营销等，覆盖多种业务场景。

（四）数字化赋能线下营销展业

万联证券通过数字化技术打造适用于微信社交场景的展业平台——万联财富微管家，包括 H5 和小程序两种形式。该平台不仅可以实现理财产品、投顾产品的定向销售和客户管理，还支持多种形式的业务宣传海报和优惠券等互联网运营工具。

（五）金融科技助力直播新形式

新冠肺炎疫情期间，全国人民团结一致共同抗疫，远程办公、互联网直播等新形式的办公及营销服务迅速发展。券商的各种直播也纷纷亮相，如万联证券推出“万联脱口秀”活动，每周进行三场专题直播，内容涵盖理财知识、热点访谈和万联研究，已经实现常态化运作，取得了不错的效果，满足了疫情期间在线服务客户的需要，宣传了公司品牌。

在数字化技术方面，万联证券采取云端部署、快速搭建的策略和方案，通过“外部链接+API 对接”的方式嵌入公司客户端，实现与财富管理平台无缝对接，大大降低了运维的人力成本。

（六）数字化赋能科技研发

目前券商基本上配备了自主开发力量，可以实现业务需求的灵活、快速响应，并逐步提升为数字化技术体系的自主研发，主要发展方向包括人工智能技术、云计算、大数据技术、微服务等。

人工智能技术主要包括深度学习、图像识别、语音识别、语义识别、知识图谱等，具体应用于智能选股、智能盯盘、智能客服、智能投顾、智能质检等场景。云计算包括云部署、云存储、云计算，能够支持快速迭代、微创新、新应用试验快速上线、大型活动资源分配。大数据技术包括埋点采集，数据抽取、转换、装载（Extract – Transform – Load，ETL），大数据存储，大数据计算，可视化等技术，应用于领导驾驶舱、多维度联机分析、客户画像、产品画像、资讯画像、客户积分、员工积分、运营优化、产品设计优化等方面。微服务包括分布式部署、自动化运维、分业务升级，主要优势是支持快速迭代、系统互联互通、客户体验统一。

（七）数字化赋能客户运营

作为财富管理服务体系中重要的支点，平台肩负着新流量获取、促活、留存和转化的重要任务，因此证券公司都比较重视平台的全方位运营。为此，万联证券需要建立基于运营目标和数据资源驱动的、支持策略化和场景化的精细运营体系。

资源只有经过数字化，才能在互联网环境中充分发挥作用。因此，万联证券打造了客户、产品、资讯、平台四大主题域的画像系统，并依托推送引擎以及精细化的运营策略开展客户运营。

传统的客户运营由于缺乏数据支持，难以有针对性地验证运营策略和效果，数字化技术能带来很大的改变。数字化推送引擎支持人工推送和系统自动推送两种方式。万联证券通过数据平台设置推送策略，根据标签筛选客群，匹配对应的管理资源，在推送和转化的各个环节埋点，进行全链路转化漏斗分析，对运营策略进行验证与优化。万联证券数字化运营体系如图 18－4 所示。

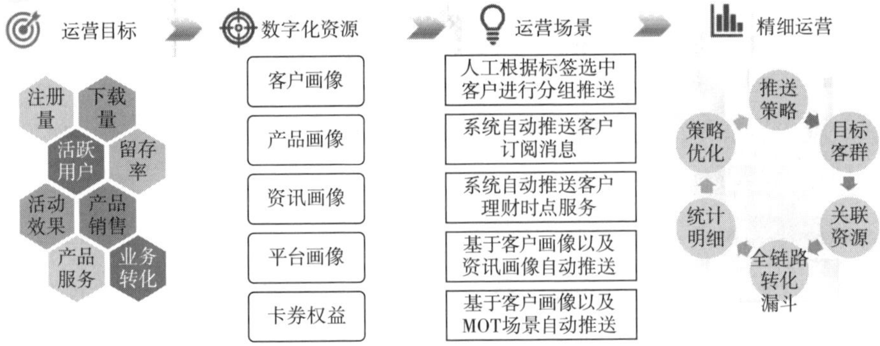

图 18－4　万联证券数字化运营体系

（八）数字化赋能互联网产品设计

数据的加持使得产品设计工作更加精细化、更加有的放矢。万联证券在传统产品设计中增加了行为分析和数据验证两个环节，根据客户行为、转化漏斗、系统运行日志等数据，探索客户行为规律，挖掘客户痛点和潜在需求，同时使得需求的来源更科学合理、更具有可预测性。在产品上线后，万联证券通过 A/B 测试方法，埋点采集行为数据，进行用户路径和转化漏斗分析，验证产品的设计是否与预期匹配。万联证券数字化产品设计流程如图 18 －5所示。

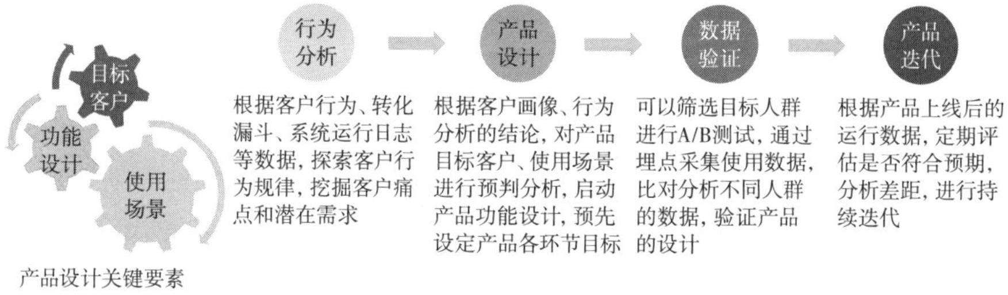

图 18 －5　万联证券数字化产品设计流程

四、总结

证券行业的发展表明，金融科技已经成为证券行业的生产力和核心竞争力之一。金融科技的发展实践表明，数字化赋能财富管理业务有助于优化投资体验，为投资者提供差异化、个性化资产配置及财富管理服务，是经纪业务向财富管理转型的强力助推器。笔者相信，证券行业财富管理将会坚定数字化转型方向，积极拥抱金融科技，扩大对财富管理业务场景的渗透，在新的竞争格局中寻找新的增长机会。

参考文献

[1] 黄河，袁伟，王璞，等．大浪淘沙，沉者为金：券商零售经纪业务转型[R/OL]．(2018 －04 －09)[2020 －06 －01]．https://www. mckinsey. com. cn/wp －content/uploads/2018/04/麦肯锡2017 年中国券商零售客户调研报告．pdf.

[2] 招商银行，贝恩公司．2019 年中国私人财富报告[R/OL]．(2019 －06 －06)[2020 －06 －01]．https://www. bain. cn/pdfs/201906060118008610. pdf.

[3] 广发证券股份有限公司．国内券商财富管理业务模式研究[A]//创新与发展：中国证券业 2018 年论文集(下册)[C]．北京：中国财经出版传媒集团，中国财政经济出版社，2019.

[4] 黄河，袁伟，王璞，等．展望 2019 中国证券业：把握五大趋势六大主题

[EB/OL]. (2019－01－11)[2020－06－01]. https://www. mckinsey. com. cn/wp－content/uploads/2019/01/麦肯锡_展望2019中国证券业:把握五大趋势六大主题－1. pdf.

[5] 盛海诺,袁伟,王璞,等. 展望2020中国证券业:拐点已至,券商三大制胜要素与六大核心能力[EB/OL]. (2020－04－22)[2020－06－01]. https://www. mckinsey. com. cn/wp－content/uploads/2020/04/20200421_麦肯锡_展望2020中国证券业. pdf.

19

兴业证券：数据化运营体系建设研究

郭　东　孙　华　王健全　王　玥

邱华勇　马鋆烁　沈　莉　王佳豪[①]

一、研究背景

随着大数据等金融科技的飞速发展，证券行业生态和业务模式正在发生颠覆性的变化，同业竞争也愈演愈烈；同时，监管机构积极鼓励和引导证券公司利用金融科技提升客户服务、经营管理和风险控制水平，加快公司数据化转型。追求领先的证券公司已纷纷追逐数据化转型浪潮，力争通过数据化和金融科技手段打造具有核心竞争力的业务模式。

数据化运营作为数据化转型中的重要环节，在行业内处于积极探索和早期实践阶段。证券行业的数据化运营面临组织架构不清晰、文化建设不充分、运行效率不够高以及业务成效不明显等共性问题。本文从行业共性问题出发，以数据资产管理理论为指导，以业内先进实践为参照，以行业现有成果为基础，从数据化运营的内涵、保障、流程、工具和关键点等角度进行研究，辅以实践案例，形成较为完善的证券公司数据化运营体系的建设方法，为同业开展数据化运营提供参考。

① 王健全、王玥、邱华勇、马鋆烁、沈莉，就职于兴业证券股份有限公司；郭东、孙华、王佳豪，曾就职于兴业证券股份有限公司。

二、国内外发展现状

近年来，国际投行十分重视数据化运营，通过在资金、人力等方面的大量投入，有效推进金融科技创新和产品落地，为数据化转型提供源源不断的驱动力，并促使数据化运营贯穿公司日常经营管理。其中，摩根大通将数据化转型纳入公司发展的核心战略和理念，形成了具有前瞻性的科技布局和数据化运营的文化基础；瑞银通过财富管理大平台（One WMP）构建了数据化财富管理生态，在全球范围内满足客户多元化的财富管理需求；摩根士丹利推出了 Next Best Action 平台，支持提供投资建议、操作预警、辅助解决客户日常事务等核心功能。

相比国外，国内证券公司的数据化转型仍处于起步阶段。头部券商已普遍意识到数据化转型的重要性，并沿着该方向努力探索，在体系机制、平台架构和技术应用等方面取得了一定进展。国泰君安率先在业内发布了基于3A3R① 的数据化运营指标体系，运用大数据模型算法，从海量客群中筛选类似特征人群，提高智能营销精准度，促进线上流量的承接及转化，为客户提供工具、资讯、理财等差异化服务内容。华泰证券成立数据化运营部，在各大业务领域设立由业务人员和技术人员共同组成的数据化转型推进小组，协同开展业务，寻找可以利用科技进行优化和创新的突破点。

三、数据化运营体系建设

基于证券公司的运营现状，本文从数据化运营的内涵、保障和流程等方面进行研究。

（一）数据化运营的内涵

数据化是方法和手段，运营是核心和目的。数据化运营是指从业务问

① 即感知、获客、活跃、留存、收入、传播，对应用户生命周期的不同阶段。

题出发，确定数据范围，并利用数据分析指导业务决策，提升业务效率，实现业务增长。其核心要义是培养公司全员数据驱动意识和应用数据提升本职工作的能力。但在数据化转型中，证券公司经常会陷入“知易行难”的困境，往往面临“数据没存储”“数据不可用”“数据用起来难”以及“数据怎么用”等一系列问题。为了解决上述问题，数据化运营需要经历四个阶段（见图 19 - 1）。

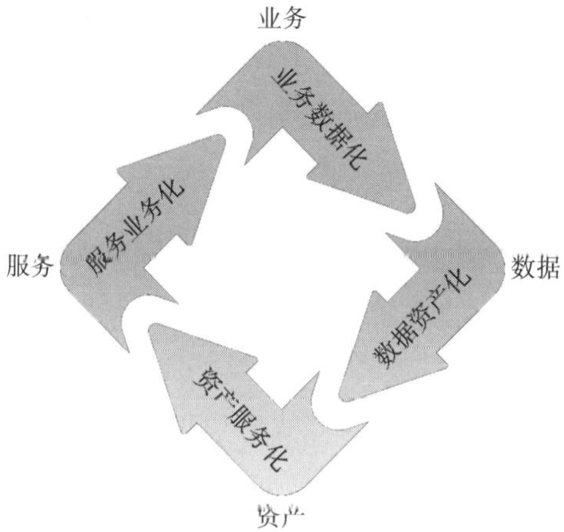

图 19 - 1　数据化运营的四个阶段

一是业务数据化，即信息系统建设阶段，解决“数据没存储”的问题。经过多年信息化系统建设和数据积累，证券公司基本实现了业务数据化。

二是数据资产化，即数据资产治理阶段，解决“数据不可用”的问题。近年来，证券公司正在积极开展数据治理工作，并逐步取得成效。

三是资产服务化，即数据资产输出阶段，解决“数据用起来难”的问题。大部分证券公司都已开始研究和构建数据中台，期望通过它实现数据价值快速向业务传递。

四是服务业务化，即数据化运营阶段，解决“数据怎么用”的问题。证券公司的服务业务化尚处于摸索阶段，缺少体系化、可落地的方案，是本文研究的重点。

（二）数据化运营的保障

1. 推进策略

首先，数据化运营是证券公司战略规划的重要组成部分，可以采取全员参与的推进策略，由决策层制定规划，管理层发布政策，执行层实施落地；其次，证券公司的中高层人员需要充分认识到数据量化决策的科学性和重要性，逐步改变仅依据经验和感性认知进行决策的模式，因此可以采取提高认知的推进策略；最后，证券公司的高层人员拥有较大决策权，管辖较多的子公司和分支机构，可以采取自上而下的推进策略，推进各子公司和分支机构的数据化运营工作。

2. 组织保障

组织架构是数据化运营的重要保障。通过行业内外调研以及实践经验，本文总结出典型的组织架构主要包括以下三种模式：

第一种模式是中台模式。中台模式即数据工作集中处理，常称为中台团队。在“大中台、小前台”的组织架构下，处于中台的数据运营团队不仅需要为前台各业务条线提供数据支持，还需要为中台的其他团队提供数据分析、数据开发、用户画像和推荐算法等方面的支持。

该模式的优势体现在：第一，提升数据质量，集中处理数据的需求，在一定程度上解决了数据源和口径定义不一致的问题；第二，共享人力资源，建成数据人力资源池，在一定程度上缓解了需求过多与人力不足之间的矛盾。但该模式也存在一定的劣势：首先，缺少业务深度。中台对接所有业务条线需求，这必然导致业务场景不深入、数据分析不专业等问题。其次，缺乏业绩压力。数据团队属于中后台部门，没有前台部门那样的业绩压力，从而容易导致数据运营的动力不足。中台模式组织架构如图 19－2所示。

第二种模式是前台模式。前台模式是由各业务条线组成产品、开发和数据的前台团队，其在《增长黑客》中被称为增长团队。在这种针对单业

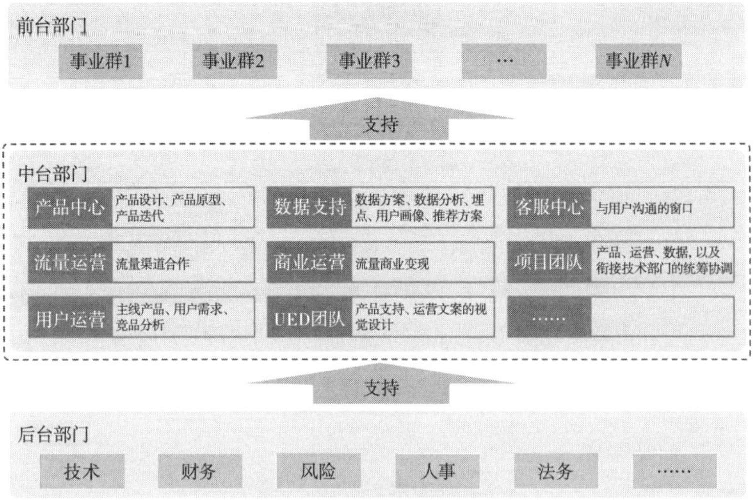

图 19－2　中台模式组织架构

务条线的组织架构下，团队的主要职责比较灵活，既可负责增长业务，也可负责产品改进等。

该模式的优势在于能降低沟通成本和激发工作潜能。通常跨团队的沟通效率低下，而该模式整合各类人才于同一团队，打破壁垒，提升效率。同时，该模式使前台团队目标明确、职责清晰，且为业绩负责，激发数据人才的工作潜能。该模式的劣势在于会增加人力成本并缺乏统一管控。一是随着公司业务条线的拓展，需要更多的数据人才分布到不同的前台团队；二是适合快速试错的“敏态”业务，对公司共享的“稳态”业务缺乏统一的数据管控。前台模式组织架构如图 19－3 所示。

第三种模式是混合模式。混合模式，即公司级的基础数据工作集中于中台团队，而重要业务条线则建立前台团队的模式，故兼具前两种模式的优点。以兴业证券为例，中台团队负责公司级的数据仓库和平台的建设；部分业务条线如财富管理、财务和风险管理等，直接组建前台团队，从而实现人力资源配置的优化。混合模式组织架构如图 19－4 所示。

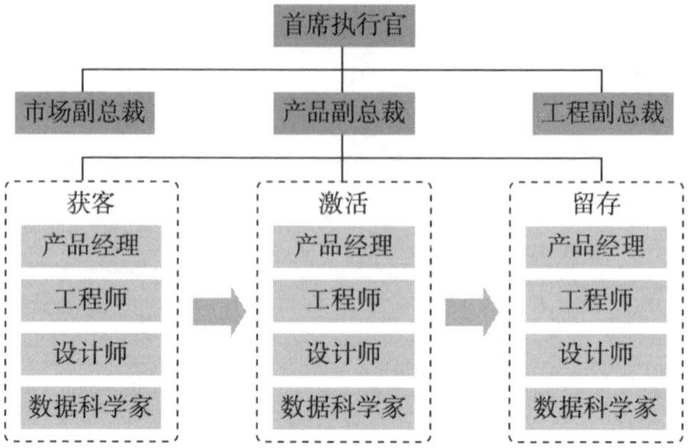

图 19－3　前台模式组织架构

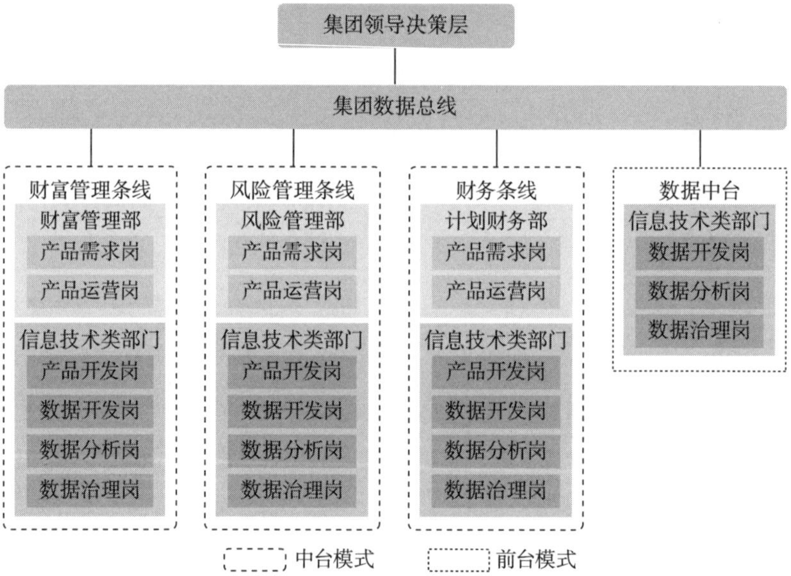

图 19－4　混合模式组织架构

3. 文化保障

数据文化是证券公司实施数据化运营的重要保障。数据文化建设可使证券公司自上而下地形成依赖数据分析解决问题的文化习惯。据此，证券公司可逐步建立数据指导业务、业务反哺数据的良性闭环。数据文化宣贯历程如图 19－5 所示。

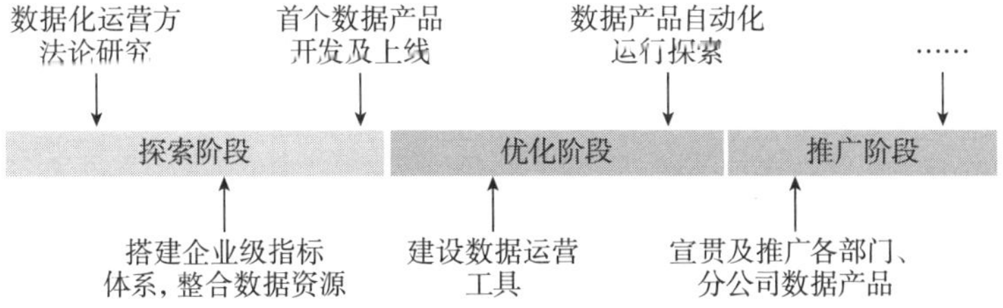

图 19－5　数据文化宣贯历程

（三）数据化运营的流程

数据化运营的流程主要包括确定运营目标、搭建指标体系、获取数据资源、数据分析挖掘和数据运营优化五个步骤，如图 19－6 所示。

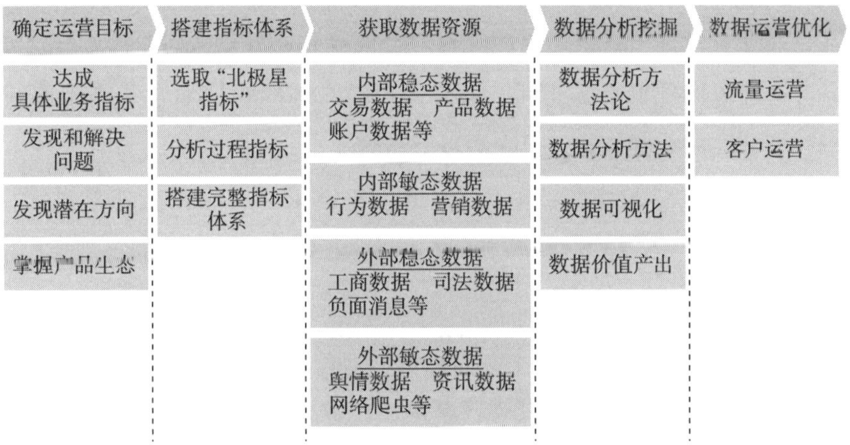

图 19－6　数据化运营流程

1. 确定运营目标

证券公司的每项运营工作都应该有明确的业务目标。基于不同的业务场景，本文对数据化运营的目标进行了分类。

第一，以达成具体业务指标为目的的目标。该类目标通常是基于业务部门的短期规划制定的，最常见的是推动业务量增长，例如年内 App 新增开户数量达到 50 万个、股基交易量上涨 20% 等。

第二，以发现和解决问题为目的的目标。该目标在合规风控领域的应用比较普遍，通常应用于证券公司内控部门对异常情况的识别、预警等场景，例如监控场外配资行为、挖掘可疑用户等。

第三，以发现潜在方向为目的的目标。通过数据化运营，证券公司可以挖掘客户的隐性问题和潜在痛点，进而发掘出更多的客户需求和正确的产品方向，例如根据客户行为和交易数据重估客户的风险偏好，并开展精准营销。

第四，以掌握产品生态为目的的目标。掌握产品生态是指利用数据化运营平台，收集、整理、分析产品信息和特点并形成数据，利用这些与产品紧密相关的数据指导公司进行生产经营活动，例如设置产品标签，进行精准推荐。

2. 搭建指标体系

这是业务目标向数据指标的映射，是数据化运营的关键环节。由于参与各方对业务的理解不尽相同，证券公司建立标准的指标体系并非易事。根据兴业证券的实践经验，可采取以下步骤：

第一，选取“北极星指标”。决定运营结果的关键指标通常被称为“北极星指标”。“北极星指标”能够最大化地提高资源利用率，避免在错误的方向进行不必要的尝试。该步骤应遵循以下原则：一是“北极星指标”能反映公司核心价值；二是“北极星指标”能反映业务过程的最终结果；三是“北极星指标”是客观、直接、非深加工的，可以减少各方达成共识的成本。“北极星指标”需要锚定业务目标，并随业务目标的变化而变化。例如引流时，客户日均使用时长是“北极星指标”；培育时，客户资产管理规模（AUM）是“北极星指标”。

第二，分析过程指标。如果用函数表征运营活动，则“北极星指标”为因变量，过程指标为自变量，分析过程就是构建运营函数，具体可参考表19－1。

表19－1 过程指标梳理

工作流程	工作内容	输出成果	参与方
确定业务主体	确定业务场景下的主要参与方	业务主体列表	业务人员
明确业务链路	确定业务场景下的主要流程	业务流程文档	业务人员

续表

工作流程	工作内容	输出成果	参与方
完成流程建模	将业务主体与业务链路相结合	业务流程建模图	数据运营人员
梳理过程指标	拆解细分，并确定其与“北极星指标”之间的关系	过程指标集	数据运营人员
业务确认结果	根据经验判断是否符合业务实际	确认结果	业务人员

第三，搭建完整指标体系。证券公司按照数据治理方法，对不同业务场景的“北极星指标”及其过程指标进行梳理和标准化，形成覆盖全面、结构清晰、易于重复使用的指标集合。该步骤应遵循以下原则：一是指标命名必须规范化，可参考“主语—渠道—业务—计算方式—标的量”的顺序进行标准化命名；二是指标必须达成公司级共识，且遵守“相互独立，完全穷尽”（MECE）分级分类原则；三是指标应通过规范的流程和平台进行统一管理，确保数据的准确性、一致性及可用性。部分指标体系如图 19 -7 所示。

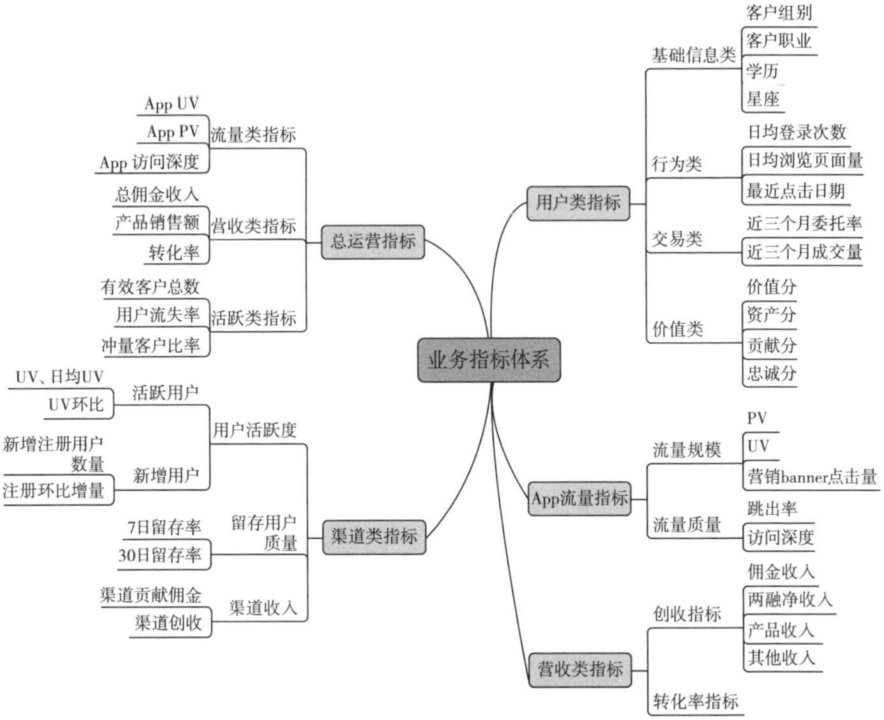

图 19 -7　部分指标体系

3. 获取数据资源

证券公司的数据源多种多样，包括业务生产数据、加工数据、采购数据和爬取数据等，可以按照图 19－8 对数据资源进行分类。

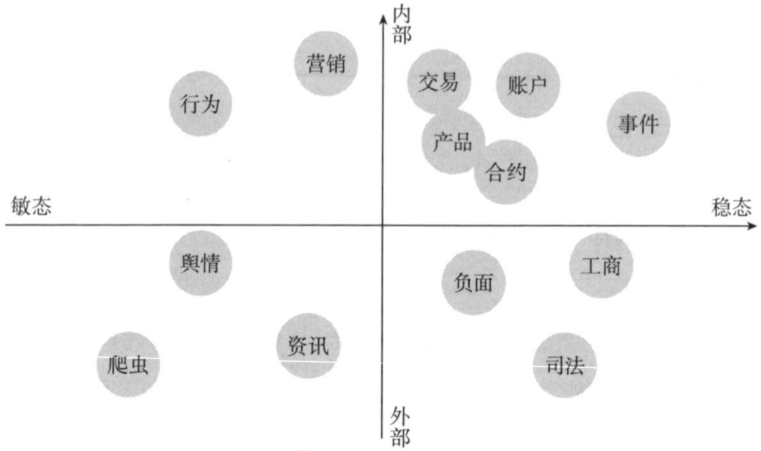

图 19－8　数据资源象限

如图 19－8 所示，第一象限包括内部系统产生且结构稳定的数据，这是数据化运营的核心部分；笔者建议数据中台遵循数据治理标准集中进行采集、加工和服务。第二象限包括内部系统产生且结构不稳定的数据，这是数据化运营的快速应用部分；笔者建议数据分析人员直接用贴源数据进行加工，后续根据需求频率确定是否由中台团队承接。第三象限包括外部系统产生且结构不稳定的数据，这是数据化运营的补充部分；笔者建议处理方式与第二象限相同。第四象限包括外部系统产生且结构稳定的数据，这是数据化运营的重要补充部分；笔者建议处理方式与第一象限相同。

4. 数据分析挖掘

获得数据资源后，数据运营人员首先开展分析挖掘工作，得出数据之间的关系；其次依据业务场景尝试归因；最后形成运营策略。其中，数据分析方法论、数据分析方法和数据挖掘算法的应用是核心技能，具体如图 19－9、图 19－10、图 19－11 所示。

	① PEST分析法	② 5W2H分析法	③ 逻辑树分析法	④ 4P营销理论	⑤ 用户行为理论
定义	从政治（Political）、经济（Economic）、社会（Social）、技术（Technology）四大类影响企业外部环境因素对企业展开分析	从原因（Why）、事件（What）、人（Who）、时间（When）、地点（Where）、怎么做（How）、价格（How much）中发现解决问题的线索	将子问题分层罗列，从最高层开始逐步扩展，直到列出已知问题的所有影响层为止	将营销组合的要素分为产品（Product）、价格（Price）、渠道（Place）、促销（Promotion），使营销简化并方便记忆和传播	对访问网站、App用户的行为进行分析的理论
应用场景	战略层面的分析方法论，用以进行宏观层面的分析	用以拆解某一具体运营指标，或者绘制问题分析架构	证券行业中最常用的分析方法论，在构建具体指标、发现与解决问题、发现潜在方向、掌握产品生态方面均可使用	营销具体产品常用到该理论	分析用户的行为习惯

图 19－9　数据分析方法论

	多维分析	趋势分析	综合评价法	转化分析
定义	指从多个维度展开分析对象的具体指标	对比不同时间周期的相同指标，或者直接呈现数据的趋势	将多个指标通过加权求和的方式汇总成一个综合指标	分析流程或各个节点的转化率
应用场景	用于发现或解决问题，或统计不同群体某些具体的表现指标	用于发现潜在的方向，统计当前趋势保持稳定/向好/恶化	完成某具体指标时常用的方法，将复杂的监控指标体系通过综合指标进行表达	发现或解决问题时常用的分析方法，尤其关注流程节点是否存在问题

图 19－10　数据分析方法

模型名称	决策树	逻辑回归	神经网络	聚类
应用场景	分类问题	分类问题、预测问题	分类问题、预测问题	分类问题
优劣势	优势: 逻辑简单、 业务解释性良好、 计算快捷 劣势: 较为粗糙	优势: 业务解释性良好， 可标准化为打分卡 劣势: 用于二分类以上的分类问题较为复杂， 需要明确目标才能学习	优势: 模型准确度高， 既可监督学习，也可无监督学习 劣势: 基本不具备业务解释性， 调参过程门槛高	优势: 无监督学习 劣势: 高维度数据不直观

图 19－11　数据挖掘算法

5. 数据运营优化

数据分析生成的运营策略并不绝对正确，也未必能够快速达到预期效果。证券公司通过对运营过程数据进行积累和监控，可以对运营策略进行优化和完善，逐步得到最优结果。

（四）数据化运营的工具

数据运营工具是证券公司基于数据运营流程建设的技术工具或平台。常见的数据运营工具如图 19－12 所示。

	领导驾驶舱	自助报表	数据分析报告	数据产品
应用场景	为企业高层提供的“一站式”决策支持的管理信息中心系统	基于公司数据集市搭建的自助分析平台，满足一线人员灵活分析数据需求	数据分析师根据需求应用数据分析方法形成定期或不定期的分析报告，支持公司相应的决策	发挥数据价值、辅助用户决策的产品。数据产品包括平台类、查询类、预测类等产品，用于实现不同目的
使用对象	企业高层人员	企业中层与基层人员	面向所有数据使用者	主要面向用户
特点	以直观图表形式协助管理层监控运营情况并辅助决策	实现自助查询、自助形成报表	基于数据分析方法进行分析，形成指导性意见	综合多种数据服务并封装成产品

图 19－12　常见的数据运营工具

（五）数据化运营的关键点

1. 业务价值最大化

数据化运营的最终目标不仅是展现金融科技的先进性，还要实现业务价值的最大化。证券公司需要重点关注以下三点：一是避免“唯方法论”。证券公司必须理解业务背景，思考业务特色，结合业务实际，避免生搬硬套分析方法和算法，得出与业务实际不相符的分析结论。二是避免“唯数据论”。在数据化运营实践中，业务经验同样重要，证券公司要避免仅根据少量数据及相关关系就得出因果结论的情况。三是避免“缺乏解读”。证券公司要明确具体场景下的数据含义以及作用机理，并对业务进行深度解读，进而实现真正的数据赋能。

2. 数据治理并行

数据化运营可通过数据治理确保数据价值转换过程的稳定、高效、准确和安全，具体包括以下三个方面的内容：一是建立完善的安全机制。传统“物理隔离＋人工审批”的管理模式存在较多缺陷，因此，实现统一访问控制以及精细化权限控制将是实现数据安全的关键。二是建立清晰的数据模型。为了适应数据化运营需求的多样性，证券公司必须从顶层设计公司级数据模型，从而降低数据沟通成本、维护成本，提升数据的精确性和易用性。三是建立闭环的质量检核。数据质量的重要性不言而喻，但其中部分数据的质量检核无法事前完成，必须建立闭环，在事后发现并反馈修正。

3. 以点带面推广

在确定数据化运营的发展战略后，各业务部门都会积极地开展数据创新实践。但各业务部门的数据现状、数据意识以及挖掘能力的不同，造成了运营耗时和成功率的较大差异。因此，证券公司可以选择难度低、见效快的业务领域进行重点突破，并以点带面地推广到其他领域。

4. 运营成效评估

数据运营团队可以参照业务的业绩目标，构建运营成效评估体系。运营成效评估体系示例如表 19－2 所示。

表 19－2　运营成效评估体系示例

大类	子类	内容	评分方法	指标示例
业务痛点	效率	模型复用、服务复用，提高研发效率	加权计算	模型复用率 跨层引用率
	质量	数据架构、元数据、数据质量，提升数据可用性		合格率 口径差异率
	成本	清理冗余作业、数据和服务，节约软件成本和硬件成本		优化任务消耗资源占总资源比例
业务支持	获客	确定各类营销活动增加有效户的效果	业务定义	新增有效户比例
	流失	客户流失预警及挽留情况		查全率、查准率和挽回率
	风险	数据全面性、准确性和及时性		数据覆盖度

四、数据化运营案例

（一）管理驾驶舱

1. 业务问题

以前证券公司的管理者在做营销决策时依赖多个业务部门上报的数据和自身从业经验，因此存在一些困难。随着数据化运营的发展，管理驾驶舱可以为管理者呈现更及时、准确和全面的数据，有效地提升决策科学性和效率。

2. 解决方案

管理驾驶舱的数据化运营分为以下四步：

第一步，数据运营团队梳理各层管理人员关注的业务目标及数据范围，如各项业务情况，包括总量、排名与增长情况，跟踪业务进展、变化趋势，开展风险监测等。

第二步，数据运营团队梳理不同业务管理主题的“北极星指标”和过程指标，设计总量类、份额类、排名类、变动类、趋势类指标，并形成体系。

第三步，数据运营团队梳理数据源，确定其主要涉及内部稳态和外部稳态（市场类）两大类，并提交给中台团队。中台团队遵照数据治理规范进行加工。

第四步，为了满足管理者及时、准确以及便捷的用数需求，管理驾驶舱通过移动 OA 进行数据呈现。数据运营团队根据呈现效果持续优化相关指标及可视化样式。

以兴业证券重点引入的公募基金首发运营快报为例：事前，数据运营团队用精准营销模型筛选目标客户清单，并推送给分公司客户经理，为分公司指明重点投入营销资源的客户范围；事中，管理驾驶舱实时统计分公司销售金额、客户数、完成率以及排名，极大地激发了分公司销售产品的积极性；事后，根据复盘销售的结果，数据运营团队发现使用管理驾驶舱可以将基金销售率提升至30%以上。

（二）客户价值模型（LPV）应用

1. 业务问题

客户价值，即客户对公司的价值贡献度，是客户关系管理的核心问题。虽有互联网、银行业的RFM、CLV等模型可供参考，但由于证券公司对客户价值没有标准化的定义，数据运营团队需要根据公司文化、发展阶段以及业务目标等设计符合实际的客户价值模型，并运用于客户全生命周期的管理。

2. 解决方案

客户价值的数据化运营分为以下三步：

第一步，数据运营团队从三个层面设计客户价值模型：一是客户当期贡献，主要是指客户创收，包括佣金收入等，设为贡献度 V；二是客户远期贡献，主要是指客户资产管理规模，设为潜在价值 P；三是客户稳定性，包括客户黏性、行为、交易频率等，设为忠诚度 L。

第二步，数据运营团队采取层次分析法和聚类算法相结合的方式构建客户价值模型，采取层次分析法确定每个层面的指标的权重，再使用K-means算法进行聚类。

第三步，得到聚类结果后，数据运营团队根据客群特征进行分类解读，制定后续运营方式以及客户价值的扩展应用计划。

通过与业务人员进行讨论，数据运营团队确定算法参数并进行数据挖掘，其结果如图19－13所示。应用该模型后，高价值客户的忠诚度如果连续三个月较上月降低20%，则触发流失预警并分派客户经理进行挽回。这一方案使得客户流失率降低了22%左右。

在客户价值聚类的基础上，数据运营团队构建了客户生命周期，如图19－14所示。分析客户生命周期的核心目标在于提升客户在每个周期

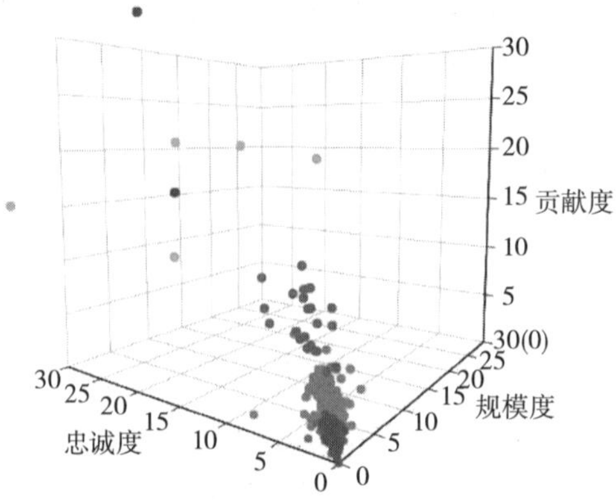

图 19－13　客户挖掘结果

的转化率，以及引导客户由初级阶段转向成熟阶段。基于客户价值，数据运营团队制订了客户全生命周期的运营计划，使得有效客户的活跃度整体提高 15%。

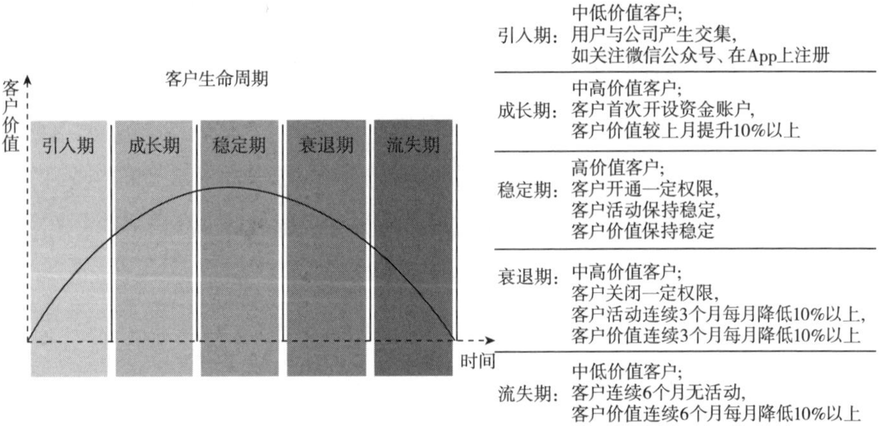

图 19－14　客户生命周期

五、总结与展望

本文基于证券公司在数据化运营中面临的困难和挑战，借助数据资产管理理等理论，提出了一套详细、完整、可行的证券公司数据化运营体系方案。首先，结合兴业证券现状，本文提出了适合其发展阶段和人员素质的组织架构；其次，提出数据化运营的标准流程，并详细介绍了各类运营工具；最后，以管理驾驶舱等为案例，具体阐述如何通过数据化运营手段解决证券公司的各类实际业务问题，对同业具有较为重要的借鉴意义。

证券公司在数据化运营的道路上将面临诸多挑战和机遇。

第一，培养专业人才是证券行业数据化运营的关键工作。具备业务知识和专业技能的数据人才是促进数据化运营发展的关键因素。现阶段，证券公司的数据开发人员承担大部分数据运营工作，然而人员数量和专业技能难以达到数据化运营工作的要求。因此，培养充足的专业人才已成为数据化运营成功与否的关键。

第二，数据安全是证券行业数据化运营的核心保障。数据化运营必然对公司数据安全管理能力提出更高要求。证券公司需要采取加强数据生命周期安全管理、基于数据分级分类标签的精细化权限管理等措施，以保持数据应用安全性和可用性之间的平衡，保障数据化运营工作的顺利开展和实施。

第三，兼顾远方和当下是证券行业数据化运营的持久动力。数据化运营是一项长期、复杂的工程，并不能一蹴而就，但是阶段性目标的达成能够自上而下地对全员产生正向激励，从而驱动公司数据化运营良性发展。因此，证券公司应采取短期成效和长期目标相结合的策略，循环迭代、逐步优化。

第四，数据治理能力是证券行业数据化运营的重要基础。数据治理工作的有效推进，对提高数据服务能力至关重要。未来，全域数据治理的完成，以及全域数据资产和服务的共享，将大幅加快证券公司数据化运营的发展进程。

参考文献

[1] 黄河，袁伟，王璞，等．展望2019中国证券业：把握五大趋势六大主题[EB/OL].(2019-01-11)[2020-06-08].https://www.mckinsey.com.cn/wp-content/uploads/2019/01/麦肯锡_展望2019中国证券业-把握五大趋势六大主题-1.pdf.

[2] 赵阳，江雅文．金融科技赋能证券经营机构财富管理转型研究[J]．金融纵横，2019(10):36-45.

[3] Thomas H. Davenport, Randy Bean. 跨越科技鸿沟：摩根士丹利如何用机器学习辅助财富管理？[EB/OL].(2017-08-20)[2020-06-08].https://tech.sina.cn/2017-08-20/detail-ifykcqaw0136621.d.html.

[4] 梁婷．券商经纪业务发展现状及转型浅析[J]．当代经济，2020(5):35-37.

[5] IT帮．深度剖析摩根士丹利财富管理之金融科技战略[EB/OL].(2019-01-23)[2020-06-08].https://www.it-bound.com/archives/51962.

[6] 国泰君安．国泰君安：疫期券商线上服务应做到三“全”[EB/OL].(2020-02-13)[2020-06-08].https://www.gtja.com/content/events/media/onlineservice_200212.html.

[7] 国泰君安证券股份有限公司阿里云计算有限公司联合课题组，陈煜涛．证券互联网服务发展新模式研究[A]//创新与发展：中国证券业2018年论文集（下册）[C]．北京：中国财经出版传媒集团，中国财政经济出版社，2019.

[8] 券商中国．“全面数字化转型”怎么转？华泰证券转型分三步走，第二步最具颠覆性[EB/OL].(2019-07-03)[2020-06-08].https://baijiahao.baidu.com/s?id=1637965242023129079&wfr=spider&for=pc.

[9] 华泰证券课题组，朱有为．证券公司数字化财富管理发展模式与路径研究[J]．证券市场导报，2020(4):2-12.

[10] 姚江涛，袁田．智能时代信托公司的数字化转型[J]．中国银行业，

2019(1):92－94,108.

［11］黄小刚．数据运营与数据化运营的差别,你清楚吗？［EB/OL］.(2020－05－12)［2020－06－08］. http://www. woshipm. com/operate/3841506. html.

［12］中国证券业协会．2018 年金融科技在证券业信息技术中的应用与典型案例［A］//中国证券业发展报告 2019［M］. 北京:中国财经出版传媒集团,中国财政经济出版社, 2019.

［13］中金在线．证券数字化转型提速　国泰君安携手腾讯云升级智慧证券［EB/OL］.（2018－12－03）［2020－06－08］. http://hy. stock. cnfol. com/jinrongbaoxian/20181203/27070564. shtml.

［14］国泰君安证券股份有限公司．移动互联在证券经纪业务中的应用研究［A］//创新与发展:中国证券业 2018 年论文集(下册)［C］. 北京:中国财经出版传媒集团,中国财政经济出版社, 2019.

［15］何如．发挥金融科技价值　打造证券业高质量发展核心动力［N］. 中国证券报, 2019－06－04(A02).

［16］贵阳大数据交易所．大数据治理:数据问题的全面解决之道［EB/OL］.(2018－12－24)［2020－06－08］. https://www. sohu. com/a/284157556_398084.

［17］肖恩·埃利斯, 摩根·布朗．增长黑客——如何低成本实现爆发式增长［M］. 北京:中信出版社,2018:32.

［18］杨龙．证券公司如何跨入智能化时代［J］. 清华金融评论, 2019(5):47－49.

［19］罗毅．互联网金融下的证券业分析［J］. 中国金融电脑, 2014(4):13－21.

［20］兴业证券股份有限公司课题组,刘斌．大数据画像技术在证券公司的研究与应用［A］//创新与发展:中国证券业 2018 年论文集(下册)［C］. 北京:中国财经出版传媒集团,中国财政经济出版社, 2019.

［21］于萍．期待互联网与金融更深度融合［N］. 中国证券报, 2013－10－12(A01).

20

招商证券：Geetek 机构综合金融服务平台实践

安显琴①

一、国内证券行业发展现状

目前，各个行业都在积极提倡加大对科技应用的投入，希望通过采用各种新型技术，如人工智能、云计算、大数据等，对现有业务模式进行优化或者改造，最终达到消除发展制约、实现业务增长的目的。对任何企业而言，科技赋能都不是将一系列先进技术进行简单叠加，而是在充分把握行业发展趋势和了解现有业务痛点的基础上，以客户为核心，借助科技力量带动服务质量的提升，为客户提供更优质的服务。

我国证券投资市场在过去很长一段时间形成了个人投资者占绝对主导地位的市场结构。随着行业竞争日益激烈，经纪业务收入贡献占比逐渐下降，而与此同时，机构业务迎来了蓬勃发展。中国证券投资基金业协会（以下简称协会）2020 年 4 月 15 日发布的《私募基金管理人登记及私募基金产品备案月报》（2020 年第 3 期）显示，截至 2020 年 3 月底，存续登记私募基金管理人 24584 家，较上月存量机构增加 57 家，环比增长 0.23%；存续备案私募基金 85071 只，较上月增加 1690 只，环比增长 2.03%；管理基金规模 14.25 万亿元，较上月增加 3599.14 亿元，环比增长 2.59%。

① 安显琴，招商证券股份有限公司产品经理。

私募基金管理人在从业人员管理平台完成注册且处于在职状态的全职员工有14.48万人，其中取得基金从业资格的员工有13.49万人。参考国外成熟资本市场的发展历史，国内资本市场必将迎来机构业务的爆发，机构客户数量将会实现大规模的增长，这也为券商提供了新的蓝海，谁能更好地服务机构客户，谁就能在未来竞争中取得优势。

与个人投资者相比，机构客户具有投资管理专业化、投资结构组合化、投资行为规范化等特点。机构客户不仅拥有雄厚的资本实力，还在信息分析、投资研究与决策、投资交易等方面有着无与伦比的优势；机构客户内部对风险控制指标和投资流程管理也有实际的业务需求，进而对券商的服务水平提出了更高的要求。近年来，国内券商为争揽机构客户，纷纷致力于提供各种优质的服务。通过业务调研，笔者发现证券公司在对机构客户进行信息系统服务方面仍然存在不足，具体表现在以下三个方面：

第一，系统功能碎片化。机构客户的覆盖全业务、全品种的投前、投中、投后等连续性业务需求不能在一个系统中友好实现，给机构客户带来了业务上的不便，也不利于建立统一服务的企业品牌。

第二，系统功能同质化。机构客户的个性化业务需求无法得到快速满足，各家券商提供的服务严重同质化，没有形成差异化特色。交易系统提供行情的速度和交易性能均达不到机构客户的要求；没有提供丰富的专业化辅助交易工具，缺乏简单、好用的量化客户策略编写执行工具；无法满足机构客户内部灵活的流程管理等。

第三，系统技术陈旧化。随着业务量的增加，性能瓶颈给现存系统带来的潜在影响越来越大，无法灵活、高效地扩展业务；系统组件之间耦合性强，造成开发成本增加，敏捷开发不“敏捷”，客户需要的功能无法准时上线。

基于这样的现状，招商证券提出了明确的解决方案，即利用金融科技技术，通过整合各项优质资源，打通各服务环节之间的系统壁垒，为机构客户提供覆盖整个业务闭环的一体化服务平台。国内机构客户在投资研究、交易执行、投资管理、托管与运营外包，甚至资本引荐等环节对券商提出了更全面、精细的要求。以交易执行为例，要求证券公司能够提供极速行情、快速交易等服务，从速度上、业务品种上，甚至资产管理上满足客户需求。

招商证券的数字化转型目标是致力于打通投前、投中、投后各环节的数据，消除数据孤岛，通过一个平台对外提供完整服务。为了更好地为机构客户提供服务，公司将各项服务统一在同一个平台，采用客户终端或者API方式将服务输出给机构客户，并根据机构客户的实际业务需要，采用组合产品服务的方式提供“裁剪式”产品。这对客户来说，满足了其核心需求；对公司来说，可以减少服务资源的重复投入，通过灵活的服务组合方式最大限度地满足客户的需要，并且能够将资源集中在产品优化和服务提升方面，进而实现公司与客户的共赢。

二、Geetek机构综合金融服务平台介绍

本着“自主研发、创新服务”的理念，招商证券致力于建设具有核心竞争力的、贯穿机构投资管理业务流程的信息化金融服务平台。经过一系列的机构客户业务调研和多年的系统建设，招商证券建立了以机构客户为中心，采用先进的技术能力和领先的平台架构，具备强大的服务能力输出，可以为私募机构、公募基金及子公司、证券资管、期货资管、银行资管、信托、大型央企投资公司等全资管机构客户群体提供研究服务、专业交易、资产管理、托管外包等全面服务的机构综合金融服务平台——Geetek。在整个建设过程中，Geetek严格贯彻统一用户体系、统一技术框架、统一视觉体验三大“统一”原则。机构客户可以享受到一次注册、服务尽享的极简体验。

该平台为机构客户提供了两个客户终端：T－master全资产投资管理平台和I－service机构服务平台。前者是面向机构客户重点建设的具备全业

务品种投资交易，全指标、多层次交易风险控制，单品种复杂特色交易及跨品种套利等行业特色竞争优势的投资管理终端；后者主要承载基金运营、投资研究、资本引荐及其他服务，不仅可以为机构客户提供标准化的研究服务，如研究报告及研究路演活动等，还可以提供诸如产业链深度研究、另类数据研究、基金绩效分析等非标准化的特色研究服务内容。

平台还为机构客户提供了以下可输出服务能力：

第一，X－NES 极速行情是基于 FPGA 的硬件行情系统，相比于传统的软件行情系统，其加速效果明显，处理速度提升 1000 倍以上，内部处理时间仅需 0.5 微秒；实现了沪深行情的同步，保证沪深任一节点均能享受全市场的 FPGA 行情解码提速带来的超低延时行情服务，为机构客户带来更多的投资机会，在投资交易中抢占先机。

第二，X－QTS 极速交易系统采用极速订单处理技术，将交易核心功能缩减到极致，实现交易通道订单没有任何中转、数据没有加锁，处理效率极高；支持资金、持仓、委托和成交全推送，相较于行业内其他交易系统，可以为机构客户提供更准确、实时的数据推送。

第三，α－Turbo 是招商证券自主研发的算法执行云平台，无缝整合了公司自主研发的策略执行引擎与业内第三方执行引擎，为机构客户提供了专业、丰富的各类算法服务；总结了不同策略的特点，建立了统一、客观的策略评价体系，将执行绩效以报告的形式反馈给客户。

第四，α－Vision 数据服务使用低延时的分布式并行行情计算框架，实现对海量实时数据的高效计算处理，并且通过对市场主流资讯供应商的资讯数据进行多源比对、去重、特征提取、标度、影响度分类等文本挖掘处理，为机构客户提供全面、个性化的行情数据、量化数据、投后数据和资讯数据。

第五，α－Blade 策略工程化系统向机构客户提供了一套轻量跨平台的策略交易监控服务。该服务包含极速行情源、极速交易通道、策略订单簿管理、策略异常恢复等。客户只需要申请一台 α－Blade 金融云主机，配置相关交易信息后即可实现“开箱可用”。

三、Geetek 机构综合金融服务平台特色

Geetek 机构综合金融服务平台把为客户提供更好的服务作为前提，通过深入挖掘机构客户日常实际需求场景，在业务模式、系统功能、技术应用等方面实现了一系列创新。Geetek 平台实现了机构客户全资产、全流程、全场景的一站式服务。此外，不同机构客户之间往往存在差异化，而这种差异化往往是机构客户本身的核心竞争力，这就要求券商必须具有快速开发迭代的能力。传统的系统架构无法很好地做到这一点，而 Geetek 平台在设计之初就充分考虑了机构客户的这一特点，创新性地进行技术抽象，在使用自主研发的微服务极速框架极大地降低了应用之间的耦合性基础上，又自主研发了低延时 RDMA 可靠组播技术，在解决平台高延时问题的同时，也确保了各服务间数据发送的高准确性和高可靠性。这样的架构设计方案使得 Geetek 与传统交易架构相比，应用之间的耦合性大大降低，多种应用业务并行开发而不互相干扰，从而能够实现快速迭代开发，满足客户的个性化需求。

（一）投前服务

1. 高质量的投资数据服务

为了满足资管客户智能投研与量化分析过程中对高质量投资研究数据的需求，Geetek 平台自主搭建了投研数据集市，包含了目前全市场主流的结构化数据资讯源以及海量的各类非结构化数据。Geetek 平台通过采用低延时的分布式并行行情计算框架，完成了对海量数据的加工和运算处理，为量化机构客户投资研究提供了可靠、专业的研究数据。

2. 专业的投研报告服务

为了更好地输出相关研究成果，Geetek 平台支持客户通过 I－service 机构服务平台订阅研报服务，利用微信、短信、邮件等多种方式保证了客

户可以在第一时间接收到最新的专业研究报告。

（二）投中服务

1. 全面的极速行情服务

招商证券将 FPGA 技术成果成功应用于证券交易领域，建立了基于 FPGA 的硬件行情系统。自平台上线以来，Geetek 凭借更低时延、更快响应的性能优势，帮助机构客户在行情数据瞬息万变、盈利机会转瞬即逝的证券市场精准把握买卖机会。此外，Geetek 还全面接入了各类行情源，包括沪深交易所行情、期交所行情、银行间 CMDS 行情、中介行情等，并对各异构行情源数据进行清洗、整合和加工，提供了跨市场、跨品种、跨期限套利行情监控，以及封板强度、个股预警、相似 K 线等衍生指标。

2. 可靠的极速交易服务

Geetek 平台创新性地将流计算框架理念应用到证券交易服务，一方面，通过精简业务逻辑，将交易引擎和风险控制功能高度内聚，解耦不必要的功能，实现了系统、服务和客户三个维度的高并发与低水平扩展。另一方面，通过采用时间驱动机制保证交易流水可在任意节点被构建，具有高可靠性；极速交易核心处理时间小于 0.05 毫秒，单节点吞吐量超过 1.4 万笔/秒，为机构客户尤其是量化机构客户带来更好的交易体验。

3. 丰富的专业交易功能

Geetek 支持多样化的特色交易服务，提供了丰富的专业交易工具来满足机构客户包括算法交易、篮子批量交易、篮子批量算法、换仓策略、做市交易、套利交易、多账号交易、无盘交易、双向快捷交易在内的各类交易需求。机构客户可以根据需要选择直接使用或组合使用交易工具，实现快速完成交易的目标。

4. “开箱即用”的策略工程化辅助服务

Geetek 独创边缘式部署，不仅保证了机构客户云主机间不会出现计算资源争用的情况，还规避了集中式部署运行造成的资源响应慢、基础性故障导致全局性故障的风险。机构客户可以根据自身策略运行的实际情况，自主调整投入的计算资源，尽可能减少计算资源的浪费和分配的不均衡。此外，Geetek 策略工程化辅助服务采用了严格的异步式事件驱动机制，这样做的好处是框架内不会产生阻塞，保证了策略执行的速度。在部署模式上，Geetek 为机构客户提供了灵活的方案可供选择：一是采用专线模式，机构客户自行准备运行策略工程化辅助服务的主机；二是采用租用招商证券提供的策略工程化辅助服务托管主机模式，由 IT 部门提供安全防护措施，确保该托管主机安全、稳定地运行，客户可以享受一站式交付的便捷服务，实现“拎包入住”。

5. 灵活的全面风控服务

风险管理是机构客户投资管理活动中的重要组成部分。Geetek 平台独创了主动型抽象语法树计算框架，提升了风控计算速度，解决了传统风控规则多样化的困难。此外，平台风险管理功能贯穿了投前、投中和投后各个业务流程，并支持机构客户按照实际业务场景对包括机构、产品、账户、用户在内的不同层级进行分层风险指标的设置和管理。平台涵盖信用风险、合规风险、市场风险、流动性风险和操作风险等多个大类的风险指标，可以提供精细的粒度控制，实现整个投资环节全方位的风险监控、风险回溯、风险分析，满足机构客户资产风险管理和业务开展的需要。同时，平台提供覆盖交易范围类、量价限制类、资产比例类的全面风险指标体系，用户可以在原子指标的基础上自定义复合指标。

6. 极速的资金调拨与一键组合划款

Geetek 平台提供极速划款服务，资管机构可以在线上处理多类型指令，无缝对接线上平台与各外围系统，全线打通资金划拨流程跨越的 3 个机构以及 5 个技术系统，实现了全流程自动化直通式处理。资管机构指令大幅简化，指令处理快速、准确、安全保密，银证银期调拨指令最快 1 分钟内完成极速划款；资金划付的进度、结果都会通过服务平台、短信等多种方式清晰、准确地通知到资管机构。

此外，Geetek 还推出了行业首创的组合划款指令功能，助力量化机构一键划款。组合划款指令支持相同产品的资金在完成三方关联的多个资金账户之间一键互转，包括证券转证券、证券转期货、期货转证券、期货转信用等。

（三）投后服务

Geetek 具有强大的跨资产统一管理功能，为机构客户提供了资产的全景视图与分类视图，支持外部权益管理，可以从产品、组合等多维度进行资产管理，并提供多种方式导入外部资产数据。同时，平台通过提供完善的跨资产头寸管理、精准的资券控制与风险管理、投资组合的投后分析，帮助机构客户全面管理跨资产的投资组合。

此外，招商证券作为业内最早一批提供基金产品绩效分析和 FOF 管理服务的券商之一，已积累了 200 多项绩效与风险指标（其中包含 20 多个招商证券特色指标），并支持在线自由搭配 50 多个绩效模块，生成自定义绩效分析报告。绩效分析服务包括完备的绩效评价体系，主要涉及基于净值展开的收益分析及风险分析，基于各大类持仓标的展开的多角度刻画基金持仓特征与风险，基于大类资产拆分基金收益的应用（如运用 Brinson、Campisi 等归因模型深度分析基金收益来源），基于交易流水数据描述基金交易情况和重点买卖标的等。FOF 管理服务集投前基金筛选、投中模拟组合、投后组合监控管理于一身，方便资金方一站式完成 FOF 投资。

四、总结与展望

Geetek 平台自上线以来，已成为公司开展机构业务最核心的业务支撑系统，其独具特色的各项功能服务，极大地提高了公司服务机构客户的能力，为公司带来了更多的客户和更多的业务机会。以 2019 年为例，Geetek 机构综合金融服务平台管理的资产规模近 2000 亿元，交易量达 1.4 万亿元，为公司带来了直接和间接的经济效益。

随着我国资本市场的不断发展，投资者结构和业务需求也会不断变化，能否利用好金融科技进行服务创新、更好地满足客户需求，将会成为判断一个券商是否具有竞争力的核心指标。笔者相信 Geetek 机构综合金融服务平台的建设只是一个开始，只要公司不断夯实金融科技基础，持续推进金融科技创新，就一定能够享受到我国资本市场释放的红利，实现跨越式发展。

21

中信建投：基金投研平台智能化探索

肖　钢　张赫麟　王文峰①

随着资管新规及基金投顾试点业务的逐步实施，专业和普通投资者在财富管理中的基金产品配置需求日益旺盛，然而投资者识基难、选基难和配置难的问题普遍存在。商业银行发展智能投顾，互联网公司与国内外专业投资机构合作布局财富管理数字化解决方案，而证券公司需借助人工智能及大数据等科技手段，结合专业投研能力进行财富管理数字化转型和业务创新。中信建投运用大数据技术处理异构数据，基于人工智能算法提升分析维度、整合金融模型，形成数字化、智能化的基金投研平台，为经纪客户、投资顾问、基金研究员以及FOF基金管理人赋能。该平台提供智能化基金画像、深层次基金经理分析、多模型基金优选和一键式组合配置服务，使基金投顾业务由线下走到线上，使基金分析由静态基础走向动态精细，使财富管理由被动走向主动，提供科学、标准、有效的财富管理解决方案。

一、基金投资顾问行业现象

中国证券投资基金业协会公布的数据显示，截至2019年12月，公募

① 肖钢，中信建投证券首席信息官；张赫麟，中信建投证券信息技术部总监；王文峰，中信建投证券信息技术部高级副总裁。

基金存续产品数量为6819只，私募基金存续产品数量为85071只，远超A股市场股票数量。在需求端，随着注册制的有序实施、外资准入的持续放开，股票市场去散户化进程加快，资本市场投资者结构不断优化，基金成为投资者财富管理方案中不可或缺的选择。然而中国证券投资基金业协会在《2019年中总结及下半年计划》中提到，公募基金无法摆脱“基金赚钱、投资者亏钱”的怪圈，专业价值不能充分发挥，投资工具属性弱化，基金投顾市场缺少从投资者需求到大类资产配置再到最终资产组合的完整生态。

随着公募基金投资顾问试点的启动，监管层引导市场逐渐由卖方投顾向买方投顾转型。基金投顾试点获批进展如表21－1所示，基金公司、基金销售公司、商业银行和证券公司都已参与这一试点业务。

表21－1 基金投顾试点获批进展

机构名称	类型	获批时间
嘉实基金、华夏基金、易方达基金、南方基金、中欧基金	基金公司	2019年10月
腾安基金、盈米基金、蚂蚁基金	基金销售公司	2019年12月
招商银行、工商银行、平安银行	商业银行	2020年3月
中金公司、银河证券、中信建投、国泰君安、申万宏源、华泰证券、国联证券	证券公司	2020年3月

资料来源：中信建投证券根据公开资料整理。

商业银行依靠线下网点优势与品牌效应把控销售渠道，赚取中间业务收入，发展智能投顾等创新业务，吸引高净值客户，优化客户结构，增加客户黏性。2016年12月，招商银行推出了“摩羯智投”智能投顾服务；2017年11月，工商银行推出“AI投”智能投顾服务。

互联网基金销售公司依靠线上流量优势和规模效应服务长尾客户，基金销量和保有量持续上升，并陆续加快同专业投资机构的合作进程。2019年9月，腾讯数码与中金公司订立股东协议，成立合资技术公司。该合资公司拟通过为财富管理和零售经纪等业务提供技术平台开发及数字化运营支持，进而为用户提供更加便利化、智能化、差异化的财富管理解决方案。2019 年 12 月，蚂蚁金服与先锋基金宣布成立合资公司，将在支付宝综合财富管理平台上为用户提供定制化服务，先锋基金将其投资理念、策略与蚂蚁金服的数字化平台、技术相结合，为投资者提供最低投资金额 800 元的低门槛定制化服务，推动其理财业务进一步发展。

二、基金投研平台智能化方向

目前，券商财富管理业务的智能化布局集中在股票领域的智能推荐、智能投研、快速交易和量化投资等方面，相比银行和互联网机构的内生和外延式智能化进程，证券公司基金领域智能化和数字化程度不足。基金投研平台需要在数据来源、基金分析方法和服务模式等方面进行转型升级，建立智能化基金投研平台，提升服务质量和效率。基金投研平台智能化发展方向如图 21 –1 所示。

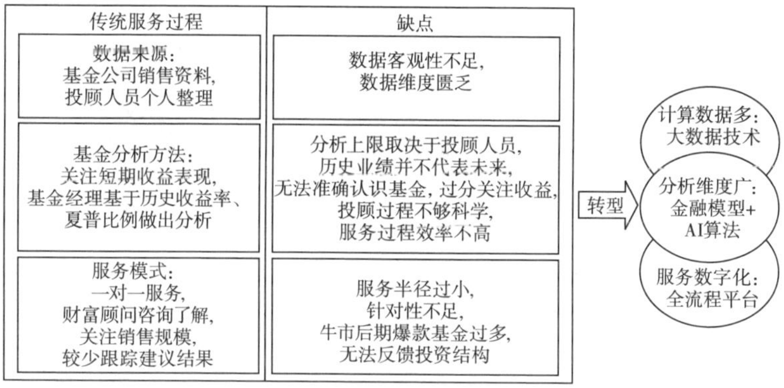

图 21 –1　基金投研平台智能化发展方向

基金投研平台需要在以下四个方面进行转型升级：

第一，基金投研所需的基础数据。原有分析数据依赖于基金销售方提供的销售资料，客观性和全面性不足。面对现有基金资料多渠道、异结构、大容量的特点，智能化基金投研平台需要对接异构内外部数据源，利用大数据技术封装处理非结构化数据，完成本地化存储，为上层应用提供统一接口。

第二，基金投研分析过程。传统模式的信息加工主要依赖于财富顾问的研究水平，研究结果差异较大，历史复现程度不高，研究规模不经济。财富顾问在尽调过程中过于关注短期历史业绩，主要参考历史收益率、夏普比率及最大回撤等基础指标。智能化平台需要将经济学模型和金融学模型的分析过程数字化，使定量分析的指标做到统一、精准，形成涵盖基金分类和概况、收益风险测算、投资能力刻画、多因子模型评价、业绩持续能力验证、情景压力测试的深度量化体系。此外，平台将借助机器学习、深度学习等人工智能技术优化传统模型。智能化平台一方面将线性关系扩展到非线性关系，提升基础金融模型实际应用效果，如图 21－2 为不同算法对同一分类问题的处理结果，每幅小图展示算法分类效果和准确率；另一方面利用人工智能技术进行特征选择和特征挖掘，发现优质指标并进行定量分析，整合形成智能化基金画像。

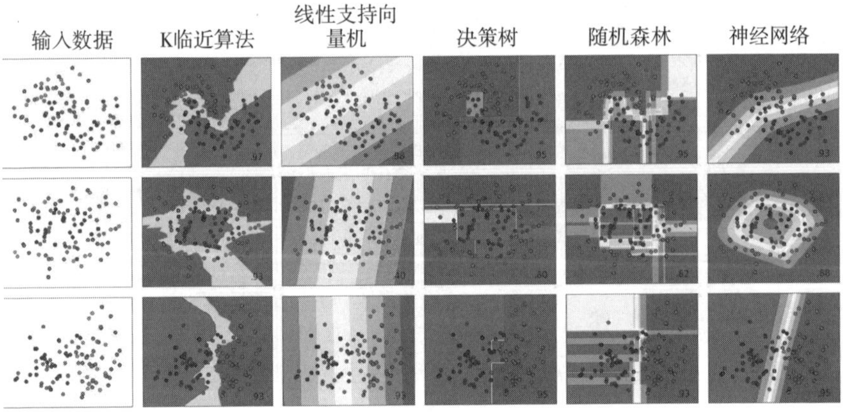

图 21－2　机器学习算法的表现差异

第三，服务模式的差异。线下服务针对性弱，一对一模式工作效率不高且难以形成有效的投顾反馈及评估。智能化基金投研平台通过线上扩大投顾业务服务半径，结合客户分析数据让服务更具有针对性，将艺术化投资建议转变为科学化投顾策略。智能化基金投研平台通过合理评估引导，使服务模式由重销量过渡为重保有量，由传统代销转变为投顾服务，走出“基金赚钱、投资者亏钱”的怪圈。图 21 - 3 为卖方投顾与买方投顾模式图解。

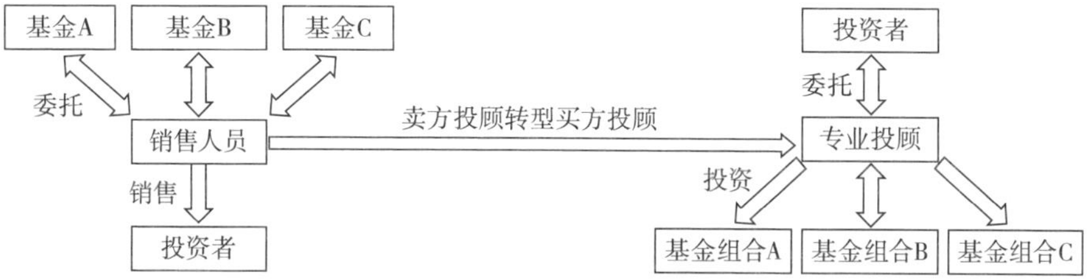

图 21 - 3 卖方投顾与买方投顾模式图解

第四，全流程智能化服务。专业机构投资者的基金投资业务之前多采用被动委外模式，研究过程依赖定性分析及风格归因。随着资管新规、《商业银行理财业务监督管理办法》《证券期货经营机构私募资产管理业务管理办法》的发布实施，专业投资机构将更多借助 FOF、MOM 产品，通过公募基金参与权益市场，对基金研究分析的需求日益专业化、常态化。证券公司应建立全流程智能化服务的主券商系统平台，提供投前基金智能分析、投中组合优化管理和投后动态跟踪的全流程服务。

三、中信建投智能化基金投研平台的应用

（一）智能化基金投研平台架构

中信建投发挥自身创新实力与专业投研素质，构建智能化基金投研平台，为基金投顾、基金评估等财富管理业务赋能，对外服务高净值个人和专业机构，对内支撑投顾和基金研究员。目前各项服务及模块已陆续在中信建投蜻蜓点金 App、中信建投“投资大脑”平台、中信建投机构服务平台及中信建投 CRM 系统上线。

中信建投蜻蜓点金 App 上线基金大数据板块，为客户提供公募基金六维能力的刻画；上线基金智能推荐，在客户智能画像的基础上根据客户交

易行为推荐优选基金；上线智能定投功能，解决客户基金投资中追涨杀跌的问题。中信建投“投资大脑”平台是中信建投证券重点打造的基金投顾业务平台和投资研究平台，上线基金研究分析、组合管理、业绩回测和FOF穿透分析等功能。中信建投机构服务平台构建了基金评估和资产配置系统，为专业机构投资者提供市场分析、基金研究和组合配置功能，目前覆盖理财子公司、银行等多家机构；同时在CRM上线投后分析与基金分析功能，为公司投资顾问赋能，辅助其懂客户、识基金、知联系，提升服务效率和水平。

中信建投智能化基金投研平台架构如图21－4所示，从下往上依次是基础支撑、金融模型、业务功能和客户服务。基础支撑由数据和“人工智能+算法”两个模块组成。数据模块中的第一部分涵盖Wind、聚源、东财等基础数据，平台对不同数据源进行交叉验证，保证数据质量，屏蔽底层

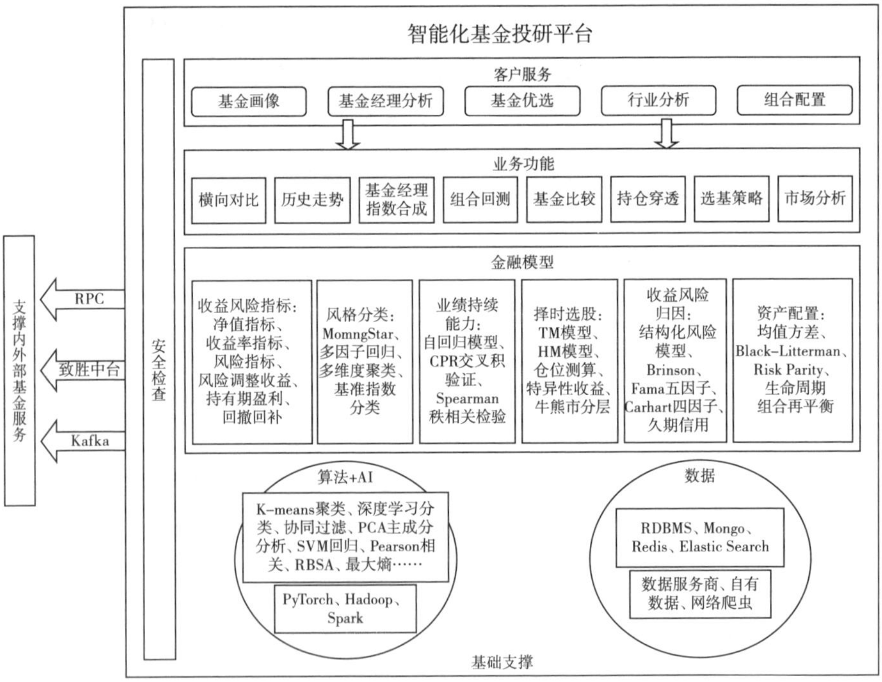

图21－4　中信建投智能化基金投研平台架构

存储结构差异，按数据字典进行封装，方便上层模型的透明化调取。第二部分数据通过搭建 Scrapy 爬虫组件，从互联网公开渠道获取，具体包含基金市场整体统计数据、基金管理人跨渠道公开采访交流及调研内容、基金产品舆情关注数据。数据流程见图 21－5。第三部分数据是公司内部数据，包括股票市场行情、多因子模型指标、客户交易分析数据等。“人工智能＋算法”基于 PyTorch 开源机器学习平台和 Spark 内存计算引擎，封装了机器学习中特征工程、分类、聚类、回归等算法和弹性分布式数据集 RDD 的算子过程。

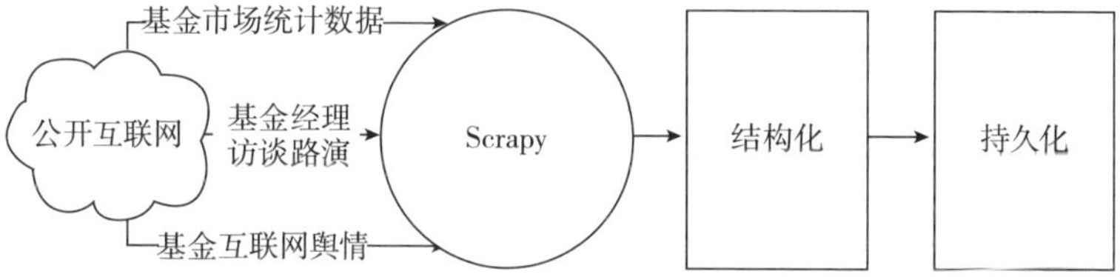

图 21－5　互联网数据持久化组件

（二）多维度智能化基金画像

中信建投智能化基金投研平台的基础服务是多维度基金画像，它可以帮助投资者体系化、定量化地调研基金属性，完成“识基”过程。根据指标复杂程度，笔者将其归结为概览与分类、盈利及胜率、风险调整收益、六维能力评价、多因子分析、Brinson 归因、业绩持续能力检验和基金分解八个子类，每一个子类包含多个子属性，如图 21－6 所示。

概览主要展示基金的基本信息、规模及净值曲线、持有人结构、基金经理、申赎费率及期限。基金类别是基金投资特性的重要表征。目前基金二级分类颗粒度较大，无法有效区分基金，因此中信建投提出 DAC 动态自适应分类算法。DAC 动态自适应分类算法是基于基金运行实际情况实现动态化、智能化、标签化的分类过程。针对基金净值表现在设定周期中的宽基指数、行业、Smart Beta 风格上分别进行收益回归分析，实践过程中采用 Lasso 回归解决基础标签存在的多重共线性问题。我们通

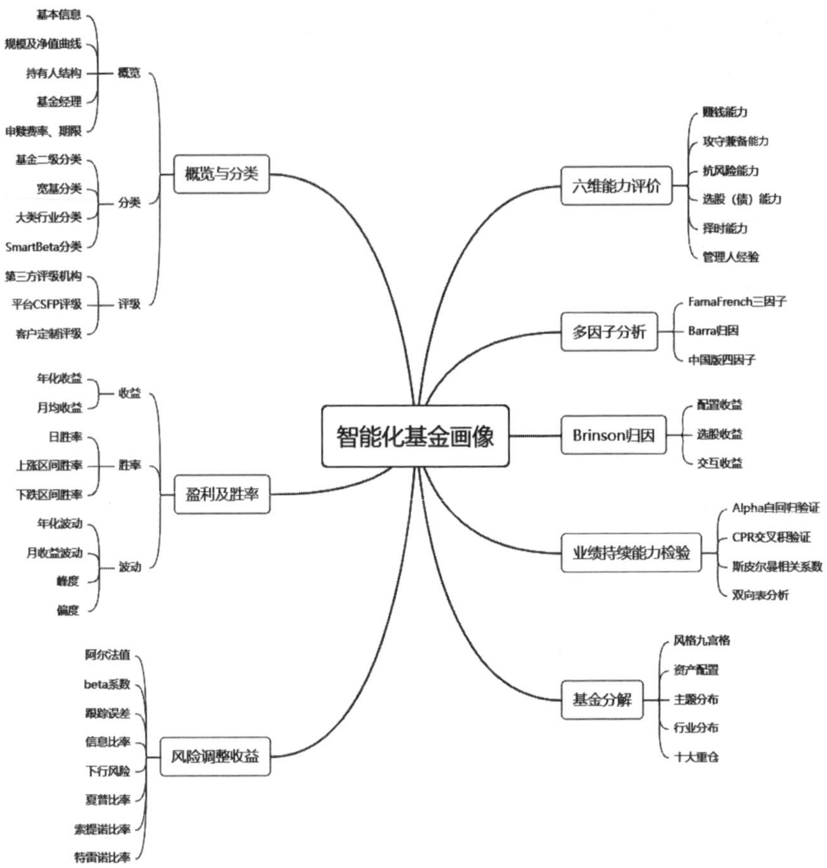

图 21－6　智能化基金画像

过计算回归解释系数可以得出是否适合当前归类的结论，如果适合则根据子类回归权重进行赋值并实现标签化。DAC 动态自适应分类算法一级标签的统一有利于进行基金对比，二级标签根据回归结果选择解释度最高的标签，实现特征的自适应和多维化。如图 21－7 所示，银河创新成长与易方达中小盘在基金二级分类中均为偏股混合类基金，通过 DAC 动态自适应分类算法可以直观比对基金底层分类的异同，解决基金名字与实际投资标的的匹配问题。

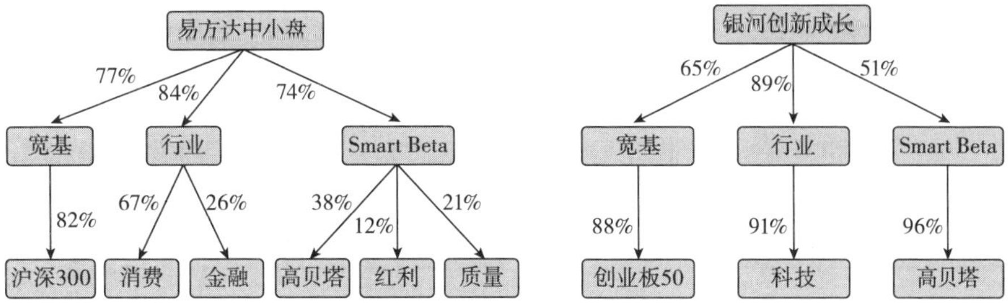

图 21－7 智能化基金分类

此外，证券公司通过 DAC 动态自适应分类算法可以在基金季报披露前快速识别基金是否存在投资风格变动。表 21－2 为 2018 年 6—12 月“国泰互联网＋”基金 DAC 分类测算情况；表 21－3 为基金定期报告中前十大重仓情况。测算出来的分类情况与中报、年报披露持仓数据计算的结果基本一致，在时间周期上可提前 2～3 个月预警风格变动。

表 21－2 2018 年 6—12 月“国泰互联网＋”基金 DAC 分类测算情况

项目	2018 年 6 月	2018 年 7 月	2018 年 8 月	2018 年 9 月	2018 年 10 月	2018 年 11 月	2018 年 12 月
宽基	沪深 300 中证 500	沪深 300 中证 500	沪深 300 创业板指数	沪深 300 中证 500	沪深 300 创业板 50	创业板 50 中债综合	创业板 50 中债综合
行业	消费	消费	消费	消费 科技	科技 消费	科技 消费	科技 消费
风格	大盘价值 小盘价值	大盘价值 小盘价值	大盘价值 大盘成长	大盘价值 小盘价值	大盘成长	大盘成长 小盘成长	大盘价值 大盘成长

表 21－3 基金定期报告中前十大重仓情况

2018 年半年报（2018－08－24）	2018 年三季报（2018－10－24）	2018 年年报（2019－04－01）
贵州茅台	森马服饰	烽火通信
古井贡酒	晨光文具	航天信息
洋河股份	老百姓	恒生电子
口子窖	贵州茅台	晨光文具
森马服饰	烽火通信	石基信息
山西汾酒	长春高新	广联达

续表

2018年半年报（2018-08-24）	2018年三季报（2018-10-24）	2018年年报（2019-04-01）
今世缘	合兴包装	老百姓
晨光文具	卫宁健康	卫宁健康
水井坊	益丰药房	沪电股份
海尔智家	石基信息	新宙邦

评级模块包括三部分：第一部分为目前公允的第三方评级数据。第二部分是由智能化平台基力值算法 CSFP 完成评级。CSFP 算法针对多维度特色指标引用特征工程进行指标筛选，综合基金历史能力变动和截面能力排名计算单指标分值，指标间分组削减同类多指标正反馈，加权分组得分映射正态分布得出最终评级。第三部分则是考虑到不同客户的风险约束、流动性要求和风格偏好差异，支持客户基于规则范式定义评级规则，平台根据客户个性化规则实时计算。

盈利及胜率和风险调整收益中所列的指标按照经典金融学模型进行计算。考虑到计算的复杂度及数据更新的时效性，平台采用并行处理框架，封装计算执行算子，解耦模型的设计与执行，保证高效、准确地完成任务。在指标应用中，平台展示了不同时间周期、不同时间频率的历史数据，还提供了目前市场上该指标的分布情况，方便投资者准确地进行定位。

中信建投证券根据自研的超过200个定量指标，从方便财富客户理解的角度出发整理形成六大能力维度，每一个能力维度均根据基础指标加权得出，汇总形成整体画像。能力范畴包括赚钱能力、抗风险能力、攻守兼备能力、择时能力、选股（债）能力和管理人经验。中信建投基金六维能力评价界面如图21-8所示。

多因子分析采用业内认可度高、理论完善并广泛应用于投资的多因子模型对基金进行分析。一方面，用户通过多因子分析可以获取基金的风格情况，结合历史多期的风格时序判断基金是否存在风格漂移；另一方面，

图 21－8　中信建投基金六维能力评价界面

可以检验基金的超额收益能力，如果主动基金组合针对多因子模型没有统计学显著的未解释收益，则其超额收益能力值得怀疑。平台除了有经典的 MSCI Barra 结构化风险模型和 Fama French 三因子模型外，还引入 A 股四因子模型，该模型参照 FF3 因子设计过程，在 A 股实证中具有更高的解释力。针对传统的三因子模型，平台选取市盈率倒数来代替市净率倒数作为价值因子，引入流动性指标作为情绪因子；定义情绪因子 = 月度日均换手/年度日均换手，采用 Fama French 因子分组研究体系，情绪因子收益率 = 1/2 × （SP + BP） － 1/2 × （SO + BO）（见表 21－4）；最终通过市场、市值、价值和情绪因子进行多因子定价模型检验，判断主动基金的风格及超额收益情况。

表 21－4　A 股情绪因子分层划分

项目	悲观低换手 30%	中性 40%	乐观高换手 30%
小市值 50%	SP（小市值且情绪因子悲观股票收益率）	SM（小市值且情绪因子中性股票收益率）	SO（小市值且情绪因子乐观股票收益率）
大市值 50%	BP（大市值且情绪因子悲观股票收益率）	BM（大市值且情绪因子中性股票收益率）	BO（大市值且情绪因子乐观股票收益率）

Brinson 归因是将被动指数投资与基金经理进行主动管理的组合相比较，将基金组合的超额收益拆解为配置收益、选股收益和交互收益。配置收益是针对基金经理增持表现良好行业、减持表现不佳行业的定量刻画。选股收益是在每一个行业中统计该基金组合中行业股票的收益率与对应行业收益率的差异，评估基金经理选择的股票是否跑赢了行业指数。交互收益是将组合的超额收益减去行业配置收益和选股收益后剩余的超额收益。

业绩持续能力检验通过基金定期超额收益自回归验证其是否可以稳定地保持业绩水准。这里超额收益既可采用每期所有同类基金的排名进行定义，也可采用多因子模型剔除市场风格影响后的 Alpha 能力进行定义。双向表分析方法主要是用来检验整体基金是否具有业绩持续能力，首先将基金业绩分为排名期和评价期，然后将业绩进行排序，高于中位数记为“W”，低于中位数记为“L”，根据业绩变化得到 WW、LL、WL 和 LW，之后计算交叉积率 CPR 进行 Z 分布验证。

基金分解主要是通过基金报告数据和持仓穿透算法展示对基金资产、行业、重仓、风格的分解情况。如图 21－9 所示，左图展示了股票及偏股类基金在市值及价值成长维度的分解，右图展示了债券及偏债混合基金在信用质量和利率敏感度方面的情况。

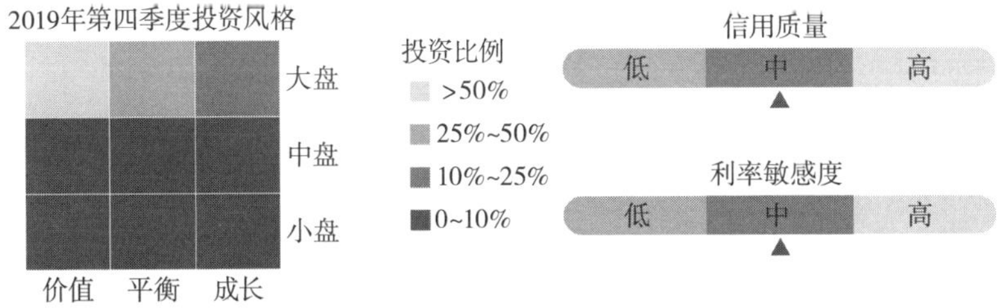

图 21－9 基金风格分解展示

（三）深度基金经理分析

基金业绩是基金经理投资逻辑与投资实践的外在表现。完成多维度基金画像后，平台将对基金经理进行深度分析，辅助投资者更好地展望基金的未来。对基金经理的分析包括基金经理基本信息、基金经理指数、基金经理聚类、基金经理对比及基金经理调研纪要等内容。

基金经理基本信息是指基金经理履历，包含学历、专业、从业履历、从业年限、投资年限、历史产品业绩及获奖情况。基金经理指数是基于基金经理历史管理产品合成其职业生涯的净值曲线，合成过程中采用智能填充算法解决历史产品头尾部噪声问题，并结合已披露基金规模进行动态伸缩加权；基金经理指数支持客户定制合成分类，如客户可选择是否包含偏债类、QDII 类及自定义加权方式。

基金经理聚类和基金经理对比可以方便用户快速进行基金经理的分类及比较。用户可以选择相关性低的不同类别基金构建组合，以满足多样性要求、降低组合波动，也可以基于同类型基金经理寻找风格相似的基金进行替代优选。图 21－10 是利用层次聚类算法对热门基金经理进行聚类分析的结果，“热门”是根据基金经理管理的基金在互联网社区中的讨论程度来定义的。聚类结果对基金经理进行了区分，左边虚线部分的基金经理主要管理债券及混合偏债型基金，右边黑色粗线部分基金经理主要管理股票型、混合偏股型及平衡型基金。

平台提供主成分分析（PCA）算法将基金经理特征映射到三维空间，

方便客户直观地感受到基金经理之间的不同。聚类和对比既可以展示默认热门基金经理、优秀基金经理、获奖基金经理等分组，也可以支持客户自行编制基金经理池进行分析。

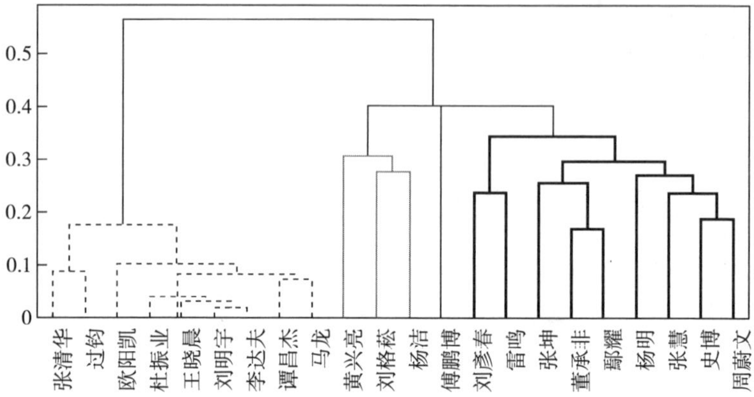

图 21－10　热门基金经理聚类结果展示

调研纪要是深度基金经理分析的最后一个功能，主要包含三部分内容：一是基金经理在基金定期报告中披露市场展望数据，附带历史行情数据辅助验证；二是公司内部研究人员对公募基金经理的主动调研分析情况；三是基金经理网上公开路演、采访等相关资料。

（四）多模型基金优选

多模型基金优选支持用户通过基金的特征条件形成初选基金池。专业用户如研究员及投顾人员可以根据基金画像进行主动筛选，平台同时封装指标打分法和人工智能分类模型，提供被动优选。特征条件包括标签属性、能力排名和场景特征。标签属性是只能归结为统计学中类别指标和顺序指标的属性，如行业分类、风格偏好、奖项评级等；能力排名即统计学中的数值型指标，其中表达方式支持原始数据筛选、相对分位数排名两种方法，如最大回撤 $<10\%$、选股 Alpha 能力前 10 分位等；场景特征为平台自定义指标，不同指标对应专有计算模型，如分析师推荐指标为基金研究人员推荐的优选基金，牛市增强指标为基准指数上升阶段 Alpha 能力排名

靠前的基金，风格轮动指标为风格变动明显且 Smart Beta 暴露正收益的基金。基金优选过程如图 21－11 所示。

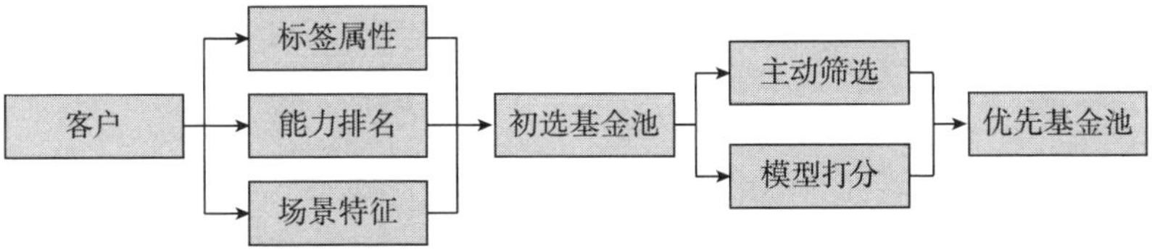

图 21－11　基金优选过程

对通过指标筛选得到的初选基金池，我们既可以进行增删改查，也可以通过配置模型进行优选。模型包括指标打分法和人工智能分类算法。指标打分法提供了配置模型，方便用户在打分基准上增删指标、修改权重，最终输出基金的评分数据，其中衡量收益类等正向指标时 α 为 1，衡量波动性等负向指标时 α 为 0，加权方法参见式（21－1）。

$$Score(Fund) = \sum_i \frac{weight_i[rank(factor_i)]\alpha + reverse\_\ rank(factor_i)(1-\alpha)}{len(Funds)} \tag{21-1}$$

指标打分法的优点在于逻辑清晰，计算过程简单，针对得分可快速归因，但打分过程是站在当前截面时点对基金历史进行评判，并非预测基金未来表现。平台构建人工智能分类算法，首先集成非线性支持向量机、随机森林和深度神经网络等模型，将原有的线性映射提升为非线性映射；其次考虑到任意时间点只能得到当前的指标数据和上期分类的评价数据，因此采用滚动训练来优化模型对基金未来表现的预测能力。如图 21－12 所示，利用 t 期形成收益风险数据对基金进行标签化分类，形成基金评价 t 期数据，用来评估 $t-1$ 期指标的分类情况，即 $Y(t-1)$；回溯计算上一时间点基金的属性指标，得到 $X(t-1)$，通过 $X(t-1)$ 和 $Y(t-1)$ 对算法模型进行监督训练；选取评估指标优异的算法模型，利用当期基金的截面指标，即基金指标 t 期数据 $X(t)$ 进行计算得出未来基金风险收益评价。

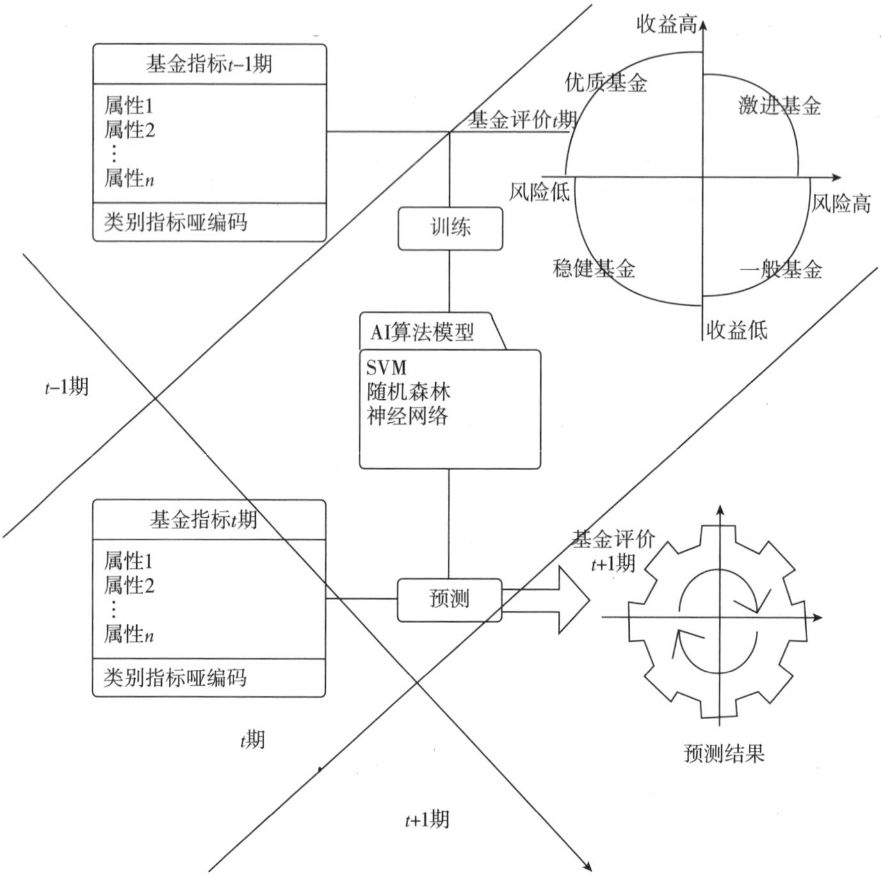

图 21-12 人工智能算法智能化分类过程

（五）全流程组合配置

基金组合配置服务在完成基金或基金经理分析、筛选好优选基金池后，会根据客户需求与偏好生成合理的组合配置方案。资产配置模型支持马科维茨均值—方差模型、Black - Litterman 观点调整模型以及 Risk Parity 风险平价模型。

马科维茨均值—方差模型可用于计算各类基金的预期收益率、预期波动和相关关系，然后根据客户的配置要求如最大收益率、最高夏普比率、最小风险、目标收益和目标风险等生成组合配置比例；同时为客户提供蒙特卡洛模拟和有效前沿，方便客户更直观地了解组合情况。

Black－Litterman 模型主要解决马科维茨均值—方差模型参数过于敏感的问题，支持客户输入资产收益的观点，采用贝叶斯算法，利用观点收益分布优化原有的先验收益分布形成后验收益分布，基于配置要求生成优化配置结果。模型可加入客户观点，支持绝对观点和相对观点。绝对观点为基金的绝对收益，如基金 A 月度收益为 1.9%；相对观点为基金收益间的相对关系，如基金 B 和基金 C 月度跑赢基金 A 的收益为 0.9%。

Risk Parity 风险平价模型的核心是通过配置风险来完成资产组合配置，使得每个基金对组合风险的贡献程度一致。平台允许客户自定义资产风险配比，最终配置方案中每只基金对组合风险的贡献比例与客户需求一致。

由于优选基金的差异、配置方案的不同以及客户风险偏好的高低，平台最终生成了千人千面的组合配置，避免持仓集中，满足客户收益目标要求。基金组合优化功能及流程如图 21－13 所示，平台根据客户选择的资产配置模型快速生成基金组合配置方案，针对当前配置方案同时提供组合历史走势、风险收益指标分析、压力测试、情景测试等。客户对配置方案满意后可将其添加为自选模拟组合，进行跟踪查看。平台每日生成最新净值、持仓及风险预警等信息。

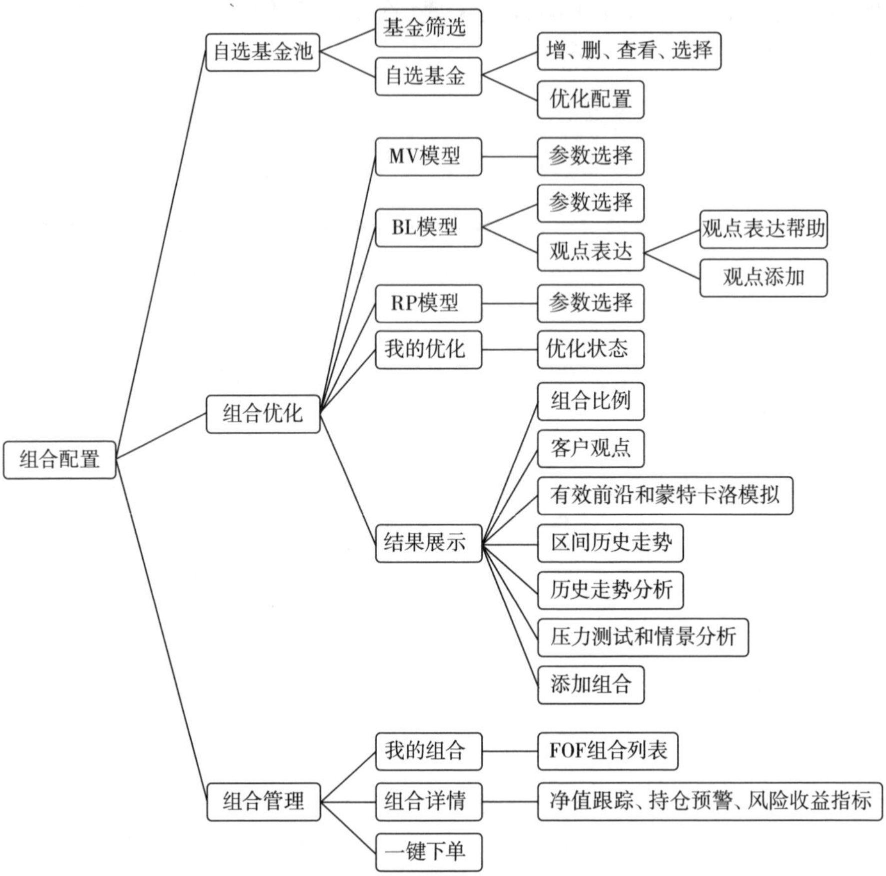

图21－13　基金组合优化功能及流程

（六）评估与改进

智能化基金投研平台为投顾人员、投资者、基金研究员以及FOF基金管理人提供了从基金分析到基金优选，再到组合配置及模拟跟踪管理的全流程专业化基金投研服务。通过跟踪现有服务反馈，该平台仍有待进一步完善。一是债券型基金分析的深度不足。目前智能化标签、持仓穿透估计等功能主要针对股票型基金和混合型基金，债券型基金依靠净值风险测算和信用久期分析，风格刻画和特色化数据不足，后续将增加波动性衡量及尾部风险分析工具。二是投资标的覆盖的广度不足。目前私募基金产品存量和发行速度都远超公募基金，考虑到机构投资者和高净值客户多品类资产需求，后续将增加私募基金、债券等固收类产品，以扩充资产池，争取实现可投资资产全覆盖。

四、总结和展望

随着大数据、人工智能、区块链等新兴技术的快速发展，数字化赋能、智能化创新、金融科技与业务的高度融合将成为公司发展的核心竞争力。中信建投从股东计划到管理层方案，再到员工日常工作都在踏实践行数字化转型与金融科技创新。

财富管理领域面临客户差异性大、产品结构复杂度高、行业内外竞争激烈等多重难题。中信建投坚持通过科技与业务的结合提升服务水平，为行业内外输出优质科技实力与专业投研能力，促进财富管理转型和行业整体发展。

22

中信证券：智能云平台以及智能应用

宋群力　徐畅泽　胡振宁　张俊灵[①]

一、人工智能云平台

中信证券人工智能团队成立于2017年初，致力于打造行业领先的人工智能应用研发、部署、运行统一的智能云平台，提供统一的数据、算力和研发运行环境，并在此基础上打造行业领先的人工智能金融科技产品。中信证券智能云平台是中国证券业内最早一批针对人工智能应用建立的云平台，目前已经在公司智能投资、智能投顾、智能算法交易、智能客服、智能舆情、智能风控等领域发挥作用。中信证券智能云平台如图22－1所示。

智能云平台的核心功能就是针对这些资源搭建相应的服务和模块，并进行整合和维护，以满足客户研发和运行人工智能应用的需求。任何一个人工智能应用的实现都需要以下基础服务：

第一，金融数据服务。平台对接内部所有行情源及历史行情数据、历史宏观数据源，提供因子研究工具及自定义因子数据的定时维护与共享服务。

① 宋群力，中信证券股份有限公司总工程师；徐畅泽，中信证券股份有限公司信息技术中心人工智能条线负责人，高级副总裁；胡振宁，中信证券股份有限公司信息技术中心平台架构条线负责人，高级副总裁；张俊灵，中信证券股份有限公司信息技术中心金融科技条线高级副总裁。

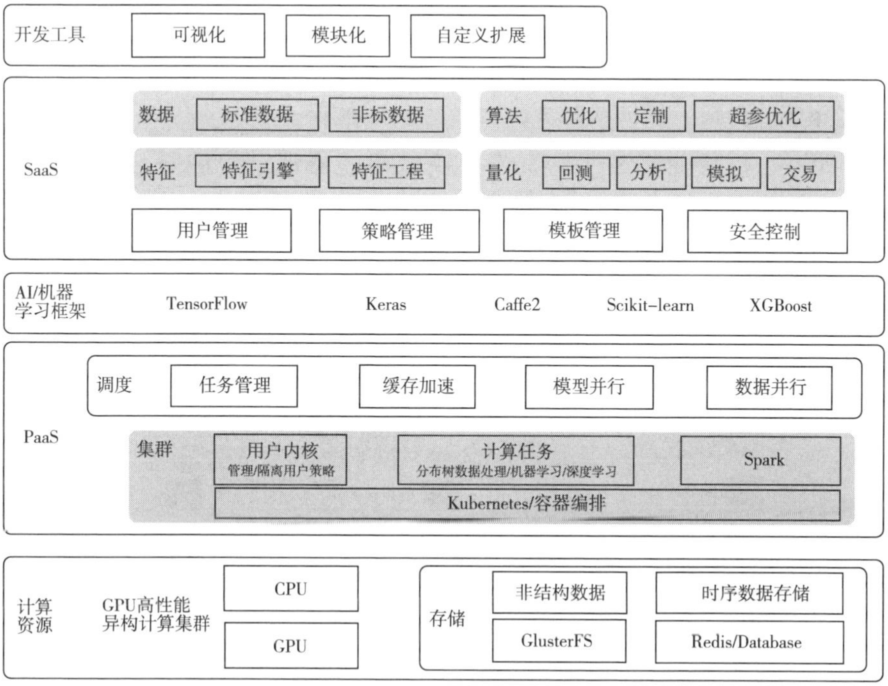

图 22－1　中信证券智能云平台

第二，研发平台。平台支持各种机器学习算法及多种深度学习模型和框架（LSTM 模型，TensorFlow、Keras 等框架）的运行，提供开发工具和模型代码生成工具。

第三，多租户算力平台。平台共享多个图形处理器（Graphics Processing Unit，GPU）计算资源，支持多租户的云服务调度系统，支持多机多卡并行训练，提供超参数搜索功能。

第四，策略回测。平台支持对训练后的模型进行历史数据回测及实盘模拟交易（完全模拟中信证券的交易场景，防对敲、模拟撮合及滑点）。

第五，绩效分析。平台对训练后的模型进行回测、实盘交易绩效评估和风险度量，平台提供绩效评估基准和风险度量指标的计算分析报告。

第六，交易接口与模型推理执行框架。平台提供 API，可以将平台训练、回测并优化好的策略打包提交到生产环境并与交易系统对接。

研发平台分别提供了在线的模块化 SaaS 开发工具，以及面向专业开发者的基于 PyCharm IDE 的客户端，帮助用户降低使用及进入机器学习量化领域的门槛，同时满足专业开发人员大规模工程开发的需求。

第一，模块化开发平台，方便快速构建机器学习的量化应用，如图 22－2所示。

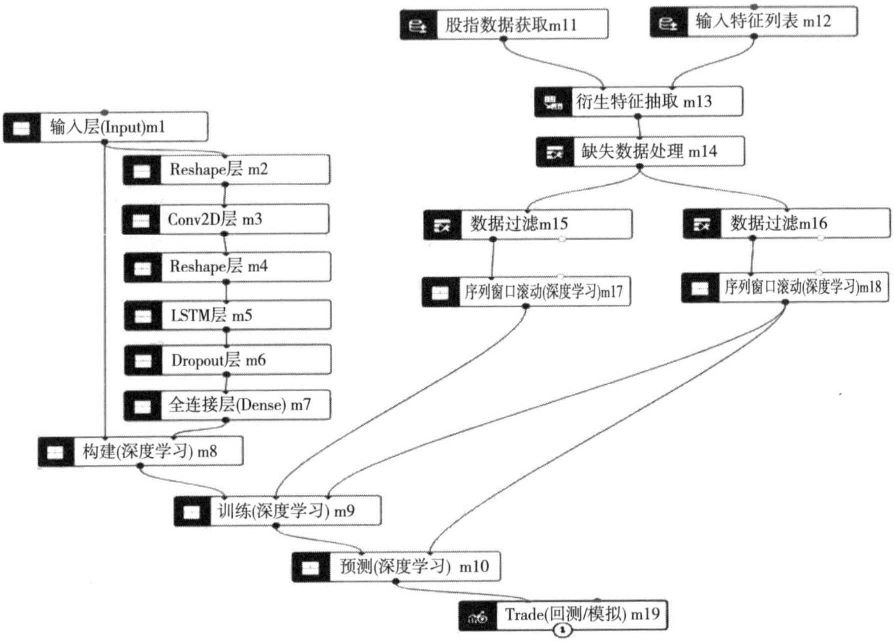

图 22－2　模块化开发平台

第二，表达式引擎。用户之前可能积累了很多指标与公式，要把开发环境迁移到机器学习的工具平台上，就需要从基础数据开始解决所有指标和因子的难题。表达式引擎提供了通用的解决方法，用户不再需要烦琐的编程。

第三，多客户端使用模式，方便不同需求的专业用户，如图 22－3 所示。一是运行在 PyCharm IDE 中，可直接启动 PaaS 计算任务，同步程序文件与结果数据文件；二是图形化客户端方便管理和启动计算任务，提供命令行工具，方便执行 backtest 和保存镜像；三是通过 Windows Terminal 客户端访问图形化虚拟机模式，支持服务器端的在线 debug。

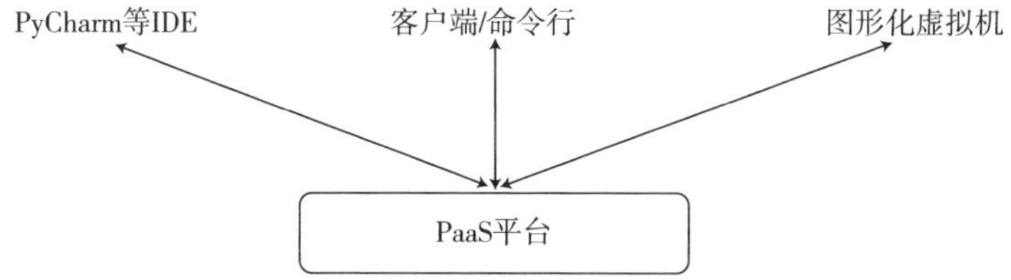

图 22-3　多客户端使用模式

第四，从开发/测试环境到生产环境以及相应的异地生产灾备环境。智能云平台的运行环境针对开发/测试用户的诉求提供了大功率的 8 GPU 运行环境，用户开发测试和训练完毕的模型，可以直接部署到使用低功耗 GPU 服务器的生产环境之中，同步提供了安全高效的多租户隔离地生产运行环境。系统还为生产环境提供了异地灾备及定期的数据同步服务。

二、智能投资框架

桥水基金创始人雷·达里奥在《原则》一书中说道：“投资是一个反复的过程。您下注，失败（有时很痛苦），学习新知识并重试。在这个艰难的过程中，您可以通过不断地反复试验来改进自己的决策。”自达尔文阐明自然运作方式以来，这一原则对人类来说显而易见，同时对交易决策也适用。这种直观的想法在人工智能领域被称为强化学习。

强化学习把学习看作行动—评价的过程。智能体代表投资交易策略。基于当前证券市场状态和上一步的奖惩值，智能体会下达一个投资交易指令；投资交易指令的执行又会影响行情、实时绩效、账户信息等投资交易环境，从而产生一个新的状态和奖惩值。例如对于买入的算法交易指令，当成交均价小于市场均价时，奖惩值为正；反之则为负。正的奖惩值反馈到智能体会使其强化类似的下单决策；负的奖惩值反馈到智能体会使其倾向于避免类似决策再次发生。正负奖惩值不断地反馈、刺激、调整其内部深度神经网络的参数，智能体得以学习投资交易策略。

深度强化学习本质上是深度神经网络和强化学习的结合，是目前人工智能领域最前沿的科研领域之一。深度强化学习将深度学习的感知能力和强化学习的决策能力相结合，是一种更接近人类思维方式的人工智能方法。深度学习具有较强的感知能力，但是缺乏决策能力；而强化学习具有决策能力，但是无法处理感知问题。因此，将两种机器学习方法结合起来，可以为复杂系统的感知决策问题提供解决思路。谷歌人工智能 DeepMind 团队带头人 David Silver 将深度强化学习定位为可以解决任何人类工作的通用人工智能方法，并宣称通用人工智能 = 深度学习 + 强化学习。实践中，我们熟悉的人工智能围棋选手 AlphaGo、人工智能星际争霸选手 AlphaStar 的核心算法理论便是深度强化学习。在深度强化学习中，深度神经网络被用来挖掘交易状态和交易指令之间的内在关系，并基于当前交易状态输出最大可能获得奖励的交易指令。

三、智能投顾

“AI 投顾”是中信证券人工智能团队基于智能云平台自主研发的智能投顾产品，目前已推出 7 个系列智能投顾组合产品，覆盖了市场上主流的策略类型，已在中信证券官方 App“信 e 投”上发布。具体包括：图灵系列，采用智能 ETF 大类资产配置 FOF 策略；明斯基系列，采用智能股票精选多头策略；麦卡锡系列，采用智能场外基金大类资产配置 FOF 策略；纽厄尔系列，采用智能衍生品跨品种、跨期套利策略；西蒙系列，采用智能结构性理财收益增强策略；费根鲍姆系列，采用智能 T + 0 日内高抛低吸策略；瑞迪系列，采用智能 Smart Beta 策略。

2019 年，“AI 投顾”累计服务客户 989 万次，日均服务客户 2.7 万次，主要服务公司的中小客户。由于人工投资顾问的数量有限、成本高、质量参差不齐，大部分中小客户很难享受到满意的投资咨询服务。“AI 投顾”为客户提供专业、全面、透明、便捷的投资建议，开放专业机构级的投资策略给中小客户使用。

目前国内市场上的智能投顾产品以传统量化模型为主，资产配置或者交易决策以专家经验为主、机器为辅，将投资自动化当作投资智能化。智能投顾策略实际上可以扩展到所有的策略类型和证券类型；业务类型涵盖财富管理、资管、自营交易等业务；服务客群包括长尾客户、高净值个人客户和机构客户。

中信证券人工智能团队自主研发了一套通用人工智能投资框架，旨在运用深度强化学习理论，通过学习历史市场数据，训练机器进行二级市场投资，实现无人投资（无投资经理、无交易员、无研究员）。投资全流程没有人工干预，所有投资交易决策由机器独立完成，并且机器会根据当前市场环境和账户资金持仓情况，自主持续学习、调整策略，以适应新的市场环境。中信证券依托智能云平台提供的数据、算力和运行环境资源，研发出 7 个系列智能投顾组合产品，覆盖各主流策略类型（FOF、股票多头、商品期货跨品种套利、CPPI、T+0、Smart Beta、算法交易）、各主流证券类型（股票、ETF、商品期货、股指期货、场外基金、债券）、各券商主流业务类型（财富管理、自营交易、资产管理、股票销售）、各客户类型（机构客户、高净值客户、长尾客户）。中信证券智能投顾组合产品截至 2020 年 6 月 2 日的收益情况如表 22-1 所示。

表 22-1 智能投顾组合产品收益情况

单位：%

系列	产品	累计收益率	年化复利收益率	最大回撤率	上线日期
费根鲍姆系列（智能 T+0 日内高抛低吸策略）	费根鲍姆 1 号	40.81	27.33	-15.05	2019-01-02
	费根鲍姆 2 号	11.03	7.67	-2.6	2019-01-02
	费根鲍姆 3 号	45.21	30.13	-14.36	2019-01-02
	费根鲍姆 4 号	10.21	7.1	-3.15	2019-01-02
	费根鲍姆 5 号	31.27	21.17	-18.29	2019-01-02

续表

系列	产品	累计收益率	年化复利收益率	最大回撤率	上线日期
麦卡锡系列（智能场外基金大类资产配置 FOF 策略）	麦卡锡 1 号	16.51	15.55	-10.43	2019-05-13
	麦卡锡 2 号	10.16	9.58	-4.47	2019-05-13
明斯基系列（智能股票精选多头策略）	明斯基 1 号	48.61	37.03	-23.63	2019-03-01
	明斯基 2 号	49.6	37.76	-20.39	2019-03-01
纽厄尔系列（智能衍生品跨品种、跨期套利策略）	纽厄尔 1 号	259.45	146.76	-17.54	2019-01-02
瑞迪系列（智能 Smart Beta 策略）	瑞迪 1 号	26.99	17.05	-13.24	2018-11-26
	瑞迪 2 号	23.43	12.43	-21.96	2018-08-16
	瑞迪 3 号	14.6	10.57	-8.75	2019-01-23
	瑞迪 4 号	33	22.89	-28.51	2019-01-14
图灵系列（智能 ETF 大类资产配置 FOF 策略）	图灵 1 号	14.27	8.03	-4.01	2018-09-11
	图灵 2 号	10.14	5.92	-5.74	2018-09-28
	图灵 3 号	7.89	4.4	-8.56	2018-08-28
西蒙系列（智能结构性理财收益增强策略）	西蒙 1 号	15.22	10.54	-1.66	2019-01-02
	西蒙 2 号	12.08	8.4	-1.34	2019-01-02
	西蒙 3 号	18.84	12.99	-2	2019-01-02
	西蒙 4 号	39.25	26.39	-5.13	2019-01-02
	西蒙 5 号	31.81	21.57	-4.34	2019-01-02
	西蒙 6 号	47.48	31.63	-5.92	2019-01-02

四、智能算法交易

算法交易是指通过使用计算机程序来执行用户提前设置的交易指令的方法。用户设置交易指令的标的、买卖方向、目标执行量、交易时间、价格限制等参数，算法交易程序根据用户的执行指令参数，自动将交易指令进行拆分，分布到若干个时间段内，每个时间段内下单的时机、价格、数量由交易算法进行判断。目前，算法交易已被券商、基金以及其他机构交易者广泛使用，以便更好地管理市场冲击成本、机会成本和风险。

根据各个算法交易中算法的主动程度不同，可以把算法交易分为被动型算法交易、主动型算法交易两大类。被动型算法交易如时间加权平均价格（TWAP）算法，在算法实际执行前就已经设定好了下单总笔数、每笔委托下单量、时点和价格类型（如最新价）等，不会根据市场的状况主动选择交易时机和交易数量；该策略的目标是减少算法实际成交均价与市场成交均价的差异。主动型算法交易基于 TWAP 算法，但是会根据市场状况主动选择交易时机、数量和价格类型；该策略的目标是在同等条件下，能比 TWAP 算法以更好的价格执行交易指令。

传统主动型算法交易策略基于日内交易员的主观经验，将主动选择交易时机、数量和价格的方法程序化。其中，计算机主要起到固化交易员策略经验、提高下单执行效率的作用，算法交易策略的有效性主要依赖交易员的主观经验。

半智能主动型算法交易，基于短期价格涨跌预测信号和日内交易员的主观经验，选择适合的交易时机、数量和价格。例如，如果交易算法正在执行一个买入指令，此时得到一个看涨的信号，算法基于此信号加大此刻下单数量，由挂单买盘价格调整为以卖盘价格吃单。相比传统主动型算法交易，机器有了一定的辅助下单决策能力，不只是一个执行交易的工具。

中信证券自主研发的全智能算法交易策略 AITWAP3，旨在运用深度强化学习理论，通过学习历史 A 股 Tick 行情数据，训练机器学习算法交易策略（交易时机、数量和价格类型的选择）。所有下单决策由机器独立完成，并且机器会根据当前市场环境每日进行持续学习，调整策略，以适应新的市场环境。自 2019 年 12 月 23 日实盘上线至 2020 年 5 月 27 日，累计交易 9134 次，总成交金额约 13. 2 亿元，平均绩效优于市场 2. 54 个基点；2019 年 1 月 2 日至 11 月 15 日 A 股全市场股票回测平均绩效优于市场 1. 79 个基点。

五、智能资讯应用

智能资讯语义处理应用通过采集公开资讯，借助云平台的算力，对公开舆情进行情感分类、主体和风险事件识别，为业务部门提供智能舆情监控、智能公告摘要，并实时推送风险事件信息。

智能资讯项目通过监控业务部门关注的监控标的，极大地提高了业务部门监测市场舆情的实时性，扩大了市场舆情覆盖范围，助力业务人员提高风险识别和业务机会发现能力。舆情应用目前覆盖公开资讯网站 200 多家、主流资讯频道 2000 多个，日平均采集并处理资讯 5 万多条。

六、智能风险识别应用

智能风险识别应用通过系统实时抓取新闻事件，利用自然语言处理技术将相关的上市主体和风险事件提取出来，并分析其对哪些上市公司主体产生正负面影响，从而指导业务人员做出风控和投资决策。相比人工风控，该应用效率更高，响应速度更快。智能资讯 NLP 处理流程框架如图 22 -4所示。

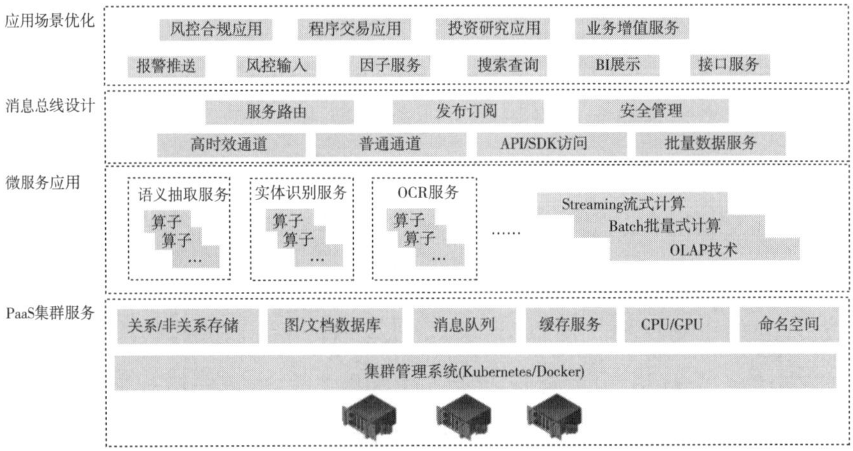

图 22 -4　智能资讯 NLP 处理流程框架

应用底层使用集群管理系统 Kubernetes 管理所有的服务器硬件。Kubernetes 是 Google 开源集群管理系统在容器虚拟化（Docker）技术的基础上，构建全新的容器管理的分布式架构领先方法，具有部署运行、资源调度、服务发现、弹性伸缩和动态扩展等一系列完整功能；同时扩展多层次的安全防护和准入机制、多租户应用支撑能力、透明的服务注册和发现机制、内建智能负载均衡器、强大的故障发现和自我修复能力、服务滚动升级和在线扩容能力、可扩展的资源自动调度机制，以及多粒度的资源配额管理能力。

系统自动挖掘的风险事件范围较广，聚合性较差，不能很好地表征市场行为。中信证券通过建立简单的市场体系框架，对风险事件进行约束和聚集，将风险事件抽象为主体风险事件、产品风险事件、宏观和行业风险事件三个大类，每个大类包括若干小类的二级金融风险事件。在这个框架的基础上，公司不断完善和细分子事件，达到构建整个金融风险事件体系的效果。风险事件体系框架如图 22－5 所示。

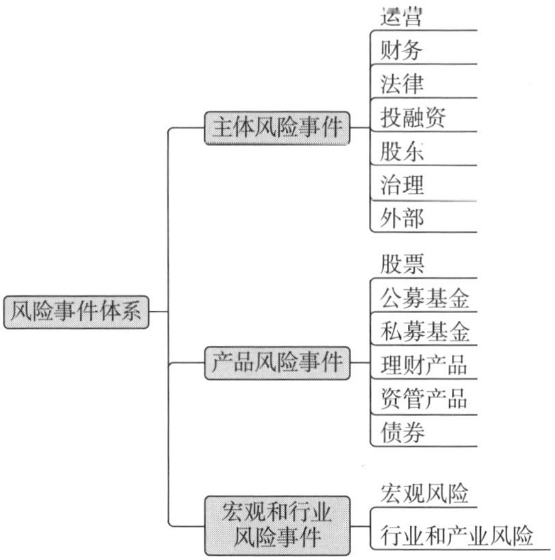

图 22－5　风险事件体系框架

（一）主体风险事件

主体风险事件侧重于描述具有公司属性的市场主体涉及的事件，包括上市公司、非上市公司、债券发行主体等。一般来讲，一个主体可能在多个市场参与不同的金融活动，如股票、债券、证券投资等。由于不同金融活动可能产生或面临不同的风险事件，主体风险事件进一步被细分为七个主要部分，包括运营风险事件、财务风险事件、法律风险事件、投融资风险事件、股东风险事件、治理风险事件和外部风险事件。

（二）产品风险事件

公司主要面向特定金融产品进行监控。特定金融产品包括股票、债券、公募基金、私募基金、理财产品和资管产品等。特定金融产品会发生特定的产品风险。一只基金产品有风险，并不会影响某个主体的所有基金；一个主体有风险，可能会涉及这个主体下面所有金融产品。

（三）宏观和行业风险事件

宏观风险主要统计常见宏观指标，如利率、汇率、就业、财政支持等指标；行业风险关注某个产业或细分行业的特定风险事件，如产业转型、地区行业政策等。

七、智能文档抽取应用

由于合同要素多且复杂，基金托管合同提取合同要素需要大量时间来进行人工录入和校验。为了简化这一过程，公司需要将人工智能嵌入合同要素进行智能提取、智能解读，利用机器学习的自然语言处理技术实现对合同的高精度解读，完成全量字段智能抽取，提高工作效率，简化工作流程。

托管业务涉及上千份合同，每个合同中有200多个业务要素需要关注。公司通过人工抽取，处理每份合同需要30分钟左右；而现在使用机器自动抽取智能文档，处理每份合同的时间在2分钟以内。云平台提供的托管私募基金合同要素抽取和 OCR 服务大大提高了部门处理托管合同的运营效率。

八、智能客户外呼应用

在智能客服方面，智能外呼系统通过拟人化的机器人外呼，大量减少了人工座席的回访外呼工作量。按照 2019 年系统统计数据，智能外呼系统减少约 76% 的人工外呼工作量。智能外呼机器人在服务过程中需要对姓名、机构名称、合约信息、业务信息变量进行准实时语音合成，采用云平台 GPU 服务资源，确保个性化语音合成声音效果的准确性和固定播报话术的连贯性，经实际上线验证，合成效果几乎没有机器人的痕迹。

九、智能投研与自动报告

随着上市公司数量逐渐增多，一个行业研究员需要研究的公司也逐渐增多，及时、全面地掌握相关个股和行业的各类舆情、公司公告事件，需要大量的人力投入。基于这个应用切入点，中信证券完成了智能研报生产与研究覆盖提醒的研发。

基于人工智能等技术自主开发的智能投研系统，每日会及时生成当天个股全景和行业跟踪报告，系统在每个交易日自动生成个股研报、北向资金流向、宏观流动性日报、行业日报、ETF 基金日报和债券 ABS 等 6 类报告。

智能投研系统可以提醒研究员进行研究报告覆盖，特别是对于重大盈利风险事件，会同步列出行业内相似公司的相关数据，供研究员进行分析和比对。对公告中涉及的各类事件，系统每日自动生成公告摘要报告，及时推送各个行业研究组，大大节省了研究员获取资讯和个股事件的时间，使研究员更专注于深度报告撰写和公司深度研究。

估值数据是研究报告的灵魂。估值数据主要用来对上市公司各类指标进行预测，进而以此模型为基础预测上市公司业绩和股价。估值数据一般为两年历史数据和未来三年预测数据，一个典型估值模型的常见预测指标数据包括营业收入、营业收入增长率、净利润、净利润增长率、每股收益（EPS）、毛利率、净资产收益率（ROE）、每股净资产、市盈率（PE）和市净率（PB）等指标。这些数据主要来源于上市公司披露的定期报告和业绩预告，数据频率相对较低。为了能更加准确地预测盈利，中信证券捕获风险事件中关于以上相关指标的影响数据，提前对某些预测指标的数据进修正。并对某上市股票进行 PE 修正。研究员在年报发布之前就通过研究报告进行比较准确的 PE 预测覆盖，取得了比较好的应用效果。

十、总结

本文介绍了中信证券人工智能云平台的建设情况，以及基于智能云平台如何实现人工智能投资、投顾、算法交易、智能客服、智能舆情、智能风控等，为公司的数字化转型奠定了良好的基础。

参考文献

[1] 雷·达里奥．原则[M]．北京：中信出版社，2018.

[2] MNIH V, KAVUKCUOGLU K, SILVER D, et al. Human – level control through deep reinforcement learning[J]. Nature, 2015(518): 529 – 533.

[3] SILVER D, HUABG A, MADDISON C J. , et al. Mastering the game of go with deep neural networks and tree search[J]. Nature, 2016(529): 484 – 489.

[4] 陈曦．无需调控而胜任不同任务　这种 AI 更接近人类思考方式[N]．科技日报，2019 – 12 – 03(5).

[5] 叶婉秋．基于智能强化学习的遗传算法研究[J]．电脑学习，2010(2): 112 – 114.

[6] 镇磊．基于高频数据处理方法对 A 股算法交易优化决策的量化分析研究[D]．合肥：中国科学技术大学，2010.